音楽科における教育内容論の成立と展開に関する研究
―授業構成の方法との関連を視野に入れて―

山中 文 著

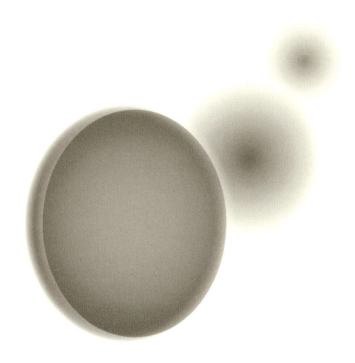

風間書房

目　　次

凡例

序章 ……………………………………………………………………………… 1

 第 1 節　本研究の位置づけ ……………………………………………… 1

 第 2 節　音楽科における教育内容論の背景 ………………………………… 3

  1　アメリカの音楽教育カリキュラム改革と Conceptual Approach ………… 3

  2　文部省による戦後音楽教育の改革 …………………………………… 6

  3　教育現場と民間教育団体の動向 ……………………………………… 7

  4　教育学における認識論的授業研究 …………………………………… 9

 第 3 節　音楽科における教育内容と授業構成の変遷 ……………………… 10

  1　教育内容をめぐる論争 ………………………………………………… 10

  2　教育内容論に基づく授業構成法と授業プランの開発 ………………… 13

  3　学習指導要領による題材構成観と創造的音楽学習における

   教育内容の定義 ………………………………………………………… 15

  4　授業研究の新しい展開 ………………………………………………… 16

  5　教育内容論における授業構成の課題 ………………………………… 18

 第 4 節　本研究の目的と方法 ……………………………………………… 20

  1　先行研究の検討 ………………………………………………………… 20

  2　本研究の目的 …………………………………………………………… 21

  3　本研究の方法 …………………………………………………………… 22

第 1 章　音楽科における教育内容 ……………………………………………… 27

 第 1 節　教育内容概念の提起 ……………………………………………… 27

  1　千成俊夫による提言 …………………………………………………… 27

  2　千成俊夫による提言の背景 …………………………………………… 30

  3　千成俊夫による提言後の展開 ………………………………………… 40

第2節　教育内容を中心とした授業構成 ……………………………… 45
   1　学力規定から導かれる授業構成 ……………………………… 46
   2　教育内容を中心とした教材構成による授業構成 …………… 54
第3節　千成らによる教育内容論の確立 ……………………………… 59
第4節　千成らの教育内容論に対する批判と評価 …………………… 67
   1　千成らの教育内容論に対する批判 …………………………… 67
   2　日本音楽教育学会による評価 ………………………………… 84

第2章　教育内容論の成立と授業プランの開発 …………………… 93
第1節　1980年代の教育内容研究の諸相 …………………………… 93
第2節　教育内容概念の変化 ………………………………………… 99
第3節　教育内容を中心とした授業プランの開発と授業構成 ……… 109
   1　授業プランの開発と変化 ……………………………………… 109
   2　音楽の要素を中心とした授業プラン ………………………… 113
   3　音楽の表現対象を中心とした授業プラン …………………… 117
   4　音楽の表現技術や楽器を中心とした授業プラン …………… 118
   5　音楽の機能を中心とした授業プラン ………………………… 121
   6　多様な授業アイデア …………………………………………… 123
第4節　教育内容中心の授業構成の成果と変容 …………………… 124

第3章　教育内容論の新たな展開 …………………………………… 129
第1節　教育行政における動向――単元構成から題材構成へ ……… 130
   1　戦後初期の単元構成 …………………………………………… 130
   2　単元構成から題材構成へ ……………………………………… 137
   3　単元学習と教育内容論 ………………………………………… 141
第2節　創造的音楽学習における教育内容と授業構成 …………… 146
   1　創造的音楽学習における教育内容 …………………………… 146
   2　音楽づくりによる授業構成の具体化 ………………………… 154
第3節　音楽科教育における教育内容研究の新たな展開 ………… 158

　　　　　　　　　　　　　　　　　　　　　　　　　　　目　　次　　iii

　　1　1990年代の音楽科における教育内容論の浸透と課題 ················· 158
　　2　授業過程研究の広がりと学習者論の転換 ······························· 161
　　3　授業システムの転換と教育内容論の新たな展開 ····················· 163

第4章　教育内容と授業構成 ··· 173
　第1節　平成20年に改訂された学習指導要領における〔共通事項〕と
　　　　　教育内容論 ··· 173
　第2節　教育内容論における関係論的視点 ································· 180
　第3節　授業の展開と授業構成 ··· 187
　　1　授業観・子ども観と授業の展開 ····································· 189
　　2　複線的な教育内容による授業 ······································· 192
　　3　関係論的な授業 ··· 194
　第4節　教育内容と授業実践の動向 ······································· 197
　　1　教育雑誌に見られる音楽科の授業の動向 ····························· 198
　　2　音楽づくりの授業に見られる教育内容 ······························· 203

終章　音楽科の教育内容の課題と展望 ····································· 223
　第1節　音楽科の教育内容 ··· 225
　　1　音楽的概念と音楽の要素 ··· 225
　　2　音楽構成要素の範囲の問題 ··· 228
　　3　教育内容としての音楽構成要素の段階性 ····························· 232
　　4　音楽科の教育内容と学力 ··· 236
　第2節　授業構成の展望 ··· 237
　第3節　教育内容研究の重要性 ··· 240

引用・参考文献一覧 ··· 247
あとがき ··· 263

凡　例

1　旧字体の漢字は現在の漢字に，旧仮名遣いは現在の仮名遣いに改めた。

2　原著を引用・参考にした場合は，氏名や用語は原語で示し，（　）内にカタカナ
や訳語を示した。

　　　例：Langer, Susanne, K（ランガー）

　　　　　rhythm（リズム）

3　訳本を引用・参考にした場合は，氏名や用語はカタカナや訳語で示し，（　）内
に原語を示した。

　　　例：マーセル（Mursell, James L.）

　　　　　音楽的成長（music growth）

4　原語の書名はイタリック体で示し，著者名と出版年を（　）内に示した。

　　　例：*Feeling and Form*（Langer：1953）

5　訳本の著者情報は，（　）内に，訳者名と出版年で示した。

　　　例：「サウンド・エデュケーション」（鳥越けい子他訳：2009）

6　日本語訳が定着している用語については，日本語訳に続けて原語を示した。

　　　例：全米教育研究会 National Society for the Study of Education

7　日本語訳が定着していないものは，そのまま原語で示した。

　　　例：Basic Concepts in Music Education

8　引用・参考文献は，巻末に一括して示し，本文では（　）内に著者名と出版年と
頁数を加えた。また，著者が同じ出版年に複数発表している場合は，出版年のあ
とにアルファベットで示した。

　　　例：音楽科の教育内容をとらえるべき観点としては，吉田は以下の二つをあげ
　　　　　ている（吉田：1982, 85）。

　　　　　別の角度から，授業構成を論じている（八木：1982a）

9　本文中の曲名と曲集名については《　》で示した。

10　引用文中に引用者が挿入した句については，〈　〉で示した。

11　引用文について引用者が加えた注釈については，（　）に示した。

　　　例：（傍点・八木）

　　　　　（中略）

12　図，表の表示においては，以下のように，各章中の順を示した。但し，終章は便

宜上5で始まる番号とした。

例：2章の第1図…2-1

例：3章の第2表…3-2

例：終章の第1図…5-1

序　章

　序章では，まず本研究の位置づけを明らかにし，続けて音楽科における1980年の教育内容に関する提言の背景を整理し，その提言以降の教育内容と授業構成の変遷を概観する。それらをふまえて，本研究の目的と方法について述べる。

第1節　本研究の位置づけ

　1980年代に音楽科ではじまった教育内容論争は，現代にいたって音楽科に「教育内容」という用語の定着と，授業研究の飛躍的進歩をもたらした。この論争は，1980年の第11回日本音楽教育学会シンポジウム「教材の条件」で千成俊夫が行った「提言Ⅲ」（以下，千成提言）に端を発している[1]。

　千成提言の趣旨は，第一に教育内容と教材を区別すること，第二には，教育内容を「メロディー，調，音階（さまざまな旋法を含めた一定の音の相互関係の組織体），リズム，形式，音色，ダイナミクス，テンポ」などの音楽の諸要素とすること，であった。この提言以降，千成や八木正一，吉田孝は，音楽科の具体的な教育内容やその授業構成に関する論文を積極的に発表していった。それらは特に1980年代に集中してみられ，それに伴って授業プランが次々に発表されていった。

　これらに対して巻き起こった教育内容論争は，音楽科の授業研究に次のような状況を生み出した。

　①それまで，音楽科ではほとんど自覚的に使用されることのなかった「教育内容」という語が，「教材」と区別されて使用されるようになったこと。

2

②それまでの伝統的な音楽科の授業構成に見られる，教材解釈を中心とした楽曲教材先行型の授業構成から，はじめに教育内容を設定しそれを中心として教材を組織するという内容先行型の授業構成への転換が模索されるようになったこと。

しかし，何をもって音楽科の「教育内容」とするかについては，現在に至っても，音楽科において必ずしも一致した見解があるわけではない。また，1980年に千成提言で教育内容として示された音楽の諸要素[2]は，2008年（平成20年）改訂学習指導要領における〔共通事項〕に反映されたが，〔共通事項〕の内容やその指導方法は，必ずしも千成らの提起したそれとは一致しない。

さらに，授業構成において，教育内容に対する意識そのものは定着したが，典型的な内容先行型の実践例そのものはそれほど生まれなかった。その理由は，次のように考えられる。

第一は，当時の小中高等学校の音楽科の現場の実態によるものである。つまり，教育内容を中心とした一連の教材を組織する内容先行型の授業構成は，ひとつの定式として提案されたものであったが，楽曲先行型の授業構成が広く普及していた現場の授業やカリキュラムの実態と必ずしも融合しないという状況があったと推察される。

第二は，千成らの論における内容先行型の授業構成による授業プランも，複数の教材で構成して多くの授業時間を要する重厚長大なプランから1，2時間の短いプランに変化していったことである。それに伴って，複数の教材を配して組織化していくことよりも，典型性や具体性を備えた教材を探すことが授業構成の主要な目標になっていったと推察される。これは，ある意味では新たな楽曲先行型の授業構成にかわっていったと見ることもできる。

第三には，授業前に詳細な授業構成をすることが困難な授業が出現したことである。たとえば，音楽づくりの授業では，あらかじめ授業の枠組みを設定することはできても，子どもの学習活動や学習活動の結果は予測できない

ことが多い。この状況は，授業研究に新たな課題を提起している。

　以上のような経過と状況をふまえ，本研究は，千成提言にはじまる教育内容論争から現在にいたって，音楽科で教育内容論がどのように成立し，展開してきたのかについて検討し，それらが音楽科の授業構成に与えた影響と課題を明らかにしながら，現代の音楽科における教育内容研究の課題と授業構成の展望について述べるものである。なお，本研究においては，「授業構成」とは，学習目標の達成に向けて授業を組織することを指す。

第2節　音楽科における教育内容論の背景

　我が国の音楽科の授業研究において「教育内容」という語が自覚的に使用されるようになったのは1980年であるが，このような状況が生まれるまでには歴史的な背景がある。

　我が国の戦後の音楽科教育においては，アメリカにおける音楽教育カリキュラム改革の影響を受けながら，学習指導要領が改訂された。また，ハンガリーのコダーイやドイツのオルフの音楽教育が紹介され，一定の影響を受けてきた。さらに，日本独自の音楽教育の方法として「教科書二本立て案」や「ふしづくりの音楽教育」などが生まれた。

　千成提言はこれらの動きも反映している。本節では，千成提言以前の音楽科のカリキュラム研究・授業研究を振り返る。

1　アメリカの音楽教育カリキュラム改革と Conceptual Approach

　アメリカでは，我が国の教育内容論争に先駆けて，1950年代後半から音楽教育カリキュラム改革が起こり，その改革の中で概念学習 Conceptual Approach が示された。

　アメリカの公教育は，1776年の独立宣言以降，長期間の教材中心の時代を経て数十年サイクルで変化してきた。千成は，それを6つの階梯にわけて述

4

べている（千成：1984, 88）。

> アメリカにおける公教育の開始を1776年独立宣言の年に置く。第一の階ていに
> 当る教材中心の時代はおよそ130年にわたって続き，第二の階てい児童中心の進
> 歩主義教育の全盛は30年，第三階てい学校に社会生活を反映させた社会中心主義
> の期間は20年，1957年のスプートニクショックに触発された学問・教科中心の期
> 間は15年，ウォーターゲートやベトナム戦争をかかえ学校において人間の荒廃を
> 克服するべく試みられた第五階てい人間中心のカリキュラムは10年間，そして第
> 六階ていの基礎へ帰えれという要請，以上がその〈カリキュラムの変遷の〉検討
> の結果である。

　アメリカにおいては，1838年に公教育に教科として音楽が導入された。千
成が述べる「第二階てい」時代にあたる1907年には全米音楽教育者会議
Music Educators National Conference（MENC）が設立され，アメリカの公
的な音楽教育に影響を与えるようになった。千成による「第四階てい」にあ
たる1958年には，全米教育研究会 National Society for the Study of Educa-
tion（NSSE）の57番目の年鑑において，Basic Concepts in Music Education
が公表されている（NSSE：1958）。また，MENC は，フォード財団により
1957年に開始された青年作曲家計画 Young Composer's Project をひきつ
ぎ，1963年から1973年にかけて音楽教育における創造性のための現代音楽計
画 The Contemporary Music Project for Creativity in Music Education を
行い，伝統的な楽曲の技能訓練から包括的な音楽性の育成をめざして，公立
学校に作曲活動を導入した。
　アメリカにおける音楽教育カリキュラム改革による多様な現象は，この
1950年代後半から1970年代にかけてあらわれたといわれている（千成：1984,
94）。千成によれば，この改革は，「個々の楽器の演奏やコーラス技能の習得
を中心に据えた授業から，理論や創造活動をも含めた包括かつ総合的な音楽
経験を目差す授業への転換」（千成：1985b, 125）であり，学校音楽教育にお

ける本質的な課題の再検討を行うものであった。

　中でも，1963年から1968年にかけて行われたニューヨークのマンハッタン大学によるマンハッタンビル音楽カリキュラム The Manhattanville Music Curriculum Program（MMCP）や MENC による音楽的概念 Music Concept が組み込まれた概念学習 Conceptual Approach は，この音楽教育改革の所産である。

　音楽的概念は，MMCP によれば，*Manhattanville Music Curriculum Program. Final Report*（Thomas：1971）の中で，pitch（音高），rhythm（リズム），form（形式），dynamics（ダイナミクス），timbre（音色）の5つが示され，中でも form や dynamics，timbre は，音楽的成長の中で何度も再考・再使用されるべきだとされている（Tomas, Ronald B.：1971, 89）。また，1967年には MENC が dynamics（ダイナミクス），form in music（形式），forms of music（構成），harmony（ハーモニー），melody（メロディー），rhythm（リズム），tempo（速さ），tone Color（音色）をあげている（Gary, Charles L.：1967）。

　これらの中では，音楽的成長のためには，Intellectual Apprehension（知的理解）が中心的役割を担うこと，知的理解の手段として音楽的概念があること，そして，音楽的概念が skills（スキル）と相互にかかわりながら音楽経験の中で獲得されていくような学習が必要であることが強調されている。

　このようなカリキュラム改革による試みは，アメリカの教育現場に根をおろす前に，千成が「第六階ていの基礎へ帰えれという要請」（千成：1984, 88）と示したように「基礎へ帰れ Back to basics」の動きにめまぐるしく移っていった。しかし，この間の所産は，それまでの伝統的あるいは商業的な音楽教育から大きく見方を転換し，公教育における音楽教育の在り方を根本的に見据えたものとして大きい。

2 文部省による戦後音楽教育の改革

アメリカの教育カリキュラム改革の時期，つまり1950年代後半から1970年代にかけては，我が国において1958（昭和33）年，1968（昭和43）年，1977（昭和52）年と，学習指導要領[3]が公示され，3度の改訂が行われた時期である。

我が国において初めての学習指導要領は，周知のとおり，1947（昭和22）年に試案として示された。千成が示したアメリカの「第二の階てい」の時期の影響を受け，児童中心の進歩主義教育の強い影響の下で作成された。真篠将は，「戦後アメリカ合衆国の影響を受けて盛んになった新教育運動は，わが国のそれまでの実際の学習指導のあり方を根本的に変えた」と述べている（真篠：1979, 134）。1958（昭和33）年に改訂された学習指導要領は，そのような進歩主義教育の影響力を払拭すべく，1951（昭和26）年の改訂を経て，一定の拘束力をもつ文部省告示として提示された。現在の文部科学省によれば，「〈1947年の学習指導要領は〉全教科を通じて，戦後の新教育の潮流となっていた経験主義や単元学習に偏り過ぎる傾向があり，各教科のもつ系統性を重視すべきではないかという問題があった」[4]という評価をしている。第3章で後述するように，1947（昭和22）年の学習指導要領で示された「単元」は，音楽そのものの理解を重点として示されていたが，あわせて紹介されていた事例は，生活経験的な単元や他教科と関連させた単元が多かった。したがって，楽曲を中心にした現場の授業を変革するものにはなり得なかった。また，1957年に起きたアメリカにおけるスプートニク・ショック（ソ連の人類初の人工衛星スプートニク1号の打ち上げ成功が世界に報じられたことにより諸国が受けたショックをいう）は，我が国においても基礎学力や科学技術教育の向上をめざさせるものとなった。

1968（昭和43）年に改訂された学習指導要領（中学校は1969年）は，基礎学力の充実をはかった1958（昭和33）年に改訂された学習指導要領をさらに発

序　章　　7

展させるものとして改訂され，音楽科の指導内容に「基礎」領域が登場した。この「基礎」領域の登場をはじめとして，1968（昭和43）年に改訂された学習指導要領は，アメリカの教育改革における概念学習 Conceptual Approach の刺激を強く受けているといわれている（難波：2000, 222-223）。しかし，「基礎」領域は，包括的な音楽教育をめざした概念学習 Conceptual Approach の理念とは異なり，「リズム」「旋律」「和声」が音楽の要素として示されたものの，歌唱，創作，鑑賞領域との関連が明確に示されていなかったことに難点があった。

　次の1977（昭和52）年に改訂された学習指導要領では，「学校教育が知識の伝達に偏る傾向があるとの指摘もあり，真の意味における知育を充実し，児童生徒の知・徳・体の調和のとれた発達をどのように図っていくかということが課題になっていた」[4] という自己評価のもと，指導内容が整理され，「基礎」領域も姿を消して，「表現」「鑑賞」の二つの領域にまとめられた。また，「単元」にかわって，「主題による題材構成」の考え方が示された（「主題による題材構成」については第3章で後述する）。

　ここまでの流れを見ると，次のように整理することができる。

　1980年に千成による教育内容に関する提言が行われる以前でも，単元構成や「基礎」領域の設定等とかかわって，音楽科の教育内容について検討するための素地はできあがっていた。しかしながら，教育内容という概念が提起されないまま，1977（昭和52）年に改訂された学習指導要領に伴って「主題による題材構成」という考え方が生まれてきた。

3　教育現場と民間教育団体の動向

　一方，音楽教育研究の世界では，1960年代には，オルフ（Orff, Carl, 1895-1982）やコダーイ（Kodály Zoltán, 1882-1967）の音楽教育研究が知られるようになってきた。オルフは1962年に来日しており，また，1963年には，「コダーイ・システム」が，東京で開催された ISME 第5回国際音楽教育会議 International Society for Music Education, V‐ISME World Conference で紹介された。それらに伴い，たとえば園部三郎は1962年に「オルフの来日と音楽教育の提案」（園部：1962）を発表し，小山郁之進は1963年に「オルフの音楽教育における基礎・目的・方途について」（小山：1963）を発表している。また，1967年に羽仁協子が「コダーイの遺産」（羽仁：1967）を，1970年に加勢るり子が「コダーイシステムと音楽教育」（加勢：1970）を発表している。

　これらは，我が国の音楽教育に，系統的な音楽教育システムの重要性を示唆するとともに，自国の音楽に着目するという視点をもたらすものであった。1958年には「音楽教育の会」が結成され，1963年の日本教職員組合第12次教育研究集会では，「歌曲集(A)」と「わらべうたの音組成によるソルフェージュ(B)」からなる教科書二本立て案が提案され，系統性のある指導がめざされた（島崎：2012）。1965年の同会の全国大会（和歌山）においても「わらべうたから出発する音楽教育」というテーマが掲げられている。また，1965年の第14次教育研究集会では，ドリル式の活動になりがちであった(B)活動に対して，即興的・総合的な音楽活動を重視した「ブロック方式」[5]も提案されている。

　しかし，第16次教育研究集会で群馬県の合唱が注目されはじめると，次第に二本立て方式やブロック方式における様々な提案に対して批判が行われるようになった。さらに，1974年の第23次教育研究集会に講師として作曲家の丸山亜希が加わってくると，歌曲教材についての議論やそれらを歌う子どもたちの歌声についての評価が主流になっていった（三村・吉富：2010）。

　また，昭和30年代末から岐阜県ではじまったふしづくりの教育は，1966（昭和41）年度から岐阜県音楽教育研究指定校となった古川小学校等において「ふしづくり一本道」として完成された（三村：2013）。ふしづくりの教育は，30段階102のステップ等[6]からなる創作活動を中心にして音楽的能力を獲得させる学習システムである。創作活動を通して，子どもたちが主体的に

音楽の要素や構成などを学習していき，音楽的に自立していく様は画期的であり，古川小学校を参観に訪れた多くの教育者らに驚きを与えた。古川小学校では，その後も1978年にかけて，ふしづくりの教育を研究課題としてあげている。それ以降，学校をあげてのシステマティックな教育は全国的に行われなくなったが，いまだに，これほど子どもの自立的な音楽活動を系統立てたことに成功した例は見られない。

4　教育学における認識論的授業研究

　以上のように，音楽科において教育内容論の提起が行われる前の1950年代後半から1970年代にかけて，アメリカでは概念学習 Conceptual Approach が示され，我が国では，学習指導要領に「基礎」領域が設定された。また，実践現場では，二本立て方式やふしづくりの教育などにおいて，系統的な指導法がめざされた。これらは，後述するように，教育内容論の提起とその授業構成の設定が行われるようになる1980年代の我が国の音楽教育の予備的状況となっている。

　このような時期，教育学の世界では，1960年代から，北海道大学の教育方法学研究室の教授学研究グループが，教育内容とその構成について研究と提言を行っている。これらの研究は「認識論的授業研究」（平凡社：1979, 439）において先駆的役割を果たしたといわれる。

　認識論的授業研究においては，学習者の認識対象となる教育内容及び教材に重点が置かれている。たとえば，高村泰雄は，「明治以来の国定教科書は，すべて『教育と科学の分離』という基本方針で編集されてきたため，教育内容と教授技術が分離し，本来，明確に区別される教育内容と教材の癒着が固定化されてしまったのである」（高村：1976, 55）とし，教育内容について次のように述べている（高村：1976, 56）。

　　「何を教えるか」という問題は，教育内容を確定することであるが，このよう

な教育内容の価値は，個々人の主観的な好みや国家権力の要求などによって左右されるほど任意性をもったものではなく，人類の歴史的な実践のなかでたくわえられた経験やその一般化としての科学的概念や法則の体系（＝現代科学や技術の体系）として客観的に確定されるものなのである。したがって教育内容は，現代科学のもっとも一般的・基本的概念や法則をもって構成しなければならない。そして教材は，このような教育内容を正確ににになう実態として，子どもの認識活動の直接的な対象であり，科学的概念や法則の確実な習得を保障するために必要な材料（事実，資料，教具など）として位置づけられるのである。

このような教育内容と教材への基本的な立場からは，教育内容研究を中軸にすえた多くの授業プランが開発された。その教育内容と教材の構成については，「いわゆる『70年代構想』から教授学研究の構想」（教授学研究グループ：1985）としてまとめられており，教科の系統をふまえた教育内容を明らかにし，その本質を体現する教材の選定と指導プランを作成することがめざされている。

1980年に音楽科において教育内容に関する提言を行った千成俊夫は，同年代にその研究グループに属しており，同グループにおける共同研究は，音楽科における教育内容論とその授業構成に影響を与えたと見ることができる。

第3節　音楽科における教育内容と授業構成の変遷

第2節のような動きの後，音楽教育においては，1980年の教育内容論の提起や教育内容をめぐる論争にはじまって，今日まで教育内容という用語の定着と授業構成研究の進展がなされてきた。その状況について，ここでは，大きく5つに区分して述べる。

1　教育内容をめぐる論争

すでに述べたように，1980年，千成俊夫は，日本音楽教育学会第11回大会

序　章　11

のシンポジウム「教材の条件」において，音楽科の教育内容に関する提言を
行った。これは，我が国の音楽教育研究で教育内容についての最初の言及で
ある。

　この前後に，千成は，以下の論文を発表している。

「音楽教育における目標設定の基本原理」（千成：1973）
「音楽の授業成立に関する一考察」（千成：1975）
「音楽教育における教材論への試み Leonard B. Meyer の所論を中心に」（千成：
　1976）
「音楽教育における教育課程構成にかんする若干の問題(1)〜(5)」（千成：1977, 1978,
　1980a，千成・宇田：1981，千成：1983）

　これらの論文では，教育内容論の提起に向けて，アメリカの音楽教育，学
習指導要領や民間教育団体の動向などが網羅され，音楽科の目標論，授業
論，教材，教育課程論が述べられている。また，1980年の千成提言の後にな
る，「音楽教育における教育課程構成にかんする若干の問題(4)」（千成・宇
田：1981）「同(5)」（千成：1983）では，千成提言が行われたシンポジウムにお
ける議論を補完する形で「教育内容」と「教材」の関係が説かれ，「授業の
組織化の原理」（千成：1983, 130）について述べられている。1970年代〜1980
年代前半にかけて，教育内容に関する提言にかかわる一連の論理が構築され
ていっていることがわかる。

　また，これらに関連して，1980年前後には，以下の論文も発表された。

八木正一・竹内俊一「音楽科における基礎学力−その基調を求めて−」（八木・竹
　内：1978）
八木正一・鎌田真規子「音楽科の学力に関する一考察−音楽的認識過程の分析を通
　して−」（八木・鎌田：1979）
八木正一「音楽科における学力規定に関する一考察」（八木：1979a）
八木正一「小学校音楽科における教科課程構成に関する一考察−つくる学習活動を
　中心とした教科課程構成への一視点−」（八木：1979b）

八木正一・堀曜子「技術教科としての音楽科－音楽科教育の技術的基本性格と教
　　科課程構成への一視点－」（八木・堀：1980）
八木正一「授業のための音楽教材試論」（八木：1980）
八木正一「音楽科における授業構成の現状と課題」（八木：1981a）
八木正一「音楽学習における楽しさをめぐって　楽しい授業づくりへの一視点」
　　（八木：1982a）
八木正一「音楽の授業における感動と基礎能力」（八木：1982b）
八木正一・吉田孝「音楽教科書における教材の組織化と記述に関する一考察」（八
　　木・吉田：1982）
吉田　孝「音楽科における教育内容と教材の関係」（吉田：1982）

　これらの論文は，学力論や授業構成論，教科書論をふまえ，千成提言を補
強する形で相次いで発表されていった。
　このような千成らによる教育内容論の提起は音楽教育界に波紋を起こし，
以下のような批判をも呼び起こすこととなった。

村尾忠廣「音楽科の内容と教材」（村尾：1981）
山本文茂「創造的音楽作りとは何か①『サウンド・アンド・サイレンス』を考え
　　る」（山本：1982a）
河村恵・加藤富美子「音楽科の教育内容とは」（河村・加藤：1982）
尾見敦子「音楽科における教材論　音楽科教育研究の現状分析から（尾見：1983）
村尾忠廣・尾見敦子「音楽的概念による教材構成をめぐって①」（村尾・尾見：
　　1984）
村尾忠廣「音楽的概念による教材構成をめぐって②」（村尾：1984）

　しかし，いずれの批判の中でも，音楽科の中で教育内容を明確にしていく
こと自体は否定されず，1982年の日本音楽教育学会東京ゼミナールでは，先
の1980年の千成提言が評価され，音楽科における教育内容や教材の関係がさ
まざまな機会に議論されるようになった。
　千成らによる教育内容論の提起に対して懐疑的であった山本文茂は，創造
的音楽学習を推進する立場から，教育内容について新たな論を展開しはじめ

た。また，1982年には，千成，八木，吉田を中心とした「音楽教育方法研究会」（1988年に正式に発足）は，『達成目標を明確にした音楽授業改造入門』（千成編：1982）を出版し，いくつかの事例を示しながら，音楽科の教育内容について，また内容先行型の授業構成について提案している。

　この間の動向は次のようにまとめることができる。すなわち，1960年代からの教育の現代化や概念学習 Conceptual Approach，系統性への着目等が土台となり，1970年代から音楽科の教育課程や授業方法論を整備した教育内容に関する提言が行われ，1980年代前半には批判的検討を経た上で教育内容という語が定着し，教育内容に関する様々な論が展開されるようになった。

2　教育内容論に基づく授業構成法と授業プランの開発

　千成らの教育内容論の提起が1982年の東京ゼミナールで一定の評価を得て以降は，その具体的な授業構成論が展開され，授業プランが提案される時代に入る。

　「授業構成」とは，先述したように，学習目標の達成にむけて授業を組織することである。千成らは，氏らの論への批判に応えるように，アメリカの教育カリキュラム改革の所産について整理するとともに，教科論や技術論から音楽科の教育内容を説明し，その授業構成に関する論文を以下のように発表していった。これらの授業構成論においては，授業構成が特定の楽曲作品を教えるという立場をとる「楽曲先行型」と，教育内容を中心に教材を構成する「内容先行型」に分けて定式化され，「内容先行型」の授業構成の手順が示された。

八木正一「音楽科教育における教科論的一考察」（八木：1983）
八木正一・出口誉子・三国和子・山中文「音楽科の授業における指導
　過程構成に関する一視点（その1）：「拍子」の指導を中心として」（八木・出口・
　　三国・山中：1983a）
八木・出口誉子・三国和子・山中文「音楽科の授業における指導過程構成に関する

一視点（その2）：授業プラン「拍子のおはなし」を中心として」（八木・出口・三国・山中：1983b）

八木正一「音楽科における教育内容措定に関する一試論」（八木：1984）

吉田　孝「音楽科における技術観の検討－学習指導要領及び民間教育研究運動の変遷より－」（吉田：1984a）

吉田　孝「音楽の多様化と教材－大衆音楽の教材化への一視点－」（吉田：1984b）

千成俊夫「米国における音楽教育カリキュラム改革(I)－60年以降の動向をめぐって－」（千成：1984）

千成俊夫「米国における音楽教育カリキュラム改革(II)－60年以降の動向をめぐって－」（千成：1985b）

千成俊夫・八木正一・吉田孝，「音楽科の授業構成に関する一試論」（千成・八木・吉田：1985）

八木正一「音楽科における教材と授業構成に関する一考察」（八木：1985a）

八木正一「音楽科における教材開発に関する一考察」（八木：1985b）

千成俊夫「音楽教育研究における理論と実践の関係」（千成：1986a）

八木正一「音楽指導における指示語に関する一考察」（八木：1987b）

千成俊夫「教科教育学研究の成果と展望　－音楽科教育をめぐって－」（千成：1988）

吉田　孝「音楽カリキュラムの弾力化と個性の伸長」（吉田：1988）

　音楽科においては，このような，教育内容論の提起に対する学会の一定の評価や内容先行型の授業構成の普及によって，教育内容を措定し，教育内容と教材を区別する「教育内容論」が成立したと見ることができよう。

　これらの論文にあわせて，1990年代からは八木の編著による『音楽指導クリニック』シリーズ[7]等においても数々の授業プランが提案された。授業プランは，必ずしも音楽の要素を概念として獲得することをねらったものだけではなく，演奏技術体系における法則性を中心とした授業プランや，音楽学の諸成果を中心とした授業プラン，楽曲に対象化されている世界観やイメージ等と表現手段との関連を中心とした授業プランなどが提案された。そして，授業プランは，次第に短時間で行うものとなり，授業アイデアとして示されるものも多くなっていった。

3 学習指導要領による題材構成観と創造的音楽学習における教育内容の定義

先にも述べたように，音楽教育において教育内容論の提起とその批判や評価がなされた1980年代は，1977（昭和52）年に改訂された学習指導要領の実施時期であり，文部省から，戦後の単元学習にかわって，題材構成が示されていた。たとえば，文部省は，1977（昭和52）年の学習指導要領の全面実施にあたって，1980年に『小学校音楽指導資料　指導計画の作成と学習指導』（文部省：1980），1982年に『中学校音楽指導資料　指導計画の作成と学習指導』（文部省：1982）を刊行し，題材構成の考え方として，「主題による題材」と「楽曲による題材」を示した。「主題による題材」は，主題によって教材を構成する形式をとり，これは，形式上，教育内容を中心とする授業構成と似ている。このことを含め，このような題材構成観について，単元学習の再検討を含めて多くの論者が述べている。以下の論文にそれらが詳しい。

八木正一「音楽科における単元構成への一考察(I)単元構成の現状と問題点」（八木：1981b）

八木正一「音楽科における単元論への一考察−戦後初期の単元構想を手掛かりとして−」（八木：1984）

大和淳二「音楽科教育における主題学習の意味」（大和：1984）

山田潤次「音楽科における教育内容とその指導過程組織化に関する一考察(1)−音楽科における単元構成の現状をめぐって−」（山田：1984）

千成俊夫「音楽科における単元構成に関する一考察」（千成：1989a）

西園芳信「音楽科におけるカリキュラム構成　単位としての『題材』概念の考察」（西園：1990）

吉田　孝「単元構成と主題構成」（吉田：1991）

八木正一・津田正之「音楽科における題材構成の基本的問題」（八木・津田：1999）

津田正之「戦後改革期における音楽科単元構成の歴史的検討　−単元学習の衰退をめぐって−」（津田：1999）

津田正之「音楽科単元構成の論理とその問題」（津田：2000）

津田正之「昭和50年代における音楽科の題材構成：水戸市立新荘小学校の研究を中心に」（津田：2001）
阪井　恵「『題材構成』の問題性」（阪井：2006）

「主題による題材」における「主題」には「音楽的まとまり」というとらえ方も含まれており，それは「楽曲による題材」を補完して，教材相互の内容の関連や発展，系統性を見通すものとして設定されたことがうかがえる。しかし，第3章で述べるように，音楽そのものの理解のためのまとまりとしてもとらえられていた単元の理念は，現場において実践に定着しないままに題材にとってかわられており，その結果，題材構成における授業においても，楽曲中心の考え方が離れることはなかったと見ることができる。

　また，千成らの一連の論に当初懐疑的であった山本は，その後創造的音楽学習としてCreative Music Makingを我が国に導入するにあたって，1983年には「音楽カリキュラムの構築作業は，内容と教材とをはっきりと区別することが前提条件なのである」（山本：1983, 28）と述べ，独自に教育内容を定義した。そして，創造的音楽学習の導入に向けて教育内容を配置したカリキュラムの構想をあげ，学習指導要領に大きな影響を与えた。しかし，山本は授業構成については具体的に論じておらず，創造的音楽学習の授業は「自由に創作する活動」（坪能：2004, 53）が主体となった。そのために，その影響を受けた現場の授業は「効果音づくり」になりがちとなった。1996年には，高須一が創造的音楽学習の立場から音の操作能力まで含めた教育内容を設定している（高須：1996, 81）。

4　授業研究の新しい展開

　教育界全般においては，1980年代から1990年代にかけて，実際になされる授業場面に着目する授業過程研究や学習者論に大きな変化が見られた。
　1980年代以降の「教育技術の法則化運動」や，「授業づくりネットワーク運動」に見られるように，検証できる授業の発信や追試を通じて，授業の共

序　章　17

有化がはかられるようになってきた。また，それにともなって「教授行
為」[8]という用語が普及し，実際の授業過程で起こる教師の発言や意図が着
目されはじめた。吉崎静夫に代表されるように，教師の意思決定と授業の成
否に関する研究も各教科で取り上げられるようになった[9]。

　また，1990年代には，学習を社会的・文化的共同体参加の状況からとらえ
る学習者論が盛んになり，あわせて，教育内容のとらえ方においても，知識
として存在するものから生成されるものという考え方が誕生した。やや次元
が異なるが，こうした考え方は，「新学力観」として，1989（平成元）年に改
訂された学習指導要領に反映されている。

　このような時期において，八木は，これらに関して，主に以下のような論
文を発表している。

「音楽の授業における教師の意思決定に関する一考察」（八木：1991a）
「音楽科の授業モデルとシステムに関する研究」（八木：1991b）
「研究の動向　音楽教育研究の抽象から具体へ」（八木：1991c）
「授業システムと自己学習力」（八木：1991d）
「音楽科における教育内容論の総括と課題」（八木：1994c）
「本音の新たな復権学校音楽教育理念の歴史的検討」（八木：1995）「音楽科におけ
　　るカリキュラムの今後の方向をめぐって」（八木：1998a）
「教科教育の課題　学びの意味の再構築」（八木：1999b）
「音楽科の意味の創出」（八木・川村・小室・島田：1999）

　これらの論文の題目からわかるように，八木の関心は，これまで氏らが提
唱してきた，学力や教育内容，授業枠組みとしての授業構成にかかわる授業
研究から，授業過程でどのようなことが起きているか，また教師はどのよう
な意思決定を行っているか，という授業研究に移行してきている。八木のこ
のような授業過程への着目は，さらに，1993年，1994年において日本音楽教
育学会で吉田らとともに開催した「授業研究の『方法』を探る」という課題
研究[10]で追究されている。

5　教育内容論における授業構成の課題

　1989（平成元）年に改訂された学習指導要領では「新学力観」が示されたが，1998（平成10）年に改訂された学習指導要領では，かわって「生きる力」が示された。そして2008（平成20）年に改訂された学習指導要領は，「生きる力」を示す方向性自体はかわらないとするものの，基礎的・基本的な知識・技能の定着とそれらを活用する力の育成をめざすとするものとなった。

　この2008（平成20）年に改訂された学習指導要領において，教育内容の観点から着目すべき点は，〔共通事項〕の誕生である。〔共通事項〕は，小学校学習指導要領と中学校学習指導要領で使用されている用語が異なるが，いずれにしても音色，リズム，速度，旋律，テクスチュア，強弱，形式，構成などの音楽の諸要素があげられており，1980年に千成提言で教育内容として示された用語が，まさに20年以上の時を経て，指導する内容として学習指導要領で明確に記載されることになったということができる。

　このような点から，音楽科の基本的教育内容を音楽の諸要素とする見方は定着してきたが，その中で，八木は，次のように，授業パラダイムの転換を提唱し，教育内容や授業構成における新しい論を展開しはじめた。

「音楽科の授業パラダイムの転換」（八木：2000）

「競争と授業をめぐって」（八木・川村：2003）

「授業構成論の諸相：音楽の授業を中心として」（川村・八木：2004）

「創造的音楽学習に関する授業論的検討」（八木：2005）

「音楽科における教育内容の再検討」（八木：2005）

「教材が生成する学びの場」（八木：2006）

「学習活動と授業構成に関する一考察　－活動主義批判の検討を中心に－」（八木・
　　川村：2007a）

「音楽科における教材概念の検討と授業の構成」（八木・川村：2007b）

「音楽科における教材とは」（八木：2008）

「授業の臨床的構成と教育内容のとらえ方　－音楽科の場合を中心にして－」（八

木：2009)
「音楽科における授業構成の可能性 －〔共通事項〕の検討を中心として－」（八
　木：2010)
「音楽科における授業モデルに関する一考察」（川村・八木：2012)
「音楽科における鑑賞の授業構成に関する一考察－範例方式を視点として－」（山
　本・八木：2012)

　八木は，これらの論文において，授業過程で生成される教育内容を問題に
しており，それらを実体的な教育内容に対して「関係的な教育内容」とし
て，新しくとらえている。
　一方，吉田は，以下の論文を発表している。

「音楽科の授業記録に関する認識論的検討」（吉田：2002)
「音楽科の授業における発問の機能 －『赤とんぼ』の授業を例にして－」（吉田：
　2004a)
「教育実践に役立つ研究とは」（吉田：2005a)
「『確かな学力』の育成と音楽学習［音楽］」（吉田：2005b)

　吉田もやはり授業過程に着目しているが，学力の定着をめざすという方向
をめざして，むしろ実体的な観点から授業記録のあり方や授業研究に着目し
ていることがわかる。
　これまで述べてきたように，音楽の諸要素が基本的な教育内容としてとら
えられ，教育内容という用語自体が音楽科に定着してきた一方で，音楽の諸
要素のどれをどのレベルまで教育内容とするかは，〔共通事項〕にいたって
も定まっていない。上記の吉田の関心はこの点にあろう。
　また，教育内容を中心とした授業構成自体は，授業の実際にあわせて，ま
た「新学力論」や学習者論等に応じて，変化してきた。さらに，授業構成の
変化や授業過程の研究は，教育内容論に影響を与えている。八木の関心は，
こちらに向けられていると考えることができる。
　このような両者の論考から，音楽科における確かな学力と豊かな学びあい

の双方を充実させる教育内容と授業構成の研究が，現代求められている課題
である，ととらえることができよう。

第4節　本研究の目的と方法

1　先行研究の検討

　1980年代以降の教育内容と授業構成に関して，本研究のテーマである1980
年の千成提言以降から現代までのスパンで教育内容の変遷を授業構成と関連
させて述べた研究は少ないが，部分的には千成自身のまとめと，千成提言に
始まる教育内容論についての八木のまとめがある。

　千成は，1988年に，「教科教育学研究の成果と展望　－音楽科教育をめぐっ
て－」（千成：1988）として，日本音楽教育学会における1971年設立時から
1988年までの議論について，そして内容先行型の授業構成を展開してきた音
楽教育方法研究会の所産についてまとめている。一方，八木は，1994年に
「音楽科における教育内容論の総括と課題」（八木：1994c）として，1980年の
千成提言から1994年当時にかけて教育内容という用語が定着してきた過程を
述べるとともに，授業過程の研究も視野に入れた新たな課題を提起してい
る。

　このように千成提言を支えてきた両氏の論考以外では，以下が見られる。

　1996年には，阪井恵が「『音楽的概念による教材構成法』の功罪」（阪井：
1996）をまとめている。これは，それまでの千成らの提起から確立してきた
教育内容論の総括というよりも，それらにおいて音楽の諸要素や音楽的概念
を音楽科の教育内容としたことの功罪について述べたものである。

　また，島崎篤子は，2007年に「音楽教育における学力」（島崎：2007）とし
て，音楽科の学力の変遷について戦後初期から述べている。その一部で，
『達成目標を明確にした音楽科授業改造入門』（千成編：1982）について，「こ

の著書は，音楽教育の分野で正面から学力問題と向き合い，教材および授業の組織化と評価の明確化をめざしたという点では，内容の是非を越えて歴史的な著書といえるものである」（島崎：2007, 37）と評価する一方，「千成の学力観は学習の結果である『学んだ成果』に限定されており，もう一方の学習の可能性としての『学ぶ力』の概念が欠落していた」と批判した。ただし，島崎の論文は学力論の変遷が中心であるため，そこで述べられている批判は，1980年代の教育内容論争や，またその後の教育内容論と授業構成論の展開をふまえたものではない。

　なお，音楽教育史学会は，2006年に『戦後音楽教育60年』（音楽教育史学会：2006）をまとめているが，その中に教育内容に関する記述は見当たらない。唯一，その中では，菅道子が，「音楽科の『学力』論の底流」という章で，「〈1960年代のふしづくりの教育や1968年の「基礎」領域の設定などにあたる時代が〉八木の指摘する教材主義，態度主義を廃し，子どもが獲得すべき能力（学力）に接続する形で，教科内容・方法を具体的に解明しようとした時代として際立っている」（菅：2006, 229）と述べるにとどまっている。

　また，創造的音楽学習においては，高須が1996年に「『創造的音楽学習』の展開と意義」（高須：1996）の中で，1989（平成元）年に改訂された学習指導要領に創造的音楽学習が導入されはじめてからの傾向と，教育内容の具体的な項目化とカリキュラム化の課題をあげている。創造的音楽学習の変遷自体は，島崎が2010年に「日本の音楽教育における創造的音楽学習の導入とその展開」（島崎：2010）で，教育実践を中心に1987年以降から述べている。

2　本研究の目的

　先行研究からは，千成らによる教育内容論の提起が，音楽教育史の中でいかに軽視されているかという現状が見えてくる。また，教育内容の変遷は，教育内容論の成立と展開の中で時々にまとめられているに過ぎない。現在，音楽科において教育内容の用語は定着したが，その細かな定義も定まっては

いない。

　しかし，第3節で述べてきたように，千成は，千成提言によって，音楽科にそれまで自覚されて来なかった「教育内容」という用語をもたらした。そして，千成らは，提言に基づいて教育内容を中心とする授業構成の定式を産み出してきた。このような千成らの教育内容論の提起は，様々な教育内容研究を経て発展・定着し，さらに多くの授業プランが提案されて一般に周知され，また実践された。音楽科では，そのことをもって教育内容論が成立したとみることができよう。そして，授業過程が着目され，学習者論が進展する中で，新しい授業構成論が提起され，そして，そのことがまた教育内容研究に新たな視点をもたらしてきている。このように見ると，教育内容論の展開は，授業構成と大きく関連している。

　本稿は，そのような点から，1980年以降の教育内容論の成立から展開にいたる過程を授業構成と関連づけながら理論的検討を行い，現在の音楽科における教育内容研究の成果と課題をあげ，授業構成の在り方を提案するものである。

3　本研究の方法

　以上から，本研究では，次のように論を進める。

　すなわち，第1章では，まず，千成による提言の背景と提言後の展開を検討する。そして，千成提言に同調して理論を展開した八木正一，吉田孝の学力や教育内容，授業構成における言及について述べ，教育内容論が確立していく過程について明らかにするとともに，千成提言をめぐって起きた論争の対立点を明らかにする。さらに，1982年の日本音楽教育学会において「教育内容」という用語の定着が見られたことを明らかにする。図0-1の①にあたる部分である。

　日本音楽教育学会において用語の定着が見られる頃からは，教育内容を中心とした授業構成による具体的な授業プランが次々に発表されて，一般に周

知され，また実践された。そのことをもって，音楽科において教育内容論が成立したと見ることができる。しかし，授業構成が敷かれ，具体的な授業プラン開発が行われるようになって，教育内容の定義は様々に変化した。また授業の実際に応じて，授業プラン自体もその構成や長さに変化が見られるようになっている。このような1980年代における教育内容の定義や授業構成の変化については第2章で明らかにする。図中の②にあたる部分である。

　学習指導要領においては，戦後初期に推奨された単元構成から1958（昭和33）年に改訂された学習指導要領の実施時期には題材構成にかわり，音楽科において教育内容論が提起された1980年代にいたって，「主題による題材構成」が着目されはじめた。「主題による題材構成」は，教材を構成する形で示され，その点で，教育内容を中心とする授業構成と形式上に類似点が見られる。しかし，学習内容は大きく異なっており，教育内容論をとる立場の研究者らから，戦後初期の単元とあわせて，単元論・題材構成論が展開されている。また，この当時，千成らの提起による教育内容論を批判した山本らは，創造的音楽学習研究の立場で教育内容について論じるようになっている。図中の③に当る部分である。その一方で，授業研究の中心が授業過程研究に移ってきた1990年代あたりから，八木らの研究は，教師の意思決定や学習者レベルの研究から授業システムをとらえるようになっている。図中の④の部分である。3章では，これらの単元や題材構成における授業構成や創造的音楽学習の立場からの教育内容研究を考察し，そのような状況下における，教育内容論の新たな展開を検討する。

　2000年になって，八木によって授業パラダイムの転換が提唱されはじめると，教育内容は関係論的にとらえられるようにもなった。これは，当初の教育内容論からすると大きな転換である。一方，学習指導要領においては〔共通事項〕が示され，実体的にとらえる教育内容が広く現場で追究されるようにもなってきた。この時期から現代にいたる教育内容論の展開とその授業構成については第4章でまとめる。そして，現状の音楽科の授業から，教育内

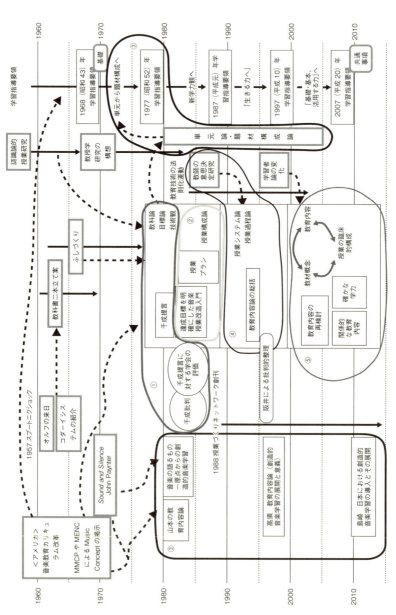

図0-1 音楽科の教育内容論の成立と展開にかかわる事象 　　　　　　　　　　　　　　　　　　　　　　　　　　　　　　（作図：著者）

容の設定と授業構成の関係を分析する。図中の⑤の部分である。

　終章では，以上をふまえ，音楽科における教育内容研究の成果と課題を考察し，教育内容について新しい定義づけを試みる。そして，教育内容の設定による授業構成を提案する。

註

1 ）千成俊夫が日本音楽教育学会第11回大会のシンポジウムにおいて行った提言は，下記の154-155頁に収録されている。
「シンポジウム　教材の条件　司会　愛知教育大学　水野久一郎，パネラー　国立文化財研究所　柿木五郎，パネラー　大阪教育大学　柳生力，パネラー　広島大学　千成俊夫」（日本音楽教育学会『音楽教育学』10巻，1980, 148-159）
2 ）千成提言に見られる「メロディー，調，音階（さまざまな旋法を含めた一定の音の相互関係の組織体），リズム，形式，音色，ダイナミクス，テンポなど」をまとめる用語は，本文中にもあるように，論者によって，さまざまに呼び表されている。本稿では，終章で改めて「音楽構成要素」と示すまでは，一般的な用語として「音楽の諸要素」と言い表す。
3 ）本稿で述べる学習指導要領とは，昭和33年以降においては，小学校学習指導要領，中学校指導要領を指す。
4 ）文部科学省 HP「学習指導要領等の改訂の経過」（文部科学省 HP より2014/10/24アクセス）
http://www.mext.go.jp/a_menu/shotou/new-cs/idea/__icsFiles/afieldfile/2011/03/30/1304372_001.pdf
5 ）島崎篤子は，「ブロック方式」に関して，「B 活動自体を開放的・感動的なものにすると共に，子どもの創造性や自主性を生かす活動にする必要がある」として宮城サークルが提案したと述べている（島崎：2013, 121）。
6 ）これは，1981年には25段階80ステップに改訂されている（山本：1981, 130-134）。
7 ）『音楽指導クリニック』シリーズは，『音楽指導クリニック100のコツ』（八木正一編著，学事出版，1990）に始まり，『音楽指導クリニック10 音楽授業のおもしろ教材・教具』（八木正一，山田潤次，学事出版，1997）まで続いた。その後，『新・音楽指導クリニック1　新しい発想でつくる音楽授業・教材－新学習指導要領を活かす』（八木正一編著，学事出版，1999）につながっていき，『新・音楽指導クリニッ

ク10　クイズ教材でたのしむ日本音楽の授業』（田中健次・八木正一，学事出版，2011）まで出版されている。

8）藤岡信勝が提唱した用語である。以下のように定義されている。

「発問，指示，説明から始まって，教具の提示や子どもの討論の組織におよぶ，現実に子どもと向かう場面での教師の子どもに対する多様な働きかけとその組み合せ」（藤岡信勝「教材を見直す」，岩波書店『岩波講座　教育の方法3　子どもと授業』，1987，178-179）

9）たとえば「授業における教師の意思決定モデルの開発」（吉崎静夫，日本教育工学学会『日本教育工学雑誌』12（2），1988，51-59），『教師の意思決定と授業研究』（吉崎静夫，ぎょうせい，1991）などがある。

10）課題研究のまとめは，以下に掲載されている。

・「授業研究の『方法』を創る－93年度のまとめ－」（日本音楽教育学会『音楽教育学』23（2），1993，61-72）

・「授業研究の『方法「授業研究の『方法』を創る－課題研究のまとめ－」（日本音楽教育学会『音楽教育学』24（3），1994，72-83）

第1章　音楽科における教育内容

　我が国の音楽科における教育内容についての理論的な言及は，1980年の千成俊夫による教育内容についての提言がはじめてである。この千成提言は，とくに日本音楽教育学会の中で波紋を呼び，教育内容論争を巻き起こした。

　本章では，第1節で，千成提言の背景および提言の詳細について述べる。第2節では，それらの提言が授業構成との関連の中で音楽科における教育内容論として確立していく過程について明らかにする。そして，第3節で，それらの研究所産として出版された『達成目標を明確にした音楽科授業改造入門』（千成編：1982）について述べる。さらに第4節で，それらに対する批判論との対立点を明らかにし，日本音楽教育学会における評価について述べる。

第1節　教育内容概念の提起

1　千成俊夫による提言

　千成は，1980年，日本音楽教育学会第11回大会シンポジウム「教材の条件」において，パネラーとして次のような提言を行った。この提言は，音楽科において教育内容概念が導入され，教育内容と教材を規定していく契機となったものであり，本論文の出発点でもある提言であるので，一部をそのまま引用する（千成：1980b, 154-159)[1]。

　　こうした問題を検討する過程で結論づけられたことは，教育内容と教材を区別するということでした。一般に教育内容というのは，その教科を教科たらしめて

いる本質的・基本的な概念なり法則であり，より一般的なものとでも規定してよいかと思います。教材とは，この教育内容をすべての子どもたちに学習しえるかたちに具体化したもの，と簡潔に言ってよいかもしれません。こういった二分法によって自然科学や社会科学の領域では，子どもたちに教えるべき教育内容を教材を媒介にして授業に組織づけることに成功しつつあります。

　それでは，音楽科についてこの教育内容と教材を区別するといったいどういうことになるのか。自然科学や社会科学で通用しえる議論を芸術・音楽に当てはめようというのですから当然無理な面もありましょうし，不備な点が多く出てくると思います。あえてこのことを告白しておきまして，次にこの問題についてお話ししたいと思います。

　〈教科の基本的・要素的並びに本質的なものは強力であり，同時に単純でもある。これらのものは，それが互いに構造的に小さな単純な単位から複雑なものへとあらわれる。ある一つの構造の学習をすれば，その所産は他の構造の学習へと転移する。〉－これは僕らのテーゼです。音楽の基本的なものとは，メロディー，調，音階（さまざまな旋法を含めた一定の音の相互関係の組織体），リズム，形式，音色，ダイナミクス，テンポなどであると言ってよいと考えます。音楽の本質については，異論もございましょうが，いわゆる生成と消滅，緊張と緩和……非常に抽象的ですが，人間の存在，実在そのものといってよいだろうと考えます。この両者は構造的に音楽の中で組みあっています。例えば音楽の本質としての生成と消滅，緊張と緩和といったようなものが音楽の基本の一つとしてリズムに構造的にあらわれている。言いかえると，基本としてのリズムが本質のそれを具現化してあらわれるという関係じゃないかと思われます。このような音楽科の教育内容をどんな子どもでも理解できるように豊かに具現化したもの，それが教材並びにその教材の条件なのではないか。そういうふうに結論づけていいように思うわけです。

　この提言には，二つの意図が含まれている。一つは，教育内容と教材を区別する，ということである。また，もう一つは音楽科の教育内容を，メロディー，調，音階（さまざまな旋法を含めた一定の音の相互関係の組織体），リズム，形式，音色，ダイナミクス，テンポなどとする，ということである。

　さらに，この提言の出発点には，「子どもたちに教えるべき教育内容を教

材を媒介にして授業に組織づける」という文言に見られるように，音楽科の授業の組織化におよんで教育内容を設定するという意図がある。

　つまり，千成は，「教材の条件」について語る中で，音楽科における教育内容そのものについて，教育内容と教材の規定，そして授業の組織化という三つの柱からなる提言を行ったわけである。

　この提言は，後述するように，日本の音楽教育界で教育内容論争を引き起こすことになったが，提言から2年後の1982年に開催された日本音楽教育学会東京ゼミナールでは，教育内容と教材を区別することの有効性が評価された。1983年にゼミナールの様子をまとめた音楽教育学会学会誌『音楽教育学－別冊－ 音楽教育東京ゼミナールのまとめ』においては，以下のように記されている（日本音楽教育学会：1980, 30）[2]。

　　　この〈音楽科の〉教材の定義についての学会における重要な成果は，第十一回大会〈1980年の日本音楽教育学会第11回大会〉のシンポジウム「教材の条件」における千成俊夫（『音楽教育学』第10号）の発言であろう。彼は先の『新教育の事典』におこる定義とは異なり，学習内容と教材とを峻別する。そして学習（教育）内容とは，教科を教科たらしめている基本的な概念および法則であるとし，教材とは，この学習内容を子どもたちが学習しうる形に具体化したものと定義づけたのである。この考え方は，F・ソシュールが人間の言語活動において，言語（ラング）と言（パロル）を区別したのと似て，極めて有効な考え方である。

　ここにあげられている『新教育の事典』（平凡社：1979）は，千成による提言の前年の1979年に発行されている。千成による提言は『新教育の事典』における定義とは異なると述べられているように，『新教育の事典』には「教育内容」という項目は取り上げられていない。そして，「教材分析」の項の小項目「教材の機能的な分類」で「教材とは一般的には教育の目標を達成させるために教育的に編成された学習内容と定義されよう」（平凡社：1979, 230）と記述されており，教材と学習内容が同一視されている。また，「授業分析」

の項の小項目「授業分析の研究動向」では，日本における授業分析の研究の動向の一つとして，「『教材と子どもの学習活動の順序構造，認識的過程』を重視する認識論的授業研究の流れ」（平凡社：1979, 439）があるという記述が見られる。同事典では，この「認識論理的授業研究」において，後述する砂沢喜代次や鈴木秀一を中心とした北海道大学の研究グループが先駆的役割を果たしたと記述はしているが，砂沢らが提唱したような教育内容と教材との明確な区別はしておらず，「教材」ということばで一括りにされていることがわかる。

つまり，これらは，北海道大学の研究グループの先駆的研究ではあったものの，教育界全般ではまさに直前まで教材＝教育内容というとらえ方が一般的であったことを示している。それだけに，1980年の千成による提言が音楽教育界に大きな衝撃を与えたことがうかがえる。

2　千成俊夫による提言の背景

千成は，この1980年の提言の前に，それにかかわる一連の論文を発表している。1973年には「音楽教育における目標設定の基本原理」（千成：1973）を，1975年には「音楽の授業成立に関する一考察」（千成：1975）を，そして，1976年には「音楽教育における教材論への試み Leonard B. Meyer の所論を中心に」（千成：1976）を発表している。そして，1977年から1982年にかけて「音楽教育における教育課程構成にかんする若干の問題(1)〜(5)」（千成：1977, 1978, 1980a，千成・宇田：1981，千成：1983）を発表しており，提言は，この一連の論文発表の間になされたものである。

本項では，それらの論文を中心に，提言における三つの柱－音楽科における教育内容そのものについて，教育内容と教材の規定，そして授業の組織化－がどのような過程を経てなされたのかを検証する。ここでは，教育内容と教材の規定や授業の組織化と，音楽科における教育内容の二つに分けて述べる。

⑴教育内容と教材の規定──授業の組織化

　千成は，1966年から1971年まで北海道大学大学院に在籍しており，研究の方向性や方法論において，北海道大学の砂沢喜代次，鈴木秀一，高村泰雄らを中心とした研究グループの影響を受けたと見ることができる（千成：1988，17）。北海道大学は，1963（昭和38）年に結成された「全国授業研究協議会」の事務局を担当しており，砂沢らは同研究協議会の指導的役割を果たしていた。

　砂沢は，1962年には，授業は「子どもの積極的な認識能力に訴えて，教科や教材のなかに選び取られる客観的な知識や技能や情操を，子どもに主体化させる作用である」（砂沢：1962，16）としている。そして，「子どもに教えなければならない教育内容を，教師が教材化するとき，すでに教師の正しい豊かな教材解釈が要求されるわけで，その成否が授業案の成否と授業案によって展開される授業の成否を決定する」（砂沢：1962，19）と述べた。この文中の「教材化」については，同論文内で「教材の選択や構成」（砂沢：1962，19）といった文言で示している部分があり，つまり，授業は，子どもに教えるべき教育内容を担う教材の選択や構成によって組織づけられることが示されている。1974年には，「民衆の立場に立つ明治維新の授業」という指導観から「明治維新」の授業を行った松浦茂子氏の授業を，自主的な「教育内容構成」の例として紹介しつつ（砂沢：1974），「教育方法学の当面する研究課題は多いが，（中略），教育内容構成－教材の精選，教育課程構成をふくむ－に結びつけた集団思考過程の綿密な研究は，それらのうちで最も緊要なものと確信する」（砂沢：1974，22）と述べ，教育内容構成に立つ授業研究の必要性を示した。

　さらに，教育内容や教材の順序構造については，鈴木が，1974年に「教育内容の確定，それに伴う順序構造の確定がなされると，それに伴う問題（教材）が典型的なものか，それらの問題のうち，導入ではどのような問題を課すべきか，それぞれの問題の順序をどうするか，教授学的に追及される課題

になっている」(鈴木：1974, 123-124) と述べている。(以下，行文字数修正)

　このような一連の研究は，北海道大学教育学部教育方法学研究室の教授学研究グループによって，1970年に「教授学研究の構想」としてまとめられた。その構想は，同研究室が発行する紀要『教授学の探究』に，「いわゆる『70年構想』から教授学研究の構想」として掲載されている。それによれば，教授学研究は実験的手法を貫くこととされており，実験の手続について，次のような順序が示されている (教授学研究グループ：1985, 129)。

　①現代科学の体系に沿った教科の系統をふまえ，研究対象とする概念 (教育内容) についての授業の到達目標を明らかにする。

　　その際，科学史的知見と子どもの認識発達の法則を考慮する。

　②教育内容の本質をもっともよく体現した教材を選定し，授業過程の指導プランを作成する。その際，同時に教授学的法則についての仮説を設定する。

　③子どもの既成概念を調査 (事前テスト) する。

　④実験授業を実施し，資料を作成する。

　⑤授業終了後に，目標に対する達成度を評価し (事後テストなど)，80%〜90% 以上の子どもが完全に授業の目標を達成したときに，その授業過程が一応確定したものとする。

　⑥同時に仮定された教授学的法則が一定の度合で検証される。

　千成が，提言の前段で述べた，「自然科学や社会科学の領域では，子どもたちに教えるべき教育内容を教材を媒介にして授業に組織づけることに成功しつつあ」(千成：1980b) るという内容は，まさに，この北海道大学の教授学研究グループの共同研究の成果を指していよう。つまり，千成の提言に見られる，教育内容と教材の区別，音楽科の教育内容の提案は，この教授学研究グループにおける研究の流れを汲んでいると見ることができる。

(2)音楽科における教育内容

　他教科において「成功しつつあ」る，教育内容を教材を媒介にして授業に組織づける授業研究を音楽科において行うためには，音楽科の教育内容を具体的に規定し，そして，その教育内容の本質を体現する教材について明らかにしていかなければならない。それらについて，千成はどのように理論を展開していったのであろうか。

　千成は，1973年の「音楽教育における目標設定の基本原理」（千成：1973）において，まず音楽とは何かというところから説き，Langer, Susanne K.（ランガー）の美学論 *Feeling and Form*（Langer：1953）をひいて，音楽は「極めて無定形で混沌として捕えにくい人間存在を音によって定形化したもの」（千成：1973, 194）であり，「彼〈芸術家〉が表現するのは彼自身の現実の感情ではなく，彼が認識する人間感情である」（千成：1973, 194）と述べた。すなわち，主観的な領域を客観化するところに芸術作品のもつ普遍性があり，そこに芸術家と享受者との間の関係が明瞭になる手掛かりがあるとした。

　次いで，それらの芸術作品の美的な質が人間にどのように作用するかという点では，Reimer, B.（リーマー）の音楽的経験のカテゴリを引用している（Reimer：1973）。Reimer（リーマー）は，音楽的経験を「音楽外的（非審美的）経験〈non-musical（non-aesthetic）experiences〉，すなわち，音楽のひびきに対する美的知覚，美的反応を直接経験の対象としないものと，音楽のひびきそのものを直接対象とする音楽的（審美的）経験〈musical（aesthetic）experiences〉とを対置させ」（千成：1973, 194-195）た。千成は，前者を「音楽外的経験」と呼び，「作品を媒介に各人に応じた指示的な音楽外的事象を経験する」（千成：1973, 195）ものとして，Reimer（リーマー）と同様，直接的な教育の対象から除外した。それに対して，後者を「音楽的経験」と呼び，Reimer（リーマー）がその音楽的経験を「感覚的〈sensuous〉経験」「知覚的〈perceptual〉経験」「想像的〈imaginal〉経験」の三段階に分けている

ことを紹介している（千成：1973, 195）。

千成の述べる「音楽的経験」をまとめると，以下のようになる。

音楽的経験
　感覚的経験…音楽に対する知覚反応が，そのひびきの表現性に対して表面的な経験に終わるもの
　知覚的経験…表現的音楽の出来事（表現性を担う音楽の契機的要素と相互関係，そして特定様式の文脈における使用）についての知覚と反応
　想像的経験…表現的音楽の出来事の知覚と反応に加えた，それらの予測

　ここで気をつけておかなければならないのは，「想像的経験」であろう。千成が引用している Reimer（リーマー）の Imaginal Experiences は，千成が述べているように，「可能なハーモニーの変化」，「メロディーの運動で生じうる変化の予測」「表現的な転換の認知」（千成：1970, 195）など，音楽に沿った「想像」であり，各々のそれまでの個人的経験によって生じる音楽外的な「想像」を意味しない。

　千成は，このような感応力や知覚力，想像力を培う音楽的経験こそが音楽教育にとっては必要であり，それまでの我が国の音楽教育は音楽外的経験を誘発するものではあっても，子どもたちに音楽的経験となる音楽活動を保障してこなかったと指摘している。そして，千成は，音楽芸術は Reimer（リーマー）のいうように「人間思考の偉大な所産の一つ」であることから，「それを学ぶことが他の教科と同レベルにおいて，自己と自己をとりまく世界について知るということの基本的な方法である」とし，そこに音楽教育の自立の思想と，学習内容と学習の関係を導き出した（千成：1973, 196）。

　では，そのような音楽的経験の対象となる音楽作品をどのように経験するのか。その点については，千成は Meyer, Leonard B.（マイヤー）の *Emotion and Meaning in Music*（Meyer：1956）を援用し，次のように述べている（千成：1973, 197）。

　　音楽の属性にはメロディー，リズム，ハーモニー，速度，強弱，音色，音型，

織地，音の進行方向，継起，フレーズ，モティーフ，コンテキスト，調性，不協和の解決，転調，曲の構造にかかわる形式など音楽を形成しているあらゆる要素が含まれる。これらの諸属性を総体として，我々は音楽的事象を時間的な経緯の中で期待と逸脱，緊張と緩和の姿において経験するのである。

　ここに，千成が提言であげた教育内容の原型を見ることができる。

　千成は，こうして音楽科の教育内容を規定していきつつ，1975年には，「音楽の授業成立に関する一考察」（千成：1975）において，授業成立に向けて，子どもの認識の発達段階をマーセル（Mursell, James L.）の「音楽的成長（music growth）」という概念を使ってとらえ直している。

　ここでは，まず，成長の一貫性の特質から，「音楽の教授は旧来の意味での教科教材の指導ではなくて，成長系の助成であ」るとし，「すべての音楽教育の目的は，音楽的反応や音楽性の展開をもたらすこと」とした（千成：1975, 194）。たとえば，音楽の記譜法が抽象的な記号として教えられたり，音楽理論が切り離されて扱われたり，技術の獲得が独立した機能として取り扱われたりすれば，音楽的成長の一貫性が中断され，「音楽への反応力」（千成：1975, 194）の進展が途切れてしまう。したがって，音楽的成長は，千成によれば，音楽教育のあらゆる過程において音楽的反応の発達からとらえていく必要性がある。

　千成は上記で「諸属性」と呼んだメロディー，リズム，ハーモニー等の音楽の諸要素を千成提言の中で教育内容と置くことになるわけであるが，それらの学習は，音楽活動から切り離した形骸的な知識注入ではなく，音楽活動の中で音楽的成長をめざして行われるもの，ととらえられていると見ることができる。

　そして，千成は，その音楽的成長については，「音楽の構成要素を発展的に認知する過程で，パターンの全体像が明かになり意味を備えもっと正確に把握するようになる」（千成：1975, 195）ととらえ，音楽の構造組織を把握し

ていく過程が音楽的成長の核となることを示した。千成は，この論文後段で初めて「概念」という用語を用い，「音の高低，方向性，強弱，和音，音階，拍節，調性，フレーズなどは音の世界を組織する無数の概念の一部分であるが，これらがなければ秩序づけられた世界は混沌とした状態のま、で音楽芸術の成立は不可能である」（千成：1975, 195）と述べている。そして，概念を理解し思考し操作するためには概念のシンボルを用いることが必要であり，シンボルシステムは否定されるものではないとした。つまり，すべての音楽学習は直接的な音楽体験から生じ，シンボルシステムによって概念を操作把握していくことによって，成長発達という現象が継起していくととらえたわけである。

　このあと，千成は，1976年に「音楽教育における教材論への試み Leonard B. Meyer の所論を中心に」（千成：1976）を発表し，ブルーナー（Bruner, Jerome S.）の教科の「構造化の考え方」（千成：1976, 109）を踏まえ，先の Meyer（マイヤー）の理論を音楽教育における教材論にひきつけて，理論を展開している。

　この論文で留意すべきは，ブルーナーをはじめとするアメリカの新カリキュラム運動における構造化理論を必ずしも全面的に肯定しているわけではないということである。千成は，「それぞれの教科の特質が論理的思考というよりもむしろ子どもたちの想造力や，自己表現にかかわる創造力などという動的な活動を反映させる場合にはその適用が困難なのである」（千成：1976, 109）と述べている。そのように指摘しつつも，構造化の考え方自体は「把握されねばならぬ基本的事項は何かという根本的な問いかけを各教科に投げかけることになった」（千成：1976, 109）ととらえていた。つまり，教科によっては適用が困難であるものの，各教科において基本的事項を確認するという点から評価していることがわかる。

　千成が「適用が困難」としている教科の一つに音楽科があると推察されるが，それについては，千成は，ブルーナーの学習構造化論にそって音楽科の

教育内容の基礎的構造として音楽の要素を置いた場合，それらを個別に抽出しても，基礎的構造になり得ないということを指摘している。音楽は，要素の相互関連性において成立しているからである。このことから，千成は，様式把握を音楽教育の中心概念としている。具体的には，「或る様式に属する作品に習慣反応化できるようにする。そのための手だてとしては，音楽的出来事を意味が生じうるように，即ち他の音楽的出来事との相互関連性を予測しうる形で設定し，知覚の訓練とともに様式の内化をはかる方法を試案すること」（千成：1976, 113）を教材の組織的配列の原理とした。

　1976年には Bruner, Jerome S.（ブルーナー）は，自身の著であり世界各国に影響を与えた *The Process of Education*（Bruner：1960）[3] を見直した *The Process of Education Revisited Edition*（Bruner：1976）を発表した。千成は，この点について，戦後の教育内容編成研究の動向が「経験から科学へ，科学から人間へ」（千成：1976, 118）と視点を変えてきたと述べている。そして，アメリカの新カリキュラム運動における人間形成にかかわる問題から，西ドイツにおける範例方式を例に見つつ，「子どもの自発性を，価値を自からの力で作り上げるという活動を通じて育成し，新らしい様式の開拓へと立ち向かう力をつけてやらねばならないであろう」（千成：1976, 118）と括っている。

　続いて，千成は，1977年から1983年にかけて，「音楽教育の教育課程構成に関する若干の問題(1)〜(5)」を発表した（千成：1977, 1978, 1980a, 千成・宇田：1981, 千成：1983）。先の1980年の千成提言は，このうちの「音楽教育の教育課程構成に関する若干の問題(3)」（1980a）が発表された直後に行われている。

　「音楽教育の教育課程構成に関する若干の問題(1)」（千成：1977）は，1977（昭和52）年に改訂された学習指導要領の「情操を養うための音楽の手段化」（千成：1977, 90）傾向に対して，「音楽の教育であるからには，音楽活動そのものが目的であって，音楽を愛好する心情や情操の育成はその結果としての附帯的な所産でなければ，音楽教育の存在理由は稀薄にならざるを得ない」

（千成：1977, 90）という懸念から始まっている。1977（昭和52）年に改訂された学習指導要領は，周知のように，Bruner, Jerome S.（ブルーナー）の *The Process of Education*（Bruner：1960）による影響を受けた1968（昭和43）年の学習指導要領から大きく方向を転換し，人間性やゆとりが強調されるようになっている。千成は教育が人間の形成を目指すこと自体を否定しているのではないが，音楽がそのために手段化されるのではなく，あらゆる教育の一つとして，音楽を学ぶことそのものによって人間形成をめざすことを主張したのであった。そのために，次のように，形骸的な知識や技能の獲得だけを追求しない音楽構造の学習の例をあげているのは示唆深い（千成：1977, 93）。

　　　"音楽すること"の内容は，単にリズムやメロディーを正確に打ったり取ったり，または楽譜の指示に従ってアゴーギグやアーティキュレーションを再現するだけのことを意味しない。何故このリズムはこうなのか，またこの部分の構成は何故なのかと主体的に問うこと，更に自分の表現を他に問うことをも含めてである。

　そうして，音楽科の教育課程編成に際して，教育目標の設定と教育内容の確定，子どもの発達と音楽学習に関わる実証的研究と教育内容編成と系統化，授業展開についての実証的研究を提案した。
　「音楽教育の教育課程構成に関する若干の問題(2)」（千成：1978）では，音楽科の教育課程構成について，(1)に続いて，子どもの発達と音楽学習にかかわって論述されている。まずペツォールト（Petzold, Robert G.）を引用して，音楽的シンボル知覚や聴覚知覚に関する研究[4]を学校教育における子どもたちの学習経験にひきつけて検討し，その上で，千成自身が行った読譜能力調査について述べている。そして，伝統的な音楽教育が子どもたちに音楽の様式感を身につけさせ得ていないこと，組織的に学習経験を積み上げるように計画された教育課程では学習遂行率が向上したことなどを導きだしている。

第1章　音楽科における教育内容　　39

　「音楽教育の教育課程構成に関する若干の問題(3)」（千成：1980）は，音楽
科における教育内容研究である。千成は，まず，1977（昭和52）年に改訂さ
れた学習指導要領までの学習指導要領において，「内容」に示されている事
項は音楽活動であって音楽そのものではなく，したがって，音楽科で何を教
えるかが明確にならないことを指摘した。そして，我が国における1960年代
以降の教育内容の現代化の波について述べた。そこでは，広岡亮蔵の構造化
理論（広岡：1962）を取り上げ，一定の評価はしつつも，教材の基本要素と
その対象としている目標が整合していないこと，教材の構造化であって教科
の構造化にはなり得ていないことを指摘している。その上で，我が国におけ
る教育内容として，ディアトニックと機能和声様式，そして日本旋法があげ
られると述べ，ハンガリーのコダーイ・システムについて言及している。
　千成は，このように，教科の基本構造や授業の組織化の観点から教育内容
と教材を区別し，音楽の教育内容を措定するために，主に，ランガーのシン
ボリズム，リーマーの音楽教育の哲学的基盤，マイヤーの音楽的意味論，マ
ーセルの音楽教育論を援用し，ブルーナーの構造化理論を批判的にではある
が教科構造を明らかにするために必要な手続きととらえ，音楽的発達調査を
ふまえて，1980年の提言を行なっている。
　年代が前後するが，上述の「音楽教育の教育課程構成に関する若干の問題
(3)」の前年である1979年には，日本音楽教育学会から日本音楽教育学会創立
10周年を記念して，はじめて『音楽教育学の展望』（日本音楽教育学会編：
1979）が刊行されている。千成は，第6章「音楽教育の方法」の第2節「中
学校」を担当執筆している（千成：1979）。その中で，Reimer（リーマー）が
提示している general music（一般音楽）の概念を引き，音楽的才能のある子
どもの能力発達とは別に，すべての人に音楽に対する美的感受性を発達させ
ることについて，以下のように言及している（千成：1979, 164）[5]。

　　それは〈美的感受性の対象は〉音楽の構造であり，すなわち人間という主観的

実在の諸条件を表す諸傾向と諸阻止にかかわる創造的な音の複合体である。不断に流れて行く音の傾向と阻止，ひびきとその複合という表現的条件に対して，主体を通して感情深く知覚反応することを発達させる。こういった音楽的知覚と音楽的反応の結合が音楽美的経験であり，音楽を理解したり知ったりすることの方法である。

千成の，音楽科における教育内容の措定，教育内容と教材の規定，そして授業の組織化をめぐる提言には，このような「主体を通して感情深く知覚反応することを発達させる」といった，子どもたち自らが感じ取っていく力が根底に置かれていたことがわかる。

3　千成俊夫による提言後の展開

千成は，先述したように，1980年の提言後，「音楽教育の教育課程構成に関する若干の問題(4)」（千成・宇田：1981）と「音楽教育の教育課程構成に関する若干の問題(5)」（千成：1983）を発表した。「音楽教育の教育課程構成に関する若干の問題(4)」は提言直後であり，提言を行ったシンポジウム「教材の条件」をふまえて，あらためて音楽科の教育内容と教材に言及し，それらから音楽学習構造図を示している。また，「音楽教育の教育課程構成に関する若干の問題(5)」はそれに連動した授業の組織化について述べている。

このように，1980年の千成の提言は，その前後の時期に，教育内容と教材の規定から一連の授業研究にわたる言及の上でなされている。これらの提言前後の論は千成の教育内容論とまとめていいであろう。そのような視点から，提言後の論文について記載しておきたい。

まず，千成は，「音楽教育の教育課程構成に関する若干の問題(4)」（千成・宇田：1981）において，シンポジウム「教材の条件」の論議の達成度について以下のように負の評価を行っている（千成・宇田：1981, 159-160）。

　　　　その成果はあまりかんばしいものではなかった。その原因は端的に言って，何

第 1 章　音楽科における教育内容　　41

によって何を教えるのかという，いわば狭義の教育目標と，人間形成などにかかわる広義の教育目的との関係が構造化されずに，あいまいなまま討議が進行し，その内容が目的論的抽象性から，実践の経験的な瑣末性へとゆれ動き，教材の条件をめぐっての有効な手掛りに達しえなかったためである。

　そして，このシンポジウムには授業実践で生じる混乱が典型的にあらわれているとし，その混乱を整序する，という観点から，あらためて音楽科の「教育内容」と「教材」の関係について述べた。
　まず，「教材」については，以下のように述べている（千成・宇田：1981，160）。

　　教材における材料や素材は，加工してものを製造するもとのものという意味を持つものであり，教材が文化遺産に対象化されて確定されたとしても，それがそのまま学習の対象として使用されてよいとは限らない。授業という教育的営為が介在してくる場合，教材はさまざまな相において展開するのである。すなわち素材は授業を通して，教師や子どもたちの活動により新しく作りかえられることもあるし，また新しく作りだされることもあるのである。さらにその素材で何を教えるのかということ，これが教育内容と教材の関係に他ならないのだが，それも一義的に成立しはしない。

　ここでは，素材が授業においてそのまま教材とはなり得ないこと，教育内容と教材の関係も一義的ではないことが示されている。特に後者の例として，《きらきら星》はそのまま演奏したり歌ったりする場合はメロディーが内容につながるが，この曲を使って変奏曲をつくらせる時にはその関係は成立しないことなどをあげ，音楽科の場合，教材を選定するにあたって，教材と教育内容との関係による検討が必要であることを示した。
　そして，教育内容については，教育内容の現代化によって，「各教科における本質的基本的構造，それが教科における教えるべき基本的内容として把握され」（千成・宇田：1981，160）るようになった，と述べている。千成は，

教える内容を限定的にいいあらわすものとして「教育内容」という用語を支持しており，教育内容と同義的に使用されている用語として学習内容や教科内容を取り上げ，これらの語については学習対象や教授目標において概念枠組みが漠然としていると指摘している。

これらの語について，千成は，スカトキン（Скаткин, М. Н.）が挙げた以下の7項目の教科内容を例に説明している[6]。

①科学の最も重要な事実・概念・法則・理論
②その教科の教材を基にして形成される世界観的観念・倫理的美的規範・理想
③探究や科学的思考の方法
④科学上のいくつかの問題
⑤知識の応用力を含めた能力・技能
⑥認識活動の方法・倫理操作・思考の手段
⑦才能や感情の発達の或る指標

千成は，ここで，「科学」を「音楽」に書き換えることが可能としながら，第一義的な教育内容は①であって，②以下は学習の所産か補助であり，中でも③⑥⑦のような思考や操作の方法，応用力などは授業の中で形成されるものであると述べている。そして，教材はこれら7項目が「統一体に具体化」されたものであると述べ，したがって，「教育内容と教材を論ずる場合は，必然的に教材の構成や授業の組織化の問題として立ち現れてくる」と説明した（千成・宇田：1981, 161）。つまり，教育内容を明らかにし，それを具体化する教材を選びとっても，その教育内容と教材の構造的研究の質を決めるのは，教材研究と展開形式であるというわけである。本稿が，教育内容とともに授業構成の問題を取り上げているのは，このように，千成の提言において，教育内容と教材の区別や教育内容の措定が，授業過程の組織化と連動しているところにある。

千成は，そして，あらためて，以下のように，音楽科の教育内容と教材を

定義し（千成・宇田：1981, 163），音楽学習構造図（図1-1）を示した（千成・宇田：1981, 165）。

　音楽科における教育内容は，一義的にリズムでありメロディーであり，そして音楽を構成している他の要素がそれに加わるであろう。そこで教材と呼ばれる音楽作品は，この教育内容をすべての子どもたちが適切に学習しうるかたちで具体化されているものでなければならない。

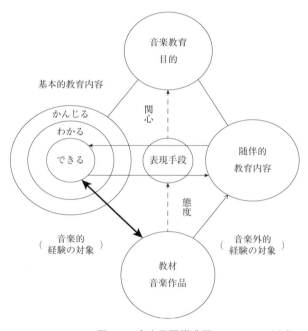

図1-1　音楽学習構造図　　　（千成：1981, 165より）

　音楽学習構造図は，千成によれば，各種線分が，学習の方向とその量を示す。基本的教育内容とは「音楽を構成する要素」を，随伴的教育内容とは「音楽を構成する要因」を指す（千成：1983, 130）。随伴的教育内容の詳細としては，「教材の背後にある，その作品を成立させた歴史的モメントや作曲

44

家にかんする事柄，音楽の表記にかんするすべてのこと，歌詞や標題の問題に加えて，教師の行なう主観的教材解釈など」（千成・宇田：1981, 166）をあげている。そして，「音楽を構成する要素」による基本的教育内容は「感じる」「わかる」「できる」の学習の三重の位相を示すが，随伴的教育内容は達成基準を明確にできないものもあるとしている。図中央の「表現手段」は，「声の出し方，手の動かし方など表現技術そのもの」（千成：1981, 161）であり，破線は，感動をめざす歌曲中心の授業などに見られる，教材から直接表現手段を介して音楽教育目的につながるものを示している[7]。

この音楽学習構造図は，この後，千成自身やその他で引用されている[8]。教科の目的と教育内容と教材を関連づけて示し，それらの中で，取り上げられる教育内容によってそれと教材との関係や授業の組織化が変わってくるという構造が，音楽科の中ではじめて示されたものと見てとることができよう。

一連の研究の最終号である「音楽教育における教育課程構成にかんする若干の問題(5)」（千成：1983）は，いよいよ授業の組織化の原理についてである。千成がこの号で示した内容をまとめると，以下の５点[9]になる。

①授業は，個人と集団の関係を包みこんで行われることを確認する必要がある。

②音楽科において教えうるものと教ええないものとの関係把握が，音楽科のレーゾンデートルと，教材構成や授業組織化に決定的に作用する。

③指定された学習内容の達成に向けては，教育内容とその順序が授業成功の決めてとなる。

④様々な学校行事を教科化することによって，教科の時間に身につけた基本を集団の中で現実化し，さらにその実践の所産を教科の学習に還元させていくという授業組織化を確立させる必要がある。

⑤音楽科における関心態度評価は教師について行われなければならない。

千成は，これらについて，①はレオナード（Leonhard, C.）の授業方法論の

第1章　音楽科における教育内容　45

批判的検討と砂沢の授業論から，②はベッソン（Bessom, Malcom E.）らの音楽科の目標分類と我が国の学習指導要領における学年目標との比較や，ブルーム（Bloom, Benjamin S.）の教育目標分類等から，③はゴードン（Goron, Edwin E.）の音楽技能学習順序の配列から，④は再び砂沢の授業論を参考に，⑤は具体的な授業実践研究から導き出している（千成：1983）。

　千成は，以上のように，1980年の提言にいたるまでの論に加え，あらためて教育内容と教材の関係に言及し，音楽学習構造図を示した。そして，授業組織化の基本原理を示している。この千成の仕事は，第2節で述べるように，八木正一，吉田孝によって，より具体的な授業構成研究へと発展する。そして，次章で述べるように，三者を中心とした研究者らにより，教育内容を中心とした，具体的な授業プランが提案されていったのであった。

第2節　教育内容を中心とした授業構成

　1980年の千成提言前後には，八木，吉田両氏らも，提言に連動して音楽科の学力，教育内容，教材の観点から論を展開していった。

　まず，八木は，「ふしづくりの教育」[10]の授業過程調査をもとに，1978年から1980年にかけて音楽科における学力規定について述べ（八木・竹内：1978，八木・鎌田：1979，八木：1979a），1979年，1980年には音楽科の教科課程構成について考察した（八木：1979b，八木・堀：1980）。ついで，1980年には授業における音楽教材試論（八木：1980）を，1981年には「授業構成」という用語を初めて用いて授業構成の現状と課題を述べた（八木：1981）。1982年には，音楽学習における楽しさという視点から，そして，感動と基礎能力の視点から，というように，別の角度から，授業構成を論じている（八木：1982a, 1982b）。また，同年（1982年），吉田と連名で，音楽教科書における教材の組織化について発表している（八木・吉田：1982）。さらに，同年には，吉田が音楽科における教育内容と教材の関係について述べている（吉田：

46

1982)。

　この節では，それらの八木，吉田両氏の言説を考察する。

1　学力規定から導かれる授業構成

　八木は，「音楽科における基礎学力－その基調を求めて－」（八木・竹内：1978）において，まず勝田守一，中内敏夫，藤岡信勝諸氏の学力規定を基礎として，音楽科の学力を以下のようにとらえなおそうとした[11]。

　①学力を授業の中で獲得される能力として限定する。

　②音楽科の学力概念から，態度能力を積極的に排除する。

　③教育内容を誰にでもわかち伝えることができるように，計測可能な形で系統的に組織する。

　④系統配列された教材と子どもの発達との関連を究明する。

　八木がこれらの中で態度能力を取り上げていないのは，態度能力を軽視しているからではない。態度能力は学習到達度が不明だからである。そのため，学力としては，態度能力そのものではなく，態度を支える基礎的能力やその学習過程を明らかにすることが重要だと考えている。

　そして，これらから，音楽科における基礎学力を「音楽的感覚の習熟とその認識化の能力の体系」（八木・竹内：1978, 23）ととらえた。

　ここで八木が取り上げた「音楽的感覚」は，「リズム感」，「拍子感」，「音程感」，「速度感」の４つである。「音楽的感覚」には，その他にも「調性感」や「強弱感」，「形式感」他があるが，八木は，ここでは，これら諸感覚は先の４つの感覚の習熟を基本として習得できるものととらえている。そして，その４つのそれぞれの「音楽的感覚」の習熟度については，右頁の表のような基準を設けた[12]。

　八木が，このような基礎学力を培う指導実践例として高く評価したのは，先にも述べたふしづくりの教育である。

　このふしづくりの教育については，八木は，「音楽科の学力に関する一考

音楽的感覚	習熟度
リ ズ ム 感	十六分音符までの音符の組み合わせでできる使用頻度の高いリズムパターン
拍 子 感	単純拍子
音 程 感	オクターブと幹音を中心とする六度音程
速 度 感	一定の速度で演奏でき，速度の変化に対応できること

察－音楽的認識過程の分析を通して－」(八木・鎌田：1979) において，さらに詳細に検討している。同論文では，まず学校概念として学力をとらえなおし，措定する際の重要な契機として，「科学・芸術の構造にてらして教育内容を組織化する」，「子どもがその内容〈教育内容〉を習得していく過程を明らかにしていく」(八木・鎌田：1979, 39) の二つをあげた。これは，先述の八木の音楽科の基礎学力に通じる。八木によれば，この二つは統合された形で実践場面に作用しており，そこから子どもの音楽的認識の深化の過程をどうとらえるかという問題が提起されてくるという。その深化の過程をとらえた実践例として，ふしづくりの教育の実践例を取り上げている。

　八木は，ふしづくりの教育の実践例に基づいて，音楽的な認識の発達は「分析，総合，一般化という諸契機のもとに，科学的な認識の発達と同じような構成をしている」(八木・鎌田：1979, 45) と述べた。たとえば，実践例として，「リズム」と「様式」の例を取り上げ，以下のようにスパイラルな学習の展開になっていることを紹介している[13]。

- 拍にのった名詞呼び遊び等：リズムパターンの分化 →
　即興的な応答活動：総合 → ビートやリズムパターンの一般化 →
　記譜：ビート等の認識の深まり → リズムパターンの新たな分析 →
- 3音メロディーの模唱奏やリレー奏等：分化する様式を感覚化 →
　リレーや模唱：応答的強化 → 記録（記譜）や階名唱：応答的強化 →
　メロディーのリズム変奏：総合作用 → 7音のメロディーに →

八木は，同年，「音楽科における学力規程に関する一考察」（八木：1979a）において，学力に関して再び論じている。同論文では，まず，先にあげた勝田，中内，藤岡らによって定式化されたものとして，学力を以下のようにまとめている（八木：1979a, 36）。

　　　成果が計測可能でだれにでもわかち伝えることができるよう組織された教育内容を，学習して到達した能力

八木は，これを音楽科にひきつけて考え，教育内容は音楽の理論・構造にてらして組織するものであり，その教育内容に即した指導過程の設定という実践が要請されていると述べた。そして，これまですぐれた実践例として取り上げてきたふしづくりの教育は，一つの方略である，としながら，さらに，現実の授業の組織化をどうしていくか，ということが問題になってくると述べた。つまり，「系統的に措定される一連の本質的な教育内容と，いわば無系統の教材曲をどう統合して授業を組織化するのか」（八木：1979a, 41）ということが，実践的課題になってくるということである。

八木は，このように，千成と同じように音楽科の教育内容をとらえながら，それを学力規定から論じ，現実の授業の組織化に焦点を移していっている。

こうして，八木は同年，「小学校音楽科における教科課程構成に関する一考察－つくる学習活動を中心とした教科課程構成への一視点－」（八木：1979b）において，教科課程構成の視点からふたたびふしづくりの教育の実践を取り上げ，音楽的認識の発達が，結局は音楽科における人間形成につながっていくと主張した。さらに，「技術教科としての音楽科－音楽科教育の技術的基本性格と教科課程構成への一視点」（八木・堀：1980）においては，同じく教科課程構成の一視点として音楽科教育の技術的基本性格について論じた。ここでは，労働過程そのものを技術過程とする芝田進午の技術論[14]

を援用し，音楽や音楽的活動を技術的過程としてとらえている。音楽における
それは，「主体の感情が介在している」（八木・堀：1980, 47）という点で一
般の生産的実践における技術的過程とは同質ではないとしながらも，「科学
的に抽象された音楽の構造に関する技術学的対象」（八木・堀：1980, 48）とし
て，音や様式といった音の法則性が教育内容として措定できるとした。同論
文は，音楽することを技術的過程ととらえて教育内容措定を裏づけるもので
あるとともに，1977（昭和52）年に改訂された学習指導要領に見られる「音
楽を愛好する心情の育成」などの教科目標の論理的脆弱さを批判したもので
あった。つまり，愛好する心情を取り上げるのであれば，上述の「主体の感
情が介在している」音楽の技術的過程の有様から得られる音楽的認識能力に
よって培われる人格を問題にするべきだと主張したのであった。

　八木は，このような学力や教科課程構成の観点から，1980年以降，教材や
授業構成について論を展開していっている。1980年には「授業のための音楽
教材試論」（八木：1980）を，1981年に「音楽科における授業構成の現状と課
題」（八木：1981）を発表している。

　「授業のための音楽教材試論」（八木：1980）においては，八木は，音楽科
における二つの教材論として，「楽曲先行型」の教材論と「内容先行型」の
教材論があると説明した。

　前者の楽曲先行型の教材論においては，教師の楽曲教材の解釈を中心とし
て授業構成を行うことになるが，曲の選択基準や選択した曲の配列順序に明
快な論理が見いだせないという問題をもっている。それに対して，後者の教
材論においては，概念や法則などの教育内容にしたがって，それを具体的・
典型的に担う教材を楽曲以外の素材を含めて幅広く選択し，複数組織するの
で，おのずと選択基準や配列順序が決まる。

　八木は，このような二つの教材論を説明する中で，教育内容との対応から
教材を規定し，さらに授業で子どもが音楽に接近していく道すじを三つに整
理している。一つは，音楽的経験からの道すじ，二つめは音楽的技能からの

道すじ，三つめは音楽の論理・構造などに対する知的認識からの道すじである。それまでの音楽科の中で，一つめが前面にたち，二つめの道すじは不評を買い，三つめは「罪悪視」（八木：1980, 119）されてきたという。八木は，子どもたちに三つのいずれの道すじをも通りながら音楽に接近してほしいと述べているが，そうするための鍵は，先の内容先行型の教材群の組織にあるとした。そして，そのような授業として成果をあげているのは仮説実験授業の授業書[15]であるとし，それに合うのは，上述の三つめの知的認識からの道すじであるとした。八木のこれまでの論理展開からすると，「知的認識」ということだけを目標としていないことは明らかであるが，ここで内容先行型の授業と知的認識とを結びつけたことによって，音楽科における授業構成の一つとして内容先行型の授業構成のモデルができあがったと見ることができる。実際，この論文の最後には「楽器の発音原理」の問題群が例として記述されているが，一部にビール瓶を子どもたちが鳴らしてみる，という活動が設定されているものの，一斉授業を基本として発問やお話が組み合わされており，知的理解を重視していることがわかる。

　続いて1981年に発表されたのが，「音楽科における授業構成の現状と課題」（八木：1981a）であった。

　これまで述べてきたように，千成は，この時期，「教材構成」や「授業の組織化」という用語は用いているが，「授業構成」という用語は使用していない。この提言に関する一連の理論の中で，八木が前論文「授業のための音楽教材試論」（八木：1980）において，はじめて「授業構成」という用語を用い，「音楽科における授業構成の現状と課題」（八木：1981a）でそれを規定している。

　八木は，次のように述べる（八木：1981a, 15）。

　　授業の諸要素，要因は，授業における教育内容の展開－つまり，具体的には教材の組織化という作業のなかで統合されるとしなければならない。このような作

業はふつう教材構成としてとらえられるが，この作業がじつは授業構成の核を形成しているのである。

このように授業構成をとらえると，既成の歌曲を歌ったり楽器で演奏したりといった，音楽科に伝統的な再表現学習の授業では，教育内容の措定や教材の組織化が意識されているとはいいがたい。伝統的な再表現学習の授業は，八木の図式によると，［楽曲→教材解釈］→提示→理解→練習・定着→自己同一・再表現（八木：1981a, 16）とあらわされる構成をとっているからである。しかし，八木は再表現学習タイプの授業においても，再表現の対象である楽曲を「そうたらしめている大きな要素」の役割が他の教材も含めて学習されるなどする中で，それらと曲の形象が主体的に学ばれるならば，授業構成の概念を満たすととらえている（八木：1981a, 17）。

つまり，八木は，授業を「構成」するということを，音楽科のどのような授業タイプであれ，教育内容の措定と教材の組織化からとらえ直そうとしたと見ることができる。

さらに八木のこれらの論において重要なのは，授業構成を歌唱，器楽，鑑賞といった学習領域からではなく，学習の位相から行うことを提案した点である。八木は，音楽学習の位相として，以下のように教育内容からとらえた4つの位相をあげた（八木，1981a, 17-18）。

(1)教育内容を直観的に把握する位相

(2)教育内容の構造をふまえて音を操作する位相－できる位相－

(3)教育内容の構造や論理を知的に認識する位相

(4)（前三者をもふまえて）自らの表現を構築し仲間とそれを高めあい，質の高い音楽的経験を共有する位相

八木は，一単元のそれぞれの授業で，追求している位相に応じて教材構成していくというところに，音楽科の授業構成理論確立の可能性を見い出したということができる。ここでは，知的認識を，前論文（「授業のための音楽教

材試論」（八木：1980））のように授業構成の前面には出していないが，位相の⑶で取り上げている。このような知的認識の重視は，次項で述べるように，当時の音楽教育界に賛否両論を巻き起こした。

　しかし，これらは，子どもの興味や関心を度外視した無味乾燥な授業構成を想定したものではなかった。八木は，このあと，『季刊音楽教育研究』誌に続けて，「音楽学習における楽しさをめぐって」（八木：1982a）と「音楽の授業における感動と基礎能力」（八木：1982b）を発表し，教育内容措定や授業構成にかかわって，楽しさや感動の視点から言及している。

　まず，「楽しさ」については，以下のように述べている（八木：1982a, 46）。

　　　"楽しさとは関心のあることに向いている時のひとつの感情であり，さらにあることに向いて何らかの活動をし，それが自らにとって有益である時の感情" だと考えている。大きくいうならば，「楽しい」とは結果の感情であり，したがって子どもにあることを技術化させたり認識させたりするための手段となる性格のものでない。

　つまり，「楽しい」ということが手段としてしかとらえられていない現状を批判し，結果として「楽し」さを獲得するにはそのための「授業組織」が必要だと述べたのであった。そのために，楽しい「授業づくり」の視点として，次の4点を提案した[16]。

　①驚きから出発し，探究を原動力とする教材構成の確立

　②音楽的技術追求のための指導過程の組織化

　③伝え，わかちあい，高めあう表現指導あるいは根拠を大切にしあう表現指導のための手立ての確立

　④総合的単元の設定

　このような視点から，楽曲中心の単元構成から教育内容のまとまりに即した総合的な単元構成へと，発想の転換を提案したのであった。ここで，③の「根拠を大切にしあう」という視点は現在の学習指導要領（2008（平成20）年

に改訂された学習指導要領）の改訂趣旨に通じるものとして示唆深い。

　さらに，八木は，「楽しい授業」にむけて，「総合的単元の系列」「豊かな音楽的技術を追求する系統」「すてきな楽曲を力いっぱい経験する系列」（八木：1982a，50）という三つの道筋から，カリキュラムの再編も提唱している。これは，先述した「授業のための音楽教材試論」（八木：1980）で「子どもが音楽に接近していく道すじ」として示した三つの道筋にも共通しており，ここではそれらをカリキュラム編成において示していると見ることができる。

　また，感動については，「音楽の授業における感動と基礎的能力」（八木：1982b）において，「何ものにも感動しうる心的体制などといったものは存在しないし，すべてのものに感動するということもありえない」（八木：1982，13）と前置きした上で，「〈感動は〉学習の所産であり，まさに学習しうるものである」（八木：1982b，14）と述べた。八木によれば，感動を学習の所産とするためには，「ものごとに能動的に働きかけ，つねに『なぜ美しいか』を問う契機がそこに含まれていなければならない」（八木：1982b，14）。つまり，感動の契機として，「相対的に客観化できる音楽的能力と，個々の生活体験をも取り込んだ主体の全体性との二側面」（八木：1982b，15）があり，音楽の授業として取り入れられるのは，まず前者であるとしたのである。その点から，感動そのものを直接的な教育内容そのものとするのではなく，リズムやハーモニー等の「音楽的概念」を教育内容とし，多様な教材や活動から子どもたちが幅広くとらえていく授業構成を提案した。ここで，八木がリズムやハーモニー等の音楽の諸要素を「音楽的概念」としたのは，後述の，『季刊音楽教育研究』誌に掲載されている吉田論文「音楽科における教育内容と教材の関係」（吉田：1982）に関連する。

　このように，八木は，「楽しさ」や「感動」なども視野に入れながら，「音楽的概念」の知的認識に焦点化した授業構成について，論を展開していった。

2 教育内容を中心とした教材構成による授業構成

　1982年になると，八木と吉田は，教育内容を設定して教材を構成するとい
う立場から，日本音楽教育学会誌上で「音楽教科書における教材の組織化と
記述に関する一考察」（八木・吉田：1982）として教科書の教材構成について
述べた。両氏は，教科書の一般的要件を「平たくいえば，子どもがそれにそ
って学習を進めれば，科学や芸術に即した教育内容を楽しく具体的に習得で
きること」（八木・吉田：1982, 59）としながら，さらに，具備すべき条件とし
て，以下をあげている（八木・吉田：1982, 59）[17]。

　①科学や芸術に即した内容がわかりやすく典型化した教材によって構成さ
　　れることを前提として，そうした教材や学習活動が子どもの思考や技術
　　の獲得過程，さらに授業過程にそって構成されていること

　②それらの教材の提示や記述の方法が子どもの具体的・実体的イメージを
　　豊かに喚起しうるものであること

　両氏は，このような条件から，現行の音楽教科書をめぐる諸論に対して，
大きく二点から批判している。

　第一は，音楽教科書を楽曲中心の素材集であればよいとする論や音楽教科
書の意義を軽視する音楽教科書消極論において，授業が，教師の音楽的力量
や人間性によって楽曲を再表現する音楽体験の場であるととらえられている
ことに対する批判である。このような授業においては，授業の成否は個々の
教師の個人的力量にゆだねられる。両氏は，その点について，「少なくとも
授業が目的的な教育の営みであるかぎり，教師，教育内容・教材，子どの三
者によって構成される計画的なプロセスがそこに存在しているはずである」
（八木・吉田：1982, 61）として，個人的力量によらず一般化しうるところがあ
るはずだと述べた。一般化しうるのは，たとえば，「教材としての楽曲を子
どもたちにどのように分析させ，それをふまえてどのように再現させるの
か」，「音階の構造やふしぎさを楽しく把握させるためにどのような教材を組

織し，どのような学習活動をしくむか」等にかかわる方法である（八木・吉田：1982, 61）。八木らは，教科書は，それらを「子どもの側に立って具体的に記述したもの」（八木・吉田：1982, 61）でなければならないと述べた。

　第二は，音楽教科書消極論においては教師の解釈による楽曲の豊かな再表現がめざされており，したがって教材解釈が授業の根幹に置かれているという点に対する批判である。八木らによれば，このような授業は，「必要以上に再表現学習の枠に閉じ込めるもの」（八木・吉田：1982, 61）となる可能性をもっている。そこで，音楽文化や子どもからの要求に応えていく学習が必要であると述べた。たとえば，「人間の生活にたちもどりながらリズムとは何かを学習すること」や「日本人のきびしい生活のなかから生み出された子もりうたの表現的質を，その音楽構造や社会的背景との関係でつかみとっていくこと」等の学習である（八木・吉田：1982, 61）。これらの学習において様々な教材を導入し，構成していくことが，結局は音楽を「自給自足」できる子どもたちを育てることになり，また，そのような学習においては「客観的でしかも楽しくよくわかり・できる教材の構成」（八木・吉田：1982, 62）が可能となる。そこでは，教科書がなくてはならないものになると主張した。

　両氏の教科書論は，一つには教師の側において，教師の個人的力量ではなく客観的に学ばせ得るものとしてとらえていること，もう一つは子どもの側にたって，認識の過程にそって学習しえるものであることをめざしていること，という二点で成り立っている。

　両氏は，さらに現行教科書の問題点をあげ，教科書改善の具体案を提案している。具体案は，現行教科書の内容設定は変えずに行ったものと，教育内容そのものを設定しなおしたものから示されており，前者の例として《かえるのぴょんた》（芙龍明子作詞，市川都志春作曲），《ジョンブラウン》（アメリカ民謡）の記載例が，後者の例として「音楽のはやさ」「変奏曲」[18] があげられている。このような教育内容を中心とした教材構成の具体例が学会誌に掲載されたのは，これがはじめてであるが，このあと，次章で述べるように，

56

種々の具体例を発表していく。

　さて，同年，吉田は，「音楽科における教育内容と教材の関係」（吉田：1982）において，教育内容と教材の関係についても述べており，そこから授業構成へと論を展開している。これは，1981年の八木の「授業構成の現状と課題」（八木：1981a）における論をより具体的に展開したものと考えられる。また，先述したように，同論文（吉田：1982）で，はじめて，リズムやメロディーなどが「音楽的諸概念」と定義されている。

　この論文で，吉田は，「4個のおはじきと3個のおはじきを合わせると7個になる」という算数科の事例を出し，これは，個別の具体的事実を教えているのではなく，「4＋3＝7」という数概念や加法概念をおはじきという教材で教えているのだということを説明した。算数の授業は，これら無数の事実を個別に教えるのではなく，共通に存在する一般的な概念や法則を教えるために存在する。このように教育内容と教材を区別してとらえることによって，「教育内容を子どもが習得するのに有効な事実であるかどうか」（吉田：1982, 84）という基準から教材の適切性や他教材の可能性を検討していくことができる。吉田は，音楽科においても，無数にある音楽的事実から本質的なもの，一般的なものが教えられなければならないという立場から，教育内容と教材の区別の必要性を述べ，音楽科の教育内容と教材の関係を論じた。

　音楽科の教育内容をとらえるべき観点としては，吉田は以下の二つをあげている（吉田：1982, 85）[19]。

　①それを習得することによって，個別の楽曲を教えられなくても，数多くの楽曲に自力で，主体的に立ち向かうことのできる内容であること。

　②だれもが習得しうるような内容であること。

　すなわち，子どもの能力や発達に応じて適切であり，一方で習得の筋道がはっきりしているという観点から，教育内容措定を行っていこう，としたのであった。

その結果，導きだされた音楽科の教育内容は，「音楽的諸概念とその下位概念」であるとされ，次のように例示された（吉田：1982, 86）。

- ●リズム　　　　　　－拍，テンポ，リズムパターン，拍子，無拍子，アクセント，音の長さ
- ●メロディー　　　　－抑揚，フレーズ，テーマ，問いと答え，朗唱，音程
- ●ハーモニー　　　　－同時にひびきあう二つ以上の音
- ●テクスチュアー　　－ユニゾン，メロディー対伴奏，ポリフォニー，ヘテロフォニー
- ●調性　　　　　　　－主音，核音，音階
- ●形式　　　　　　　－フレーズ，節，繰り返し，対照，部分，再帰，各種形式
- ●ダイナミックス　　－強弱，漸強と漸弱，長さ
- ●音色　　　　　　　－ねいろ（各種の）

これらの「音楽的諸概念とその下位概念」は，後述するように，同年（1982年）の夏に開催された日本音楽教育学会東京ゼミナールにおける吉田の発表で先に公表されているものであるが，論文誌上では，ここではじめて掲載されている。これらは，1980年の千成提言の中で，「音楽の基本的なものとは，メロディー，調，音階（さまざまな旋法を含めた一定の音の相互関係の組織体），リズム，形式，音色，ダイナミクス，テンポなどであると言ってよい」と説明された，いわゆる音楽の諸要素を，「音楽的諸概念とその下位概念」と示しながら，より具体的に整理して示したものと見ることができる。

　しかし，吉田の教育内容に関する提案について重要なのは，この提示だけではない。「教育内容をとりだすかどうかではなく，むしろそれをどう見るのか，またそれをどのようなものとしてどう習得させるのか」（吉田：1982, 86）を重視した点である。つまり，これらの内容の学習は，ともすると技術主義として批判されがちであるが，そうではなく，それらが音楽の中で果たしている役割や人間の生活との結びつきを含めて，また生きた音楽活動の中

で学習するものであることが強調された。これは，前掲の千成の「"音楽すること"の内容は，単にリズムやメロディーを正確に打ったり取ったり，または楽譜の指示に従ってアゴーギグやアーティキュレーションを再現するだけのことを意味しない。（中略）主体的に問うこと，更に自分の表現を他に問うことをも含めてである」（千成：1977, 93）という主張に通じるものである。そして，そのためには，それぞれの教育内容の本質的把握が必要であり，またその習得に向けて子どもたちに豊かな音楽活動を保証していくことが必要であるという路線から，教育内容と教材の関係を導いた。

さらに，吉田は，有効な教材の条件として，典型的な教材，比較の教材，多種多様な教材，子どもの好奇心や驚きを誘う教材をあげながら，教材研究とは「教育内容を中核とした一まとまりの教材群をつくりあげていくこと」（吉田：1982, 89-90）であるとし，それは実際の授業に具体化されていかなければならないとした。

そういった授業への具体化の手続きは，すでに吉田らの研究グループによって進められている授業構成作業[20] をもとにして，以下のように提示されている[21]。

⑴教育内容の設定

　先述の音楽的諸概念や下位概念から一つ選んで教育内容とし，内容を研究する。

⑵目標の設定

　⑴の教育内容を習得することがいかなる状態をさすのか，「感じることができる」「表現できる」「理解できる」という三形態から考える。

⑶教材の選択・組織化

　上述の有効な教材の条件にしたがって，教材を出しあい，子どもの学習過程にそって組織化する。感性的段階，意識化の段階，習熟の段階に分けて記述する。

⑷授業過程の設定

　授業計画，各授業の目標，教師の発言や活動，子どもの活動，予想される反応，教材の提示の方法（教具）等をできるだけ具体的に，だれもが実践できるように記述する。

第1章　音楽科における教育内容　59

　吉田は，こうした教材づくりや授業づくりは，共同研究によって，だれも
が参加しだれもが実践できるものであるとして提案しており，ここで，音楽
科における，教育内容を中心とした授業構成の定式を示したということがで
きる。

　同論文（吉田：1982）で，吉田は，最後に，教育内容を中心として授業を
組織化していくにあたって，教育内容の系統化や教育内容と感動との結びつ
きについても触れている。

　教育内容の系統化については，それを意識したり，すでに存在したりする
メソッドの系統を参照することは重要であるが，まずは一つひとつの教育内
容を中核とした教材づくりや授業づくりの積み重ねが前提であると述べてい
る。つまり，各教育内容の系統化は念頭に置いていない。

　さらに，感動については，それを第一義的な課題とするのではなく，感動
しないことや批判することを含めて，子どもたち自身の選択であることが強
調された。「音楽的諸概念」は言語活動におけることばや文法であり，それ
ら共通のことばや文法を子どもたちが理解していくこと自体が感動であり，
さらに深い感動や批判につながるとした。これは，八木が，感動の契機を，
相対的に客観化できる音楽的能力と，個々の生活体験をも取り込んだ主体の
全体性との二側面からとらえ，音楽の授業で取り入れられるのは前者である
とした（八木：1982b）ことと同じ立場である。

　教育内容設定と教材の組織化の一連の理論は，このような経過を経て授業
構成が定式化され，具体的な教育内容を取り上げた授業プラン作成へ，そし
て理論と授業プランを掲載した図書の出版へと進んでいったのである。

第3節　千成らによる教育内容論の確立

　千成は，提言発表の前後十数年間，音楽教育方法研究会（以下，方法研と略
記）を組織していた。方法研の活動は1977年の倉敷市茶屋町小学校でのふし

づくりの教育のフィールドワークに端を発し，以来，前述の八木・吉田両氏は，方法研のリーダー的存在であった。その方法研が，先述の提言や論理展開をふまえ，研究所産としてまず出版したのが，1982年発行の『達成目標を明確にした音楽科授業改造入門』（千成編：1982）である。これはその当時の方法研の中心的メンバーである 8 名（千成俊夫：広島大学，竹内俊夫：北海道教育大学，八木正一：愛知教育大学，宇田昌子：福島大学，鎌田真規子：鹿児島女子短期大学，吉田孝：高知大学，松本正：大分大学，堀曜子：愛知教育大学，所属は発行当時）によって執筆された。

　同書の目次にある項目見出しは次のとおりである。

まえがき
I　音楽科における授業改善の視点　−達成基準明確化の意義をめぐって−
§1　音楽科における達成基準明確化の意義
§2　音楽科における教材の組織化をめぐって
§3　達成基準の明確化と授業について
II　音楽科の学力と教育内容をめぐる諸問題
§1　学習指導要録の改訂
　1　おもな改訂点
　2　指導要録における"方向的観点−達成度評価"の矛盾
　3　関心・態度の評価をめぐって
§2　音楽科における学力のとらえ方
　1　音楽科の学力をめぐって
　2　学力論の成果と音楽科における学力
　3　学力と計測可能性
§3　学習指導要領と学力をめぐる諸問題
　1　学習指導要領における目標観
　2　学習指導要領における内容の問題
§4　音楽科における教育内容組織化の試み
　1　教育内容と教材
　2　音楽科における教育内容とその展開の特質
　3　音楽学習の位相と教育内容の組織

4　教材の構成による教育内容組織化

§5　指導過程の組織と達成基準の明確化

Ⅲ　達成基準を明確にした教材の組織化

§1　音楽科における教材組織化の原理

　　1　音楽をどのように聞くのか

　　2　音楽経験のカテゴリー

　　3　音楽学習の構造

　　4　教材の組織化について

§2　コダーイ・メソッドにおける教材の組織化

　　1　コダーイ・メソッド

　　2　音高に関する教材の組織化

　　3　リズムに関する教材の組織化

§3　つくる活動を中心とした教材の組織化

　　1　つくる活動を中心とした「ふしづくり一本道」

　　2　ふしづくり教育の教育内容とその組織化

　　3　メロディー学習における達成基準と教材の組織化

§4　教育内容を中心とした教材組織化への試み

　　1　達成基準を明確にした教材「南部牛追唄」の組織化について－高学年

　　2　達成基準を明確にした鑑賞指導－変奏曲

　　3　リズムの指導過程の構成について

　　4　「速さ」を中心とした教材の組織化

Ⅳ　達成基準を明確にした授業の展開

§1　音楽科における授業展開の諸要素

　　1　達成基準の明確でない授業の展開

　　2　授業の要素

　　3　授業の組織化とその展開

§2　つくる活動を中心とした授業の展開例

　　1　ふしづくりシステムを取り入れた授業展開のパターン

　　2　ふしづくり実践校の授業－導入

　　3　ふしづくり実践校の授業－ふしづくりの活動

　　4　ふしづくり実践校の授業－教材曲についての学習

§3　コダーイ・メソッドにおける授業の展開例

　　1　コダーイ・メソッドによる授業の構成

 2 授業展開の事例
§4 達成基準を明確にした授業展開の在り方 − 指導案の作成を中心に −
 1 授業展開と指導案
 2 指導案の一般的内容と作成様式
 3 達成基準を明確にした指導案の要件
§5 音楽科における授業の組織・展開への展望
Ⅴ 音楽科における授業改善と評価
§1 学習評価の在り方
§2 音楽科における評価の基本的方略
 1 到達度評価をめぐって
 2 評価の基本的方略
§3 音楽科における評価の特殊性と今後の課題
 1 音楽学習評価の特質
 2 表現とその評価
 3 相互評価の重要性
 4 評価論の確立と音楽科の授業改善
あとがき

 同書のタイトルには「達成目標」とあるが，目次以降には「達成基準」という用語が多く示されている。

 同書のまえがきには，以下のように書かれている（千成：1982, 1）。

  達成基準を明確にするということは，すべての子どもに，何を，なぜ，どこまで，どのように学ばせ，そしてまたどれ程その目標を子どもたちが身につけたかを測定評価し，その結果を検討することによって，この一連の学習手続きを反省し，授業をよりよいものに改めるという連鎖を，教師自身が限りなく推し進めていくことを意味するものである。このことを図式化すると次のようになるだろう。
  達成基準の明確化（教育内容の措定）→教材の組織化と展開→授業の組織化と展開→達成目標の評価

 つまり，同書の基本姿勢は，まず，音楽の授業の分析による問題の解決と

して，「達成基準を明確にする」というところにあるということができる[22]。それまでの論を「達成基準を明確にする」という切り口からまとめ，教育内容を中心とした教材組織化の具体例をあげている。

同書では，千成は以下のⅠ，Ⅲ－§1・§4－1を担当している。

Ⅰ　音楽科における授業改善の視点　－達成基準明確化の意義をめぐって－
§1　音楽科における達成基準明確化の意義
§2　音楽科における教材の組織化をめぐって
§3　達成基準の明確化と授業について
Ⅲ　達成基準を明確にした教材の組織化
§1　音楽科における教材組織化の原理
　1　音楽をどのように聞くのか
　2　音楽経験のカテゴリー
　3　音楽学習の構造
　4　教材の組織化について
§4　教育内容を中心とした教材組織化への試み
　1　達成基準を明確にした教材「南部牛追唄」の組織化について－高学年

八木は以下のⅡ－§4・§5，Ⅲ－§4－4，Ⅳ－§1・§4・§5，Ⅴを担当している。

Ⅱ　音楽科の学力と教育内容をめぐる諸問題
§4　音楽科における教育内容組織化の試み
　1　教育内容と教材
　2　音楽科における教育内容とその展開の特質
　3　音楽学習の位相と教育内容の組織
　4　教材の構成による教育内容組織化
§5　指導過程の組織と達成基準の明確化
Ⅲ　達成基準を明確にした教材の組織化
§4　教育内容を中心とした教材組織化への試み
　4　「速さ」を中心とした教材の組織化
Ⅳ　達成基準を明確にした授業の展開

§1 音楽科における授業展開の諸要素
　1 達成基準の明確でない授業の展開
　2 授業の要素
　3 授業の組織化とその展開
§4 達成基準を明確にした授業展開の在り方－指導案の作成を中心に－
　1 授業展開と指導案
　2 指導案の一般的内容と作成様式
　3 達成基準を明確にした指導案の要件
§5 音楽科における授業の組織・展開への展望
Ⅴ 音楽科における授業改善と評価
§1 学習評価の在り方
§2 音楽科における評価の基本的方略
　1 到達度評価をめぐって
　2 評価の基本的方略
§3 音楽科における評価の特殊性と今後の課題
　1 音楽学習評価の特質
　2 表現とその評価
　3 相互評価の重要性
　4 評価論の確立と音楽科の授業改善

吉田は以下のⅢ－§4－2を担当している。

Ⅲ 達成基準を明確にした教材の組織化
§4 教育内容を中心とした教材組織化への試み
　2 達成基準を明確にした鑑賞指導－変奏曲

　このような担当箇所から，同著において，千成が音楽科における達成基準の明確化についてや教材構成原理を説明し，八木が教育内容や教材の組織化や授業展開について述べ，同著の理論的枠組みを構築し，吉田がそれらの具体的な授業プランの開発に携わっており，同著の骨組みを三者で構成していることがわかる。

　さて，この著書の中では，教育内容は次のように説明されている。

まず，八木は，教育内容の規定を踏まえるならば，音楽科の基本的・中心的教育内容は「音楽の概念や法則，あるいは構造など」であるとした。そして，「あるイメージを持った楽曲そのものを教育内容としてとらえる立場もある」（傍点・八木）として，それは随伴的教育内容であると説明した（千成編：1982，40-41）。それを受け，千成も，基本的教育内容を，次の表1-1に示した「音楽を構成する要素」としている（千成編：1982，59）。

表1-1　音楽を構成する要素（千成編：1982，59）

要素＼内容	内　　　容
リズム	拍（分割を含む），テンポ（アゴーギグを含む），リズムパターン，拍子，無拍子，アクセント，音の長さ（シンコペーション等）
メロディー	抑揚，フレーズ，テーマ，問いと応え，朗唱，音程
ハーモニー	同時にひききあう二つ以上の音（協和と不協和，クラスター等）
テクスチュアー（織地）	ユニゾン，メロディー対伴奏，ポリフォニー，ヘテロフォニー
調性	主音，核音，音階（長・短音階，各種旋法，各種ペンタトニック，各種音階，無調等）
形式	フレーズ，節，繰り返し，対照，部分，再帰，各種形式
ダイナミックス	強弱，漸強と漸弱，長さ
音色	ねいろ（声，楽器，自然音，電子音などの人工音）

千成は，これらの「音楽を構成する要素」を取り上げるにあたり，音楽的刺激によって次に何が起きるか期待することができるのは学習の所産であることから，まず，様式の学習を重要視した。そのような学習が行われる状況の例として，同著では，ハンガリー民謡の事例があげられている（千成編：1982，63-64）。

　　　ハンガリーに何日か滞在し，教室の窓から流れてくる子どもたちの歌声を聞いたり，また農民たちが歌うのを聞いているうちに，その歌の輪郭に一つの特徴

を感じることができる。そしてさらに長期間滞在を延ばした後では，誰もが彼等に合わせてそれらの歌を歌うことができるようになるだろう。ハンガリーの民謡を規定しているしているのは周知のように，主としてペンタトニックである。われわれはそれを学習し，ハンガリーの数多くの民謡を歌えるようになった結果，われわれの心情をよりよくその国の人たちに理解してもらうことができると考える。

　千成は，このような例から様式概念の中でも調性を重視し，また各種舞曲や特定のジャンルに固有のリズムパターンやハーモニーがあることなどから，様式概念にはリズムパターンやハーモニーも該当するとしている。それらを含めて，メロディー，テクスチュアー，音色とダイナミクス，形式など音楽を構成する要素のすべてを基本的教育内容とした。
　千成は，以下のように述べている（千成編：1982, 65）。

　　もし人間感情の直接的表現が音楽であるとするならば，われわれはそれを学んだり教えたりすることはできない。音によって人間感情を具現するというときはじめてわれわれは，そこに学習の対象としての音を規定しうるし，またその音によって構成されている音楽作品を客観的に理解することができるのである。

　千成は，このような「要素」なり「概念」なりの背景に「人間存在への認識」（千成編：1982, 65）をとらえ，そこから学習の対象となり得るものを教育内容として措定しようとしていると見ることができる。
　1980年の千成提言における骨子である，音楽科における教育内容の措定，教育内容と教材の規定，授業の組織化については，ここまでの千成，八木，吉田らによる一連の論文と，この『達成目標を明確にした音楽科授業改造入門』（千成編：1982）によって理論化され，教育内容論として確立していったということができよう。

第4節　千成らの教育内容論に対する批判と評価

　前節までに述べてきたように，1980年の千成の提言以降，千成，八木，吉田らは，音楽科の具体的な教育内容やその授業構成に関する論文を積極的に発表していった。そのような千成らの教育内容論に対して，村尾忠廣，山本文茂，加藤富美子・河村（阪井）恵，尾見敦子等から批判論も相次いだ。そして，1982年の日本音楽教育学会東京ゼミナールでは，「音楽科の教育課程」「音楽の教授と学習」「音楽科の教材」がそろって分科会のテーマとなり，音楽科における教育内容や教材が討議された。

　本節では，千成らの教育内容論に対して1981年から1984年にかけて展開された批判論文を取り上げる。そして，1983年に出された『音楽教育学　−別冊−音楽教育東京ゼミナールのまとめ』（日本音楽教育学会：1983）における学会としてのその時期の成果を検証する。

1　千成らの教育内容論に対する批判

⑴村尾忠廣による批判

　千成らの教育内容論に対して，まず批判を展開したのは村尾忠廣であった。ここでは，村尾の1981年の論文と1984年の論文について述べる。

　村尾は，1981年に，「音楽科の内容と教材」（村尾：1981）（以下，「1981年論文」）として，教育内容と教材について論じている。そして，1984年には，千成らの教育内容論に対する直接的な批判を，尾見敦子とともに「音楽的概念による教材構成をめぐって①」（村尾・尾見：1984）で行い，また同年に単著で「音楽的概念による教材構成をめぐって②」（村尾：1984）で行っている（以下，この①②を合わせて「1984年論文」）。

　1981年論文では，直接的に千成の名前はあげていないが，千成が教育内容と教材を区別するという意味で用いた「二分法」という用語を用いて，

「音楽の教育内容といった場合，一般的なこれまでの用法では，学習領域，範囲とほぼ同義である。しかし，二分法的に教材と対置された場合はどのように考えられるだろう」と述べている（村尾：1982, 27-28）。このような論述から，1981年論文が千成らの教育内容論への疑義を根底に置いていることは明らかであろう。

村尾は，この1981年論文において，自然科学分野の教科における「二分法的」[23]な授業構成をそのまま文学や芸術教科に適用するには根本的な問題があると説いた。村尾によれば，科学は「‘一般化の提示（general proposition)'」であるのに対し，芸術は「‘特定化の表出（particular presentation)'」である（村尾：1982, 27）。このことから，村尾は，芸術教科においては，音楽の教育内容を特定化の表出である作品（教材）から切り離すことには問題があり，教育内容と教材の「二分法的」な授業構成は特定作品においてなされるべきだと主張した。そして，その「特定作品における教育内容は，共通ルールにしたがいながら，その作品を価値的に特定化せしめているところのもの」（村尾：1981, 28）と述べた。

村尾は，そのような特定作品における教育内容と教材の例として，ベートーヴェンの《交響曲第５番》をあげている。村尾によれば，その教育内容の一つは，「『♩ ♪ ♪ ♪ ♩』というモティーフの展開を追いながら，この作品の構造をつかまえさせること」（村尾：1981, 28-29）である。そして，そのための教材として，以下をあげている（村尾：1981, 28-29)[24]。

・作品のさまざまな断片
・さまざまな断片の異なる指揮者の演奏テープ
・伝統邦楽
・16世紀ヨーロッパの声楽曲
・ベートーヴェンの《交響曲第９番》の第４楽章の冒頭から主題提示部にいたるまでの部分

このような特定作品における教育内容や教材をあげつつ，米国の概念学習

Conceptual Approach の批判的検討や我が国の民間教育研究の成果の分析等をふまえ，次のように述べている（村尾：1981, 39)[25]。

①二分法は"一般化の提示"を本質とする科学の教育に基づいており，"特定化の表出"である芸術の教育に直接応用することは問題が多い。

②特定作品を前提とした上での二分法ならば，有効だと考えられる。

③演奏表現，特に歌唱においては，表現内容の充実を基準に教材を選択，配列するにしても，バラバラに取り出された概念・ルールを体系化するために適宜，これを教育内容とした二分法的授業を行うことが必要だろう。

④特定作品を理解させるという方向，プログラムの中でならば，最初から一般法則・概念を教育内容として教えることも，教材の様式によっては効果的であろう。

村尾は，これらにおいて，教育内容の設定について二つの方法をあげていることになる。第一は，再表現の授業を配列する一方で，概念を教育内容に設定した授業を適宜行うという方法である。第二は，特定作品理解の場合に，特定作品を特徴づける様式に沿った教育内容を設定した授業を行うという方法である。

これらを見る限り，村尾も結局は音楽科において教育内容と教材を分けるという方向性の中で自身の論を展開しているということができる。

千成は，先述したように，音楽学習構造図において，「基本的教育内容」や「随伴的教育内容」を目的的に設定する授業以外に，「感動を目指す歌曲中心の授業」の可能性を示している（千成：1981, 165-166)。八木は，同様の点から，「授業のための音楽教材試論」（八木：1980）において，楽曲先行型の教材論と内容先行型の教材論があると説明し，前者には曲の選択基準や配列順序に明快な論理が見いだせないこと，それに対して後者では，選択基準や配列順序が決まることを述べている。つまり，村尾の述べる③にあたる考え方は，すでに千成らによって示されている。

また，八木は，「音楽科における授業構成の現状と課題」（八木：1981）の中で，楽曲教材先行型の授業構成においては，その対象である楽曲教材が音楽構造といった教育内容をになう素材であり，その音楽構造が他の教材も含めて学習され，それら音楽構造とその楽曲の形象との関係が主体的に学ばれるものであれば，個別の楽曲教材を中心としていても授業構成の概念を満たすととらえていた。村尾の述べる④は，八木の，このような楽曲教材という特定作品における教育内容設定と教材の組織化に該当するものであろう。

ただ，八木は表現の授業を例に述べているのに対して，村尾は特定作品の理解といった，鑑賞の授業を念頭に置いているところに違いがある。一つの鑑賞教材を中心として教育内容を抽出し教材を構成する授業については，八木らは 1981年以前には述べておらず，村尾の④の提案が初めてである。また，八木らは楽曲先行型の授業構成において教育内容と教材の組織化の可能性を探っているのに対して，村尾は，内容先行型の授業構成をむしろ特定作品に沿って行うべきだと述べているのであり，ベクトルは逆になっている。

後述するように，教育内容を中心とした授業構成は，時間的に重厚長大になる可能性があることから，音楽教育の現場の実情として，表現の授業についても鑑賞の授業についても，授業構成において一つの楽曲を中心として教育内容を抽出することが多くなっていった。そのような授業構成における現実的な妥協点がこの時点で提案されていると見ることもできる。

村尾がこのあとに発表した1984年論文は①②に分かれ，①は尾見との共著である。①では村尾と尾見の担当部分の内容が連動していないため，尾見の担当部分については後述し，ここでは①の村尾の担当部分と②についてまとめて1984年論文として述べる。

1984年論文において，村尾は，1960年代後半から始まったアメリカにおける「音楽概念」（村尾・尾見：1984, 145）と「"Conceptual Approach"（概念学習方式）」（村尾・尾見：1984, 144）について1984年当時には見直しがなされていたことを取り上げた。

第1章　音楽科における教育内容　71

　村尾によれば，アメリカにおいて概念学習 Conceptual Approach を推進
してきたリーマーは，授業の方法として，①音楽体験，②音楽学習，③音楽
再体験の三つの部分を示していた。このうち，音楽概念は②で取り上げられ
ており，これはあくまで体験の深化の手段であって目的と考えるべきではな
かったとしている。その根拠として，Conceptual Approach を打ち出した
The Manhattanville Music Curriculum Program（MMCP）の自己批判の中
で，音楽概念の学習の方が目的とされ，体験の深化は手段となったことがあ
げられていると述べた。そして，アメリカにおいて音楽概念を教育内容とす
る方向はそのままであるが，その中で以下のような動きが見られるという。
それは，教材の選択や音楽活動を教師個人の自由な判断に委ねてフレキシブ
ルにしようとする動きや，「音楽概念」を焦点として教えることから音楽の
わかり方の心理学的成果に基づこうとする動き，「〈概念学習方式〉の美学的
前提である〈美的教育〉」（村尾：1984, 156）にまで遡って問い直そうとする
動き等である。
　村尾によれば，そのようなアメリカの状況に対して，我が国では，それら
の検討がなされないままに「『主題』とか『音楽概念』による教材構成が主
張されて」（村尾・尾見：1984, 143）おり，「『科学がわかること』の方に即し
た音楽教育がはっきりと論じられるように」なった（村尾・尾見：1984,
144）。つまり，「日本で〈音楽概念による教材構成〉を主張している人たち
は，科学教育にならって，〈速度〉〈音色〉〈拍子〉などといった概念の理解
を授業の中心に置こうとしている」（村尾：1984, 159）（この文中の〈　〉は，村
尾による。以下，村尾論文の引用については同様）という。
　村尾は，このように日本の「〈音楽概念による教材構成〉」を批判しつつ，
再度上述のリーマーの音楽学習における「音楽概念」の学習を取り上げ，そ
れに対しても次の二点の疑問を呈している（村尾：1984, 160-163）[26]。
　①〈美的情動体験の深化〉を目的としながら，なぜ手段である〈音楽概念
　　の学習〉によって，教材が選択構成されてしまうのか。

②科学は，個々の現象の中から一般構造や法則を発見し，それらを個々の
様々な現象に適用して説明することに本質があるが，芸術は，様式に共
通のルールを前提に，そこから個々の特定の芸術作品を作り出すことに
その本質がある。音楽教育は，一般化のルールよりもむしろ，特定作品
を芸術として特定化せしめている特殊構造に主眼を置いて指導すべきで
はないか。

　上記の②は1981年論文に通じるものであり，1984年論文においても村尾は
教育内容と教材を区別すること自体は認めていることがわかる。異なるの
は，千成らの教育内容論が，「特定作品」の理解をするために，村尾が述べ
るような「共通のルール」の理解を教育内容の対象としているのに対して，
村尾は「特定作品」における「特殊構造」を対象としているところである。
村尾の述べる「共通のルール」，つまり千成らの述べる音楽的概念の学習が
「特定作品」の「特殊構造」に結びつくかどうかという点では，確かにこの
時点では未知数である。しかし，では，村尾のいう「特殊構造」の学習にお
いては，その前提としている「共通のルール」はどこで学習するのであろう
か。あるいは，「特殊構造」を学習すると「共通のルール」を身につけるこ
とになるのであろうか。千成らは，「音楽の教授は旧来の意味での教科教材
の指導ではなくて，成長系の助成であ」る（千成：1975, 194）と述べていた。
そして，すべての音楽学習は直接的な音楽体験から生じ，概念を操作把握し
ていくことによって，パターンの全貌がわかり，正確な把握ができるように
なる，といった成長発達をとらえていた。このような推論から授業構成の方
法論を導こうとする段階であった。それに対して，村尾の主張は，この段階
では「特殊構造」と「共通ルール」との関係が不明である。

　村尾は，1984年論文において，さらに『達成目標を明確にした音楽科授業
改造入門』（千成編：1982）中の千成による広岡亮蔵の教材の構造化論に関す
る批判について言及している。

　千成は，広岡の教材の構造化論に対しておおよそ次のように批判してい

た。

①それまでの歌唱教材の典型的な指導案が音楽外的な目標を掲げているのに比べて，広岡の教材の構造化－たとえば，《そりのすず》（アメリカ民謡）における基本要素「はずむようなリズミカルな楽しさ」－は，音楽作品そのものを媒介にして措定していると評価することができる。その上で，さらに達成目標という観点から見ると，この例のばあい，基本要素は「楽しさ」に置くのではなく，「楽しさ」を産み出す「リズム」に置くべきである。そして，そして基本要素や中心観念を「楽しいはずむようなリズム」という風に置き換えることで教師は達成目標を明確にすることができる。

②しかし，このように楽曲教材で構造化を行っていっても，その楽曲の特性から基本要素や中心観念が具体的に抽出できない場合もあるし，また，それらは教材ごとに異なる。たとえば，《ふるさと》（作詞：髙野辰之作曲：岡野貞一）の場合，「リズムフレーズの流れを意識させて」というような指導目標などから中心観念を取り出すことになる。このリズムフレーズのバックグラウンドは3拍子であるが，この曲で3拍子を強調することは，その歌詞やメロディー構造とは合致しない。したがって，3拍子は中心的観念として抽出できず，授業は自ずと歌詞の気分を汲み取らせるということになり，音楽を教えたということにはならなくなってしまう。

千成は広岡の構造化論を評価しつつも，広岡が構造化の核を教材に求めたことを批判したのである。

それに対して，村尾は，「楽しいはずむようなリズム」というような目標はどの曲にも通用できる抽象的なことばであり，達成目標にはなり得ないとした。またマイヤーの理論（Meyer：1956）を援用しながら，「《ふるさと》」には音楽的感覚からしてフレーズの切れがごく自然にあり，必ずしも3拍子を強調することにはならないとした。

しかし，千成は，「楽しいはずむようなリズム」という句を広岡の文脈に
そって使ったのであり，千成自身がそれを中心観念にしたのではない。「は
ずむようなリズミカルな楽しさ」を中心観念とするならば，「楽しさ」その
ものではなく，「楽しさ」を生み出す「リズム」の方に主眼が置かれるべき
だと述べたのであり，千成の主張は，そのように教材で構造化していくと無
理が生ずる，というところにあった。村尾が述べるような「音楽的感覚」を
重視するから，《ふるさと》という教材から3拍子を教えることの矛盾を追
求したのである。これらの点で，村尾の『達成目標を明確にした音楽科授業
改造入門』に対する批判は，同書やその前後の千成論文を総合して行われた
ものではないと見ることができる。

⑵山本文茂による批判

千成らの教育内容論に対する批判であることが明らかなものして最初にあ
げられるのは，1982年の山本文茂の「創造的音楽作りとは何か①『サウン
ド・アンド・サイレンス』を考える」（山本：1981）である。

山本は，千成提言を，「音楽科の授業を有効に組織・構成していく基本テ
ーゼとして，これほどすっきりと整理されたものはほかに見あたらないであ
ろう。筆者も大筋においてこの考え方に近い」（山本：1981, 12）としながら
も，以下のように述べている（山本：1981, 12）。

> 　だが，これで本当によいのだろうかという一抹の不安が残ることも否めない。
> 音楽科において，教育内容と教材とは本当に峻別して考えることができるのか，
> これを区別すればするほど音楽科の教育内容は音楽の現実から遠ざかってしまう
> のではないか，といういう不安である。（傍点・山本）

そして，「音楽を音楽たらしめている概念や原理（教育内容）は，まさに鳴
りひびく音楽そのものの中に生きて存在するもの，実際の音楽経験の結果と
して初めて意味をもつもの」であり，「音楽の概念・法則を楽曲から切り離

して取り出し，それらを学習する手段として楽曲を取り扱うという考え方」は，「子どもの生きた音楽経験の内実が空洞化する」と批判した（山本：1981，13）。山本は，続いて，八木の「授業のための音楽教材試論」（八木：1980）に触れ，教材論としての論理の一貫性を認めながらも，「〈八木の〉授業デッサンそのものは，音楽教育のアイデンティティーという点で，筆者〈山本文茂〉のヴィジョンとは遠く隔たっていることは否めない」と述べた（山本：1981，13）。

しかし，その同論文でその後に「わが音楽教育信条」として述べた部分では，次のような記載が見られる（山本：1981，13-14）[27]。

> ☆教育内容－音楽を成立させている諸概念・諸原理（法則ではない）
> ☆教材－教育内容をすべての子どもが学習しうる形で具現している楽曲，またはその一部
> ☆内容と教材との関係－音楽科においては，内容と教材とは不可分の関係にある。これを区別すればするほど，教育内容は音楽の事実から遠ざかり，意味を失う。
> ☆教材の選択－多様な価値のレベルと体系の中から，目的・目標に照らして真に教育内容を具現するものを厳しく選びぬく。（決して単一の価値観，単独の音楽様式を子どもに強要しない。）
> ☆教材の配列－音楽の構造概念（構成要素およびそれらの統合）を横軸に取り，発達段階および様式概念を縦軸に取った"音楽概念発達スパイラル"（中略）にしたがって，各々の座標に最もふさわしい楽曲を配置していく。

ここで，教育内容についての記載で「（法則ではない）」と但し書きしているのは，千成提言の「一般に教育内容というのは，その教科を教科たらしめている本質的・基本的な概念なり法則であり，より一般的なものとでも規定してよいかと思います」（千成：1980b）という部分に対する反応と推察することができる。しかし，千成のいう「法則」は一般的な教科の中における本質的・基本的なものの例として述べているのであり，その意は，教育内容は

「より一般的なものである」というところにある。山本の但し書き以外の「音楽を成立させている諸概念・諸原理」というのはまさに千成提言の「教育内容」と同一である。

そして、山本は「峻別して考えることはできるのか」と疑問を呈し、上記の「わが音楽教育心情」の「☆内容と教材との関係」で「内容と教材は不可分の関係にある」と述べているにもかかわらず、「☆教材の配列」の部分では、自ら「不可分である」としたはずの教育内容を横軸としたグラフの座標に楽曲を配置していくという。山本は、「区別すればするほど、教育内容は音楽の事実から遠ざか」ると述べながら、配列を考える上では「教育内容」と「教材」を分けて考えざるを得なかった。つまり、「教育内容」を「音楽を成立させている諸概念・諸原理」ととらえ、教育内容と教材を分けてとらえるということに関しては、千成らの教育内容論によっていると見ることができる。

山本が千成らの教育内容論と大きく異なるのは、「教材」を楽曲に限定していることである。そして、教材を「配置する」という形で音楽的発達を考えていこうとしている点である。千成らは教育内容を中心とした教材の組織化をすすめていくことは主張したが、教育内容相互の関係や配列には慎重な姿勢を取っていた。ましてや、音楽的発達を教材の配列からはとらえていない。それに対して、山本は、「教材」について目的・目標に照らしあわせて教育内容を具現するものを選びぬくとしながらも、あくまで単独の様式等は「強要」しないという。つまり、「教育内容」を想定して楽曲を教材として選択しながらも、教育内容を中心として教材を組織化するというよりも、「選びぬ」いた楽曲教材を教えるという立場をとっている。

上述の「創造的音楽作りとは何か①『サウンド・アンド・サイレンス』を考える」（以下、通し番号以下省略）（山本：1981）は、その後②〜⑤まで連載されている（山本：1981, 山本：1982a, 山本：1982b, 山本：1982c, 山本：1983）。先に述べたように、山本は「創造的音楽作りとは何か①」（山本：1981）にお

いて，「教育内容と教材は不可分の関係にある」として千成提言を批判したが，同論文内ですでに方向転換が見られたように，②以降，この主張は正反対になっていく。

　たとえば，「創造的音楽作りとは何か③」（山本：1982b）では，Paynter らの *Sound and Silence*（以下，*S&S*）（Paynter & Aston：1970）の音楽教育体系を分析する中で，教育内容と教材の選択・区分・配列を分けて記載しており，また，*S&S* では必ずしも教材と区別した形で提示されているわけではないと批判的に指摘している。そして，「創造的音楽作りとは何か④」（山本：1982c）になると，さらに *S&S* の「弱点」として「教材と教育内容との関係が全体としていまひとつ鮮明さに欠ける」（山本：1982c, 48）という点をあげ，教材と教育内容の区別をさらに強調している。

　このような主張の変化は，「創造的音楽作りとは何か⑤」（山本：1983）でもっとも顕著になる。山本は同論文で，再び *S&S* では教材と教育内容が融合されていると述べ，カリキュラム分析する上では，教育内容と教材を峻別せざるを得なかったとした。そして，「音楽カリキュラムの構築作業は，内容と教材とをはっきりと区別することが前提条件なのである」（山本：1983, 28）として，「音楽科の教育内容は，楽曲そのものではない。なぜなら，音楽そのものを教えることはできないからである」（山本：1983, 28）（傍点・山本）と述べるに至った。さらに，以下のような，従来の音楽科教育への批判を行っている（山本：1983, 30）。

　　　従来の我が国音楽科教育は，表示的意味（音楽外的意味）の学習が，前兆的意味（音楽内的意味）の理解に転移するという楽観論に立脚していたように思えてならない。（傍点・山本）

　この批判は，千成らが一貫して主張してきたことであり，千成らへの批判からスタートした山本の論は，*S&S* の導入を考える上で，論を転換させて

きたことがわかる。

山本は，さらに同論文で，音楽科の教育内容を以下のように設定した（山本：1983, 28）。

　　　音楽科の教育内容は，生きた音楽のひびきを経験した結果として子どもの心の中に成長する音のイメージ（音楽概念）であり，音楽作品の後景として非実在的・精神的に内在する感情や観念が前景としての実在的・感覚的な形成面に表出されたもの（音楽の構成要素）であり，様々な音楽を系列づけ，分類させている原理（様式概念）であり，それらの成立を基礎づけている表現素材（語法・技法・理論）である。

山本があげる「音楽概念」や「音楽の構成要素」あるいは「様式概念」といった用語は，先に述べてきた千成らの教育内容論の中で取り上げているものであり，その意味で，教育内容論が音楽科に定着してきたことがうかがえる。

しかし，千成らは，具体的な教育内容を必ずしも統一的には提示してきていなかった。それは，たとえば，「音楽の基本的なもの」（千成：1980b, 154-159）であったり，「音楽の概念や法則，あるいは構造など」（千成編：1982, 40）であったり，「音楽を構成する要素」（千成編：1982, 59）であったりした。山本はここで，千成らの論に依りながら，S&S の導入に向けて，山本独自の「教育内容」を提案したことになる。

(3)河村恵・加藤富美子による批判

河村恵と加藤富美子は，共著で，1982年に「音楽科の教育内容とは」（河村・加藤：1982）を発表した。同論文では，先の千成らの『達成目標を明確にした音楽科授業改造入門』（千成編：1982）における教材と教育内容を分離させるという考え方に対して，理念的な側面からではなく，「現場体験」から批判を展開するとしている。

第1章 音楽科における教育内容　79

　河村らは，音楽カリキュラムにおける，千成らの「教材と教育内容を区分する考え方」や，山本の反論，村尾の「両者による二本立て方式」は，音楽科を他教科と同列に語ろうとしたものであると指摘する。河村らはそれらに対して，そもそも音楽は教科であってよいのか，と述べた。

　つまり，河村らによれば，音楽の原初的な価値は，われわれの情緒や感動を解放し，それにより自己実現する力等を得ていく，ということにある。その点で，学習指導要領の内容は言い過ぎ教え過ぎなのであって，この制度が無くならない限り，学校においては個々の子どもが「人生の中で音楽と出会い，音楽することを自分のものにするための契機を作れればそれでよい」（河村・加藤：1982, 108）のであるとする。その意味で，河村らは，音楽科を他教科と同列に語ることを否定している。

　そのような立場から，河村らは，音楽科の教育内容の糸口として，「混沌としている現代の音楽状況の中にあって，美しい音，共鳴できる美しい音楽を発見させる場を設定すること」（河村・加藤：1982, 112）を置いた。

　このような論調からすれば，河村らの主張は，千成らの論の正反対のように見受けられるが，実は必ずしもそうではない。

　たとえば，そもそも音楽科において教育内容を定義しようとしたところに，千成らの提案の影響が見られる。そして，河村らは，上述したような教育内容をあげたあとには，次のように述べている（河村・加藤：1982, 112）。

　　　このような体験を得てから後に，子供は音楽の内容に興味を示し，音楽を構成する要素の理解，形式への興味へと学習が進み，さらに深い感動に，あるいは他の音楽的事象への興味へと学習が継続していく。（傍点・引用者）

　この点について，千成は，まさに音楽活動の中で音楽的成長をめざす，という考え方をとっており，音楽的成長は音楽の構成要素の発展的な認知に影響されることを述べてきていた（千成：1973）。したがって，河村らの述べる

学習の過程は，千成らの述べる音楽的成長の過程と重なるといえよう。異なるのは，千成らがそれら一連の過程を学校教育の中でとらえているのに対して，河村らは，学校教育では最初に体験する場であればよい，とする立場であるということである。

⑷尾見敦子による批判

尾見は，先にも述べたように1984年に村尾と共著で「音楽的概念による教材構成をめぐって①」（村尾・尾見：1984）（以下，「1984年尾見論文」）において八木の論法を批判しているが，1983年にも「音楽科における教材論」（尾見：1983a）（以下，「1983年尾見論文」）において，批判を展開している。ここでは，この1983年尾見論文，1984年尾見論文の二つについて述べる。

尾見は，1983年尾見論文において，必ずしも，従来の教材解釈を中心とした教材論を肯定しているわけではない。従来の教材論は，素材と解釈の関係や解釈の妥当性等において疑問が残るという。そして，「千成を中心とするグループ」[28] の教育内容論について，「何を教えるか，とのかかわりにおいて授業過程の客観化が提唱されたのは初めてである」り，「教育内容である『概念，法則，芸術作品の手段など』を教える，という考え方も，従来わが国では全くみられなかった発想である」と述べた（尾見：1983a, 77）。その上で，論理的には，「一定の教育内容にもとづいて組織される教材というものは，教材の価値は安定しており，授業過程を客観的に統制できる」と評価した（尾見：1983a, 76）。

しかし，さらには，「一定の教育内容とは何であり，教材化においてそれをどれだけ正しく反映することができるかという現実的な課題を経ないと，教材論としての有効性を判断することはできない」（尾見：1983a, 76）と述べた。そのような現状に対して，それまでの音楽科の教育内容と教材をめぐる論争は，意見のすれ違いであって論争になっておらず，安易な言葉主義の問題が生じており，見解の違いが生産的な議論になっていないというのであ

る。つまり，村尾の批判は教育内容を「特定の作品の教育内容」に置き換え
ているところにすれ違いが起きており，山本の批判は教育内容と教材概念が
曖昧であるという（尾見：1983a, 75-79）。

　一方で，「千成を中心とするグループ」や八木個人の理論においては，教
育内容，教材の概念が，「音楽科の教育課程と授業を分析し，理論化をおこ
なうための有効な概念として，機能してはいない」（尾見：1983a, 80）と述べ
ている。それは，尾見によれば，八木らが，音楽科の基本的・中心的な教育
内容は音楽的概念や法則，構造であるとしながら，基本的・中心的でない
「随伴的教育内容」も認めていること，そして「随伴的教育内容」において
は「授業のなかで使われる楽曲が，教材であると同時に教育内容であるとい
う二面性を持つ」（尾見：1983a, 80）[29]（傍点・尾見）というように教育内容や
教材概念を曖昧に用いていることにある。ここでも，尾見は「言葉主義」で
あるという。つまり，尾見は，八木が「楽曲教材先行型」の授業過程の客観
化を「内容先行型」の授業構成から論じたところに論理的脆弱さがあるとい
うのである。その点で，「村尾の教材構成の方法が，かなり有効性をもって
いるように思われ」，それに対する理論化が必要だと述べた（尾見：1983a,
82）。

　ところで，八木らが「『随伴的教育内容』を認め」ていたのは，先述した
ように，千成がリーマーを引用して，音楽的経験を，「音楽外的経験〈non-
musical（non-aesthetic）experiences〉」と「音楽的経験〈musical（aesthetic）
esperience〉」から成るととらえていたところに起因する（千成：1973）。つ
まり，音楽的経験には各個人における「音楽外的経験」が含まれる。それ
は，直接的な教育の対象となる中心的教育内容とはならなくても，「随伴的
教育内容」として存在し得るととらえたわけである。そのことに論理的な不
整合はない。

　1983年尾見論文には「あいまい」「混乱」「脆弱」等の言葉が散見され，そ
の説明が少ないため理解しづらいが，「教育内容論」によって「何を教える

か，とのかかわりにおいて授業過程の客観化」（尾見：1983a, 77）における提唱がなされたと一定の評価はしている。ただ，尾見は授業過程の客観化は「楽曲先行型」授業における再表現を主体とした授業構成においてなされることを主張しており，その点で相容れない教科観をもっていることがわかる。

　1984年尾見論文は，八木の論法に対する批判である。論文の趣旨は1983年とほぼ変わらない。「『音楽的概念』による教材構成」をめぐる「疑似論争」（村尾・尾見：1984, 148）を振り返り，再構成するために，同論文をその序に位置づけたいと述べ始められている。ただ，そのために「『音楽的概念』による教材構成」を，八木の論法によって導きだすのが困難であることを論証すると述べられており，1983年尾見論文よりもさらに八木の論法批判を強調している[30]。

　それはさておき，尾見は，まず「『音楽的概念』による教材構成」について，八木が「随伴的教育内容」を認めることでその「論理的必然性は傷つけられる」（村尾・尾見：1984, 152）という。では，「随伴的教育内容」を認めなかったら論理的必然性はあるといえるのか。尾見はそれもないという。八木の「三段論法」の前提を入れ替えれば，逆に「『音楽体験』による教材構成」を導きだすことが可能であるというのである。

　尾見は，さらに『達成目標を明確にした音楽科授業改造入門』（千成編：1982）においても，八木は「三段論法」を行っており，前提間に論理的飛躍があるという。そして，八木の論法を「完全なものに修正」しようとすれば，八木らが音楽活動を「人間労働の一形態」としてとらえている点に関して，「音楽活動」が「労働活動」に包摂される概念システムを示すこと，また，「他者の理論の援用の際の概念システムの移動」をただすことであるとした（村尾・尾見：1984, 153）。

　「音楽活動」が「労働活動」に包摂される概念システムについては，尾見は同論文内の別箇所では，「〈八木の〉「音楽」や「労働」についての定義は

第1章　音楽科における教育内容　　83

まちがっているわけではない」（村尾・尾見：1984, 153）と述べている。これ
は，つまり，両者における概念システムを認めていることになる。

　また，「他者の理論の援用の際の概念システムの移動」については，尾見
によれば，八木が藤岡論[31]を音楽科の教育内容措定に「アナロジー的発想」
で援用したという批判である。これに対して，尾見は「教科は異なっていて
も，授業が目的意識的な行為であることは変わらない。このことが，藤岡論
を音楽科に援用してよいことの根拠である」（村尾・尾見：1984, 154）と述
べ，教育内容と教材を区別する点についてのみ援用することを認めた。しか
し，教科が異なっても，授業が目的意識的な行為であるということを認める
のであれば，その目的となり得る教育内容をとらえる作業は当然出てくるは
ずである。八木らはそれを音楽の理論や構造に照らして設定したのであり，
これまで述べてきたような教育内容論からすれば，それは藤岡論からのみの
「アナロジー的発想」で導きだしたものではないと見ることができる。

　尾見の結論は，結局，1983年尾見論文と同様，客観的な授業構成は，「楽
曲先行型」授業における再表現を主体としてなされるべきだとすることであ
る。そのために，楽曲そのものと楽曲で教えるべきことを区別する概念シス
テムとして藤岡論を使用しようとしている。

　このような展開の中で，尾見論文の成果は以下の点にある（村尾・尾見：
1984, 154）。

　　　教育内容と教材の区別（目的意識的な行為としての授業）という論点と，音楽
　　科の教育内容は何か，という論点とは，まさに区別される必要がある。

　先にも述べたように，授業を目的意識的な行為としてとらえ，教育内容と
教材を区別する（①）とするならば，その後教育内容設定の作業が生じてく
る（②）のは必至であるが，②は必ずしも①に連動して自動的に措定できる
わけではない。だからこそ，村尾や尾見のような特定の作品や楽曲先行型の

教育内容論が出てくるわけであろう。また，音楽の理論や構造に照らしあわ
せて教育内容を指定した教育内容論においても，後述するように，厳密に教
育内容を措定しているわけではない。特に，後者の，厳密な教育内容の措定
がないという点については，今日の授業にいたって，課題となっていると考
えられる。

2　日本音楽教育学会による評価

　これまで述べてきたように，千成・八木・吉田らによる教育内容論に対す
る批判は，まず1981年に村尾が「二分法」に疑義を唱え，1982年に山本や河
村・加藤が，1984年には村尾と尾見が，というように展開されてきた。しか
し，それらの批判において，音楽科の中で教育内容を明確にしていくこと，
については否定されなかった。また先述したように，山本のように，自身の
論文中で当初の批判を180度転換させるような発言も出ている。

　このことは，教育内容論が音楽教育界に賛否両論を巻き起こしながら，
徐々に浸透していったことを物語っている。その様子は，1982年に行われた
音楽教育学会東京ゼミナールにもあらわれている。

　音楽教育学会東京ゼミナールは，1982年8月24〜27日に行われた。前半2
日間は発表と討議，後半2日間は日本音楽教育学会からあらかじめ委嘱され
た学会員がまとめを行っている。このゼミナールのまとめは，1983年に『音
楽教育学』別冊で，「音楽教育東京ゼミナールのまとめ」（日本音楽教育学会
編：1983）として出版されている。

　音楽教育学会東京ゼミナールでは，テーマを「現代社会と音楽教育」と
し，全体会のシンポジウムとして「現代社会と音楽」，第1分科会として
「音楽科の教育課程」，第2分科会として「音楽の教授と学習」，第3分科会
として「音楽科の教材」を設け，音楽科の内容が総合的に論議されている。

　従来の音楽教科観からして画期的なのは，分科会それぞれの概要である。
それぞれ以下のようになっている（日本音楽教育学会編：1983, 5-6）。

第1章　音楽科における教育内容　　85

（分科会1）「音楽科の教育課程」
　教育課程の構造は，教育課程論の上から見て，論理的に整ったものであり，ま
た音楽科という独自の教科のもつ価値や意義を明確に反映したものでなければな
らない。この分科会では音楽科の教育課程の構造をいろいろな角度から討議する。
　（分科会2）「音楽の教授と学習」
　教育内容とその配列は，数多くの教授経験による一般性や，教授・学習理論に
支えられていることが必要である。この分科会では音楽の教授と学習を，そうし
た視点から討議する。
　（分科会3）「音楽科の教材」
　児童生徒が直接学習の対象とする音楽科の教材とは何か，生涯にわたって音楽
を学び楽しむための基礎になる教材とは何か。音楽の多様化にどのように対応す
るかなどを広い視野から討議する。

（傍点・引用者）

　ここでは，これまで千成らに対する批判者らが主張していたような「音楽
体験」を重視していた教科にあって，教育課程として論理的であることがま
ず求められ，音楽の教授と学習においては，当然のように教育内容とその配
列から述べられている。そして，教材を直接学習の対象とするものとして，
楽曲教材や教育内容と区別してとらえている。これらは，教育内容論による
視点である。つまり，音楽教育学会がそれを採用して音楽科の教育課程全体
をとらえ直そうとしていることを物語っている。そのことは，このゼミナー
ルにおいて，第1分科会で，千成と吉田が，それぞれ「音楽科教育内容の組
織」，「音楽科における教育内容と教材」というまさに中核のテーマで発表を
行っていること，また，八木が第2分科会の内容整理を行う2名のうちに入
っていることなどからもわかる。
　第1分科会の報告は広瀬鉄雄によってなされているが，それによると千成
は以下のように紹介されている（日本音楽教育学会編：1983, 15）。

　　第十一回日本音楽教育学会において，教材と教育内容を分離することにより，
　　音楽教育が当面する問題の解決を図ろうとした千成は，音楽科教育内容の組織化

という観点に立ち，ここでは「音楽学習構造図」を提示した。

　続けて，千成，吉田，八木の提案であるとして，教育内容と教材や音楽科
の独自性，授業構成について提案がまとめられている。この中で，千成らの
提案する教育内容は以下であることが紹介され，音楽的諸概念とその下位概
念を仮説的に提示したと述べられている（日本音楽教育学会編：1983, 15-16）。

(1)リズム　　　　　－・拍（分割を含む），テンポ（アゴーギグを含む），リズ
　　　　　　　　　　　　ム・パターン，拍子，無拍子，アクセント，音の長
　　　　　　　　　　　　さ（シンコペーション等）

(2)メロディー　　　－・抑揚，フレーズ，テーマ，問いと答え，朗唱，音程
(3)ハーモニー　　　－・同時にひびき合う二つ以上の音（協和と不協和，クラ
　　　　　　　　　　　　スター等）

(4)テクスチュア　　－・ユニゾン，メロディー対伴奏，ポリフォニー，ヘテ
　　　　　　　　　　　　ロフォニー

(5)調性　　　　　　－・主音，核音，音階（長・短音階），各種旋法，各種ペ
　　　　　　　　　　　　ンタトニック，各種音階，無調等

(6)形式　　　　　　－・フレーズ，節，繰り返し，対照，部分，再帰，各種
　　　　　　　　　　　　形式

(7)ダイナミックス－・強弱，漸強と漸弱，長さ
(8)音色　　　　　　－・ねいろ（声，楽器，自然音，電子音などの人工音）

　また，千成らは，このゼミナールで，教育内容を中心とした授業構成につ
いても，以下のように定式化していると紹介されている（日本音楽教育学会
編：1983, 16）。

(1)教育内容の決定　(2)目標の設定　(3)教材の選択・教材の組織化にあたっ
　　て，①感性的段階，②意識的段階，③習熟の段階，の三つを整理して
　　おくこと。(4)授業過程の設定

　広瀬は，「音楽内容や教科のもつ独自性を，このようにとらえて見るなら

ば，教科の持つ意味とその役割もはっきりしてくる」（日本音楽教育学会編：1983, 16）と評価した。

ただし，第1分科会の検討課題には，多くの問題点が残されているとしている。

その一つとして広瀬が取り上げているのは，カリキュラムの開発の問題である。広瀬によれば，従来の教授＝学習は，(1)目標の設定，(2)教材・教具の作製，(3)教師の訓練，(4)教材・教具の配布などの過程を経て行われた。これらは，教育活動の精密化にとって有効な「『工学的接近』（Technological Approach)」の立場をとるが，それに対して，すべての事態を教育的に見て，多様な視点からの評価を重視する「『羅生門的接近』（Rashomon Approach)」が存在するという（日本音楽教育学会編：1983, 17）。それは，「(1)一般目標の設定　(2)教材の選択を含んだ創造的教授・学習活動　(3)活動によって起こった事態の記述と評価」という過程をたどる（日本音楽教育学会編：1983, 17）。広瀬は，後者のアプローチが，今後の音楽科教育課程改善に示唆を与える，と述べる。すなわち，千成らの論のうち，教育内容の設定や目標の明確化については同意しているが，その授業過程においては，別アプローチを提案しているということができる。

第2分科会の報告は，小野達治によってなされている。小野は，大きくは「〈創造的音楽作り〉」（日本音楽教育学会編：1983, 22）の教育的可能性と，教育内容に応じた柔軟な学習過程・学習形態の組織，そして音楽活動のよろこび・楽しさの追求という点からまとめている。この報告は，第1分科会や後述する第3分科会に比べ，教育内容論色が薄く，従来の音楽教育観が強いものとなっている。

たとえば，学習過程や形態の組織において，「教育内容」という用語は用いているものの「音楽教材に含まれる教育内容を子どもの現実（中略）とのかかわりにおいてとらえ直し」というように，まず念頭に「教材」が置かれている（日本音楽教育学会編：1983, 24）。

また，小野は，第2分科会では，マイヤー，リーマー等による二つの「音楽の〈意味〉」－①音楽作品における諸関係の識別から生ずる意味，②音楽的刺激から別の種類の現象に結びつける意味－から論じられており，当時の音楽教育には②のタイプの学習は行き渡っており，①のタイプの学習を充実させる必要があるというのがその骨子になっていたと報告している。それに関して，小野は，そもそも音楽学習を①，②のような「二元論で捉える事自体に無理がある」と述べ，「もっと素朴で本質的な第3のタイプが存在するはずである」と主張した。そして，分科会2の講師として呼ばれていた波多野誼余夫の提起に以下のように触れている（日本音楽教育学会編：1983, 25）。

　　　音楽のよろこびや感動，とりわけ，学校における音楽学習の喜びや楽しさは，音楽が本来持っている素朴で直截的な表現を通しての連帯感・社会的帰属感・感覚運動的充足感に根ざしているとする波多野提起は，多くの参会者に共感を与えたばかりでなく，今後の音楽の教授＝学習の諸問題を考える新たな糸口のひとつを提供したものであると言えよう。

　このように，小野は，教育内容を明確にすることは共通認識としてとらえつつも，教授＝学習過程について説明を教材から始め，音楽の喜びや感動という観点からまとめている。
　第3分科会のまとめは，中嶋恒雄によってなされている。その中で，教材とは何か（定義）について，本章第1節第1項で述べたように，中嶋は，千成提言を高く評価している。つまり，「学習内容と教材を峻別」し，「学習（教育）内容とは，教科を教科たらしめている基本的な概念および法則である」とし，「教材とは，この学習内容を子どもたちが学習しうる形に具体化したもの」と定義づけたことは，「F. ソシュールが人間の言語活動において，言語（ラング）と言（パロル）を区別したのに似て，極めて有効な考え方である」とした（日本音楽教育学会編：1983, 30）。
　そして，教材とは，千成が定義したように，「学習内容を子どもたちが学

第1章 音楽科における教育内容　89

習しうる形に具現化したもの」（日本音楽教育学会編：1983, 32）と述べている。

　さらに，教材の分類については，教育内容から分類していく方法があると
して，教育内容についても言及している。ここでも千成の「音楽学習の構造
図」を引用して，教育内容として，さまざまな様式，表現及び鑑賞の活動，
随伴的教育内容の3つを置いている。千成が教育内容として音楽の構造と置
いたところを「さまざまな様式」と改変しているが，導き方は同様である。
中嶋は，音楽の様式の学習は，それがあらわれる楽曲を通して行われるもの
であることから，これら3つを2つにまとめ，音楽様式の表現及び鑑賞とそ
のための技能，そして随伴的教育内容の2点から教材を分類することが，教
育内容から得られる分類法であるとした。

　このように，音楽教育学会東京ゼミナールでは，千成らの教育内容論をも
とにした論議が行われ，「教育内容」という用語が音楽教育分野にひとまず
定着してきたと見ることができる。音楽することのよろこびや感動といった
音楽外的な現象を念頭に置くという伝統的な音楽教育観が顔をのぞかせなが
らも，教育内容や教材，そしてその授業構成にわたって，幅広く論議され，
各分科会のまとめでは，論者の視点から新たな解釈や提案がなされているこ
とがわかる。

註

1）千成俊夫が日本音楽教育学会第11回大会のシンポジウムにおいて行った提言は，
　下記の154-155頁に収録されている。
「シンポジウム　教材の条件　司会　愛知教育大学　水野久一郎，パネラー　国立
　文化財研究所　柿木五郎，パネラー　大阪教育大学　柳生力，パネラー　広島大学
　千成俊夫」（日本音楽教育学会『音楽教育学』10巻，1980, 148-159）
2）おそらく，文脈から，ゼミナール実行委員の一人であった中島恒雄が記述してい
　る。（『音楽教育学　別冊　音楽教育東京ゼミナールのまとめ』，日本音楽教育学
　会，1983, 30）
3）日本では，『教育の過程』（鈴木祥蔵，佐藤三郎訳）として岩波書店から1963年に

出版された。

4 ）千成は，以下を引用している。

・Petzold, Robert G., The Perception of Music Symbols in Music Reading by Normal Children and by Children Gifted Musically : *The Journal of Experimental Education* Vol. XXVIII, June 1960

・Petzold, Robert G. , Auditory Perception of Musical Sounds by Children in the First Six Grade : *The University of Wisconsion Madison*, Cooperative Research Project No. 1051, 1966

5 ）ほぼ原文であるが，一部文意を変えない範囲で引用者がまとめた。

6 ）柴田義松（『教育課程の理論と構造』第Ⅴ章教科編成の基礎理論，教育学講座，学習研究社，1980）による。

7 ）この音楽学習構造図については，「音楽教育における教育課程構成にかんする若干の問題(4)」（千成：1981）の165-166頁と，「同(5)」（千成：1983）の130頁で説明されており，ここでは，双方の説明をまとめた。

8 ）たとえば，千成俊夫は，第３節で取り上げた『達成目標を明確にした音楽科授業改造入門』（千成俊夫編著，明治図書出版，1982年）の66頁や「音楽科の授業における単元構成方略に関する一考察」（『広島大学教育学部教科教育学科音楽教育学教室論集Ⅲ』，1989, 1-28）の３頁などでも用いている。雑誌『学校教育』においても，「新しい学力観でどう子どもを育てるか－音楽科の場合－」という論文の中で，音楽学習構造図の読みとり方や図内の基本的教育内容に関する学習の位相等についてくわしく説明している。（『学校教育』No.921, 1994, 6-11）また，前掲2『音楽教育学－別冊－音楽教育東京ゼミナールのまとめ』32頁では，中嶋が引用して改変した図が掲載されている。

9 ）「音楽教育における教育課程構成にかんする若干の問題(5)」の130-138頁の要点を引用者がまとめた。

10）序章で述べたとおり，昭和30年代末から岐阜県ではじまった音楽指導法であり，1968年から約10年間，岐阜県古川町立古川小学校で中心的に行われた。その指導は，全国各地の小学校でも取り入れられた。八木は，倉敷市立茶屋町小学校や高知県土佐郡（現高知市）鏡村立第二小学校の実践を例にあげている。

11）八木正一，竹内俊一「音楽科における基礎学力　その基調を求めて」（八木・竹内：1978）の内容を引用者がまとめたものである。

12）同上23頁の内容をまとめて引用者が表にしたものである。

13）八木正一「音楽科の学力に関する一考察－音楽的認識過程の分析を通して－」

第1章　音楽科における教育内容　　91

（八木：1979）の40-45頁の内容を引用者がまとめた。

14）芝田進午の『人間性と人格の理論』（青木書店，1976年）を参照している。

15）板倉聖宣らによる実践で，たとえば『仮説実験授業入門』（板倉聖宣，上廻昭，明治図書出版，1965年）などがある。

16）八木正一「音楽学習における楽しさをめぐって　楽しい授業づくりへの一視点」（八木：1982a）の48-50頁を引用者がまとめたものである。

17）八木正一，吉田孝「音楽教科書における教材の組織化と記述に関する一考察」（八木・吉田：1982）の59頁の内容を引用者が箇条書きにまとめたものである。

18）「音楽とはやさ」「変奏曲」については，日本音楽教育学会第13回大会で両氏により発表されており，ここでは具体例名だけ掲載されている。

19）吉田孝「音楽科における教育内容と教材の関係」（吉田：1982, 82）の内容を引用者が箇条書きにした。

20）同論文内で具体的に示されてはいないが，千成を中心とする「音楽教育方法研究会」グループを指していると思われる。同グループの所産については，この当時のものとして，1982年に『達成目標を明確にした音楽科授業改造入門』（千成俊夫編著，明治図書出版）がある。

21）吉田孝「音楽科における教育内容と教材の関係」（吉田：1982, 90）に箇条書きで示されている部分である。箇条書きの各内容は引用者が要約した。

22）あとがきには，「達成基準」と「達成目標」等の用語について，「これらの術語はすべて教える内容を明確にするという意味で使用」しており，「各語句間の意味内容にちがいはない」と記載されている。

23）村尾忠廣「音楽科の内容と教材」（村尾：1982）の26頁に初出している。以降，全体を通じて出てくる用語である。

24）村尾忠廣「音楽科の内容と教材」（村尾：1982, 28-29）に教材としてあげられているものを引用者がまとめた。

25）同上39頁の部分を，文意を変えない範囲で引用者がまとめた。

26）村尾忠廣「『音楽概念による教材構成』をめぐって」（村尾：1984）の160-163頁の内容を引用者がまとめた。

27）山本文茂「創造的音楽作りとは何か①『サウンド・アンド・サイレンス』を考える」（山本：1982, 13-14）から抜粋した。

28）千成を中心とする「音楽教育方法研究会」グループを指していると推察する。

29）尾見は，八木正一，堀曜子「技術教科としての音楽科」（八木・堀：1980, 41）から引用している。（傍点は尾見）

30) 論法批判の分析は本稿の趣旨ではないので詳細は割愛するが，尾見が前段で批判している八木の「論文」というのは，日本音楽学会発表資料（「音楽科における教育内容の規定をめぐって」，日本音楽教育学会第14回大会発表資料，1983年9月）であり，刊行されたものではない。

31)『達成目標を明確にした音楽科授業改造入門』（千成編：1982, 39-40）を引用している。

第2章　教育内容論の成立と授業プランの開発

　1983年の東京ゼミナール以降も，千成俊夫や八木正一，吉田孝は，音楽科
の具体的な教育内容やその授業構成に関する論文を積極的に発表していっ
た。それらは特に1980年代に集中してみられ，それに伴って，授業プランが
次々に発表されていった。本研究では，東京ゼミナールにおいて教育内容を
前提とした討議が行われ，さらに授業プランが発表され，一般に周知された
ことで，音楽科において，教育内容を措定し，教育内容と教材を規定すると
ころから授業を構成しようとする教育内容論が成立したとみる。本章では，
そのような1980年代の教育内容論における教育内容の設定や授業プランの変
化について明らかにする。

第1節　1980年代の教育内容研究の諸相

　1982年の日本音楽教育学会東京ゼミナール以降，千成俊夫は，共著も含め
て以下のように論文を発表していっている。

1984年「米国における音楽教育カリキュラム改革(I)－60年以降の動向をめぐって
　　　－」（千成：1984）
1985年「米国における音楽教育カリキュラム改革(II)－60年以降の動向をめぐって
　　　－」（千成：1985a）
1985年「音楽科の授業構成に関する一試論」（千成・八木・吉田：1985）
1986年「音楽教育研究における理論と実践の関係」（千成：1986a）
1988年「教科教育学研究の成果と展望　－音楽科教育をめぐって－」（千成：1988）
1989年「音楽科の授業における単元構成に関する一考察」（千成：1989）

　千成の1984，1985年の二論文（千成：1984，千成：1985a）は，アメリカの教

育カリキュラム改革について詳細に述べたものである。第1章で述べたように，村尾忠廣は1984年，1970年代からのアメリカの音楽教育カリキュラム改革が多くの批判を受け変化しているにもかかわらず，日本の「〈音楽概念による教材構成〉」（村尾：1984, 159）ではそのようなアメリカの状況の検討が行われていないと批判していた（村尾：1984）。上記の千成の二論文は，それに呼応するかのように，序章で述べたとおり，1776年の独立宣言以降のアメリカの公教育を整理し，1960年代のアメリカにおける教育内容の現代化運動，1970年代のカリキュラム改革，1980年代の Back to Basics の教育思潮が音楽教育カリキュラムに与えた影響を分析し，アメリカの一連の音楽教育の流れを示している。つまり，千成は，この時期の教育思潮をふまえた上で，改革の試みを評価していることがわかる。

　千成は，このようにアメリカの音楽教育カリキュラム改革をまとめた上で，1985年に八木，吉田と共著で音楽科の授業構成について再検討している（千成・八木・吉田：1985）。

　ここでは，千成は，1977（昭和52）年の学習指導要領改訂を経てもなお知識・技術の偏重を生じやすい「教材曲を丸ごと中心に据えて教える教師主導型」（千成・八木・吉田：1985, 2）の授業が多いとして，以下の問題点をあげることから始めている（千成・八木・吉田：1985, 2）。

①詰めこみ教えこみ。子どもと学習過程の無視。すべて教師が正しくできないのは子どもの側に原因があるとするおちこぼれ，おちこぼしの出現。

②音楽における教えうるものと教ええぬものとの混同並びにそのあいまいさ。音楽的解釈の名のもとで生じる教師の恣意性と精神主義的押しつけ。結果として授業離れ。

③教材選択の硬直化。管理統制の強化。音楽教育の手段化。結果として豊かな音楽的世界への道を狭めることになる危ぐの出現。

同論文では，当時のこのような音楽教育に内在する問題から，「知識や技

術を本来的に位置づけて音楽の授業を構成する方略を考えること」（千成・八木・吉田：1985, 2-3）が課題であるとして，教材，教育内容，音楽の学習，授業構成について述べられている。

その中では，教材は，子どもたちの活動によってつくり変えられることも含めて，何かを教えるための素材である。そのために，1980年の千成提言で述べられていたとおり，教育内容と教材は区別してとらえられている。すなわち，教育内容は，「教科の基本的要素的並びに本質的なもの」であり，音楽における「基本的要素的なもの」は「メロディーや調，即ち様々な音階や旋法を含めた一定の音の相互関係の組織体や，拍や拍子を含めたリズム，ハーモニーや多声性，形式，音色，ダイナミクス，テンポ等」であり，音楽の「本質」は，「生成と消滅，緊張と緩和，いわば人間の存在や実在そのものの反映」である（千成・八木・吉田：1985, 4）。そして，そこから，教材とその条件は，「音楽の教育内容を子どもたちが学習できるように，また音楽の本質を音楽の基本的属性との関係で豊かに具現化したもの」（千成・八木・吉田：1985, 4）であるとした。

そして，千成は，授業構成においては，「実際になりひびいて聞える音楽的構成要素とそれ以外の要素，知識領域を対象とするなりひびく音とは直接かかわらない作品を成立させた時代背景，作品論や作家論，音楽的シンボル，標題，歌詞などに大別し，前者を中心的教育内容，後者を随伴的教育内容と銘打って音楽作品から分離してみる」（千成・八木・吉田：1985, 5）ことが必要であるとした。

このような教育内容の措定や授業構成への手続きが，たとえば，「子どもの生きた音楽経験の内実が空洞化する」（山本：1981, 13）と批判されたりしてきたわけであるが，実際は，千成らは，それらの手続きに際して慎重に配慮している。たとえば，千成は，続けて，授業構成の指針として，「伝統的な日本音楽の様式や日本人の音感やリズム感が，〈明治以降音楽教育に導入された〉外来の文化様式とどのように融合し反発しかつ変質してきたのかを

知ること」（千成・八木・吉田：1985, 6）をあげており，西洋古典様式における音楽構成要素のみを前提としていたのではないことがわかる。また，子どもにとって優れた教材は何なのかという視点を教材の条件に取り入れることが提唱されており，たとえば，「単純なものを変換して価値をつけ加えることを子どもたちに行わせること」（千成・八木・吉田：1985, 7）も提案されている。そこには，子どもにとっての音楽経験であることという視点が明らかである。さらに，価値や偉大さを内容している音楽作品が「心の糧」となることも考慮して，教科指導のみならず，音楽的風土づくりが必要であることにも触れている（千成・八木・吉田：1985, 7）。千成らの提案は，このように，子どもをとりまく音楽事情や子どもにとっての教材の条件，音楽風土づくりまでを視野に入れた提案であった。

　さらに，千成は，1986年には，音楽科の授業構成を考えていく上で，理論と実践の統合の必要性について述べている（千成：1986a）。1988年にはそれまでの音楽科教育研究の成果と課題をまとめ，そして1989年には単元構成について発表し，音楽科における教育内容を中心とした授業構成の論理的枠組みを構成した。また，著書として，1988年に『視点をかえた音楽の授業づくり』（千成，竹内編：1988）を発表して授業プランや授業プラン作成手順を編み，1990年には『音楽教育学』（千成・早川：1990）で音楽科の授業づくりをまとめ授業例を提案している。

　また，八木は，1982年以降，以下の論文を発表していっている。

1983年「音楽科教育における教科論的一考察」（八木：1983）
1983年「音楽科の授業における指導過程構成に関する一視点（その1）：「拍子」の指導を中心として」（八木・出口誉子・三国和子・山中文：1983a）
1983年「音楽科の授業における指導過程構成に関する一視点（その2）：授業プラン「拍子のおはなし」を中心として」（（八木・出口・三国・山中：1983b）
1984年「音楽科における単元論への一考察－戦後初期の単元構想を手がかりとして」（八木：1984a）
1984年「音楽科における教育内容措定に関する一試論」（八木：1984b）

1985年「音楽科の授業構成に関する一試論」（千成・八木・吉田：1985）
1985年「音楽科における教材と授業構成に関する一考察」（八木：1985a）
1985年「音楽科における教材開発に関する一考察」（八木：1985b）
1987年「音楽指導における指示語に関する一考察」（八木：1987a）
1989年「見ることと見えたことの探究」（八木：1989）

　八木は，1983年には，「教科の意味とその実質を構成する教育内容設定の
枠組みとなる教科論が，教科教育学研究のなかで重要な位置を占めている」
（八木：1983, 15）として，音楽教育における重要な課題が教育内容と教材に
あることを述べた。そして，教育内容と教材を授業過程にひきつけて「教育
内容の構造を具現する教材を選択・創出し，それらを授業過程にとって組織
化することが授業の結節点になる」と述べ，具体的には「教育内容を措定
し，その習得のために有効な教材を集め，できうるかぎり教授技術の『作用
的側面』を含みこんで教材の構成を行っていく」ことを提唱している（八
木：1983, 25）。
　そうして誕生したのが，同年の授業プラン「拍子のおはなし」（八木・出
口・三国・山中：1983a，八木・出口・三国・山中：1983b）である。そして，1984
年には千成と同様に単元論に言及（八木：1984a）し，同年，教育内容措定に
関して，音楽的概念を含む提案を行った（八木：1984b）。その後は，具体的
な教材開発，授業過程における指示等に論を進めている（八木：1987a，八
木：1989）。
　八木は，このように精力的に教科，教育内容，授業構成について論じなが
ら具体的な授業プランを発表し，80年代項半からは授業プランや授業の工
夫，アイデアを掲載した図書を次々に発表していった。1990年には『音楽指
導クリニック100のコツ：たのしい音楽の授業づくり』（八木編：1990）が出
版されている。これは1990年から1997年にかけて発表された『音楽指導クリ
ニック』シリーズ10巻のうちの第1巻である。八木は，次章で述べるよう
に，これら『音楽指導クリニック』シリーズを皮切りに時期から多くの図書

98

を出版していった[1]。

　吉田が発表している論文は，以下である。

> 1984年「音楽科における技術観の検討－学習指導要領及び民間教育研究運動の変遷
> より－」（吉田：1984a）
> 1984年「音楽の多様化と教材－大衆音楽の教材化への一視点－」（吉田：1984b）
> 1988年「音楽カリキュラムの弾力化と個性の伸長」（吉田：1988）
> 1989年「戦後初期の学校音楽の改革」（吉田：1989）

　吉田は，東京ゼミナール以降，八木が教科論から展開したのに対し，音楽
科における技術観について論じるところからスタートしている。すなわち，
戦後「技術主義」として評価がなされた学習指導要領が実は反技術主義的な
性格を強めていき，そして学習指導要領を「技術主義」として批判してきた
民間教育団体も反技術主義に陥っていったこと，また「技術」の位置づけが
授業実践に影響をもたらしてきたことを明らかにした（吉田：1984a）。同論
文の中に「『科学が生きるための手段だ』としても科学が教育の目的・対象
になるように，音楽活動の手段としての技術は，音楽科の目的・対象になり
うる」（吉田：1984a, 145）とあるように，吉田は，ここで「技術」を新たに教
育内容に引きつけてとらえている。1989年の「戦後初期の学校音楽の改革」
（吉田：1989）は，前掲の技術観の中でも戦後初期の技術観をさらに詳しく分
析したものである。

　また，1984年の「音楽文化の多様化と教材」（吉田：1984b）においては，
大衆音楽の教材化の意義を教育内容習得における有効性からとらえ，1988年
には，音楽カリキュラムにおいて単元の集まりによってカリキュラムを構成
する「下からのカリキュラム」を提唱した（吉田：1988）。

　このように吉田は，教育内容を中心とした教材構成を行うにあたって，戦
後の音楽教育における「技術」の位置づけを確認しつつ，教材論やカリキュ
ラム論を展開している。

　以上のように，音楽科においては，1980年の千成提言にはじまり，教育内

容論が展開されはじめたが，それは，日本音楽教育学会東京ゼミナール以降，さらに精力的に，教育内容，教材，カリキュラム，単元等について言及し，内容先行型の授業構成を授業プランに具体化していくというステージとなったということができる。

第2節　教育内容概念の変化

　先に述べたように，千成らの提唱した教育内容論は音楽科で一定の成立を見たが，教育内容の理論的枠組みが確立されていくにあたって，1980年代にその定義は少しずつ変化した。

　第1章で述べたように，1980年の千成提言においては，音楽の本質が構造的にあらわれているものとして，「音楽の基本的なもの」，つまり「メロディー，調，音階（さまざまな旋法を含めた一定の音の相互関係の組織体），リズム，形式，音色，ダイナミクス，テンポなど」（千成：1980b, 155）を教育内容と置いていた。

　また，同年，八木は技術論に触れる中で，「科学的に抽象された音楽の構造に関する技術学的対象－つまり，様式やリズムといわれる音の法則性が，教育内容として最も重要である」（八木・堀：1980, 48）と述べた。これは，先の千成提言における教育内容を技術過程からとらえたものと考えられる。

　千成の教育内容の定義は，翌年の1981年には，以下のようにいいあらわされている（千成・宇田：1981, 163）。

　　　音楽科における教育内容は，一義的にリズムでありメロディーであり，そして
　　音楽を構成している他の要素がそれに加わるであろう。

　そして，千成は，第1章でも述べたように，音楽学習構造図を示し，基本的教育内容に「音楽を構成する要素」を置き，「教材の背後にある，その作

品を成立させた歴史的モメントや作曲家にかんする事柄，音楽の表記にかん
するすべてのこと，歌詞や標題の問題に加えて，教師の行なう主観的教材解
釈など」を随伴的教育内容とした（千成・宇田：1981, 166）。ここで随伴的教
育内容に言及し，基本的教育内容とともに，教育内容の学習の有り様を示し
ている。

　八木は，同1981年に，基本的な教育内容を「音楽の概念や法則あるいは構
造としてのリズム・メロディー・形式などを中心とする」と述べ，「音楽作
品における価値や形象」は，基本的な教育内容の上にたつ，「発展的な教育
内容」としてとらえられるとした（八木：1981a, 17）。「発展的な教育内容」
は，上述の千成のいう随伴的教育内容とはその名称や位置づけが異なり，内
容も同一ではないが，同時期に，教育的な営みにおいて，基本的教育内容と
それ以外の教育内容を認めていることがわかる。

　1982年になると，リズムやハーモニー等の音楽の諸要素は，音楽的概念と
して説明されるようになる。八木は，「人間の存在をも具現したリズムやハ
ーモニー等々の音楽的概念を教育内容として設定」する（八木：1982b, 17）
と述べているし，吉田は，音楽科の教育内容は，音楽的諸概念とその下位概
念であるとし，第1章でもあげたとおり，それらを次のように整理している
（吉田：1982, 86）。

- ●リズム 　　　　－拍，テンポ，リズムパターン，拍子，無拍子，アクセ
　　　　　　　　　　ント，音の長さ
- ●メロディー　　　－抑揚，フレーズ，テーマ，問いと答え，朗唱，音程
- ●ハーモニー　　　－同時にひびきあう二つ以上の音
- ●テクスチュア　　－ユニゾン，メロディー対伴奏，ポリフォニー，ヘテロ
　　　　　　　　　　フォニー
- ●調性 　　　　　－主音，核音，音階
- ●形式 　　　　　－フレーズ，節，繰り返し，対照，部分，再帰，各種形
　　　　　　　　　　式

● ダイナミックス－強弱，漸強と漸弱，長さ

● 音色　　　　　－ねいろ（各種の）

このように，1982年には，千成らの教育内容論において基本的な教育内容は「音楽的概念」であると説明されてきたが，一方で「表現手段」という用語が提示されたこともある。

たとえば，1983年の日本音楽教育学会では，八木は，口頭発表の中で，音楽科における教育内容は「表現手段」であると説明し，表現手段のサブカテゴリを以下のようにあげた[2]。

1)音楽を構成する要素についての概念－音楽的概念

2)演奏技術体系における法則性

3)音楽史学，民族音楽学等音楽学の諸成果

4)楽曲に対象化されている世界観やイメージなどと，上記の表現手段との相関の様態

ここでも重視しているのは1)に示された音楽的概念であるが，「表現手段」が1)～4)の総称とされている一方で，4)を1)～3)の表現手段との相関関係と置いていることから，教育内容のサブカテゴリと上位カテゴリの区別がつきにくい状況が生まれている。

同年（1983年）に，八木が別に示した教育内容の設定の枠組みでは，「表現手段」という総称はなく，以下のように，教育内容設定の枠組みとして，まず音楽的概念，次に音楽作品の再表現的側面における表象と形象との関係，さらに音楽的概念から相対的に独立しうる音楽学等の成果，の三つがあげられている（八木：1983，23-24）。

　そのひとつは千成がいう基本的教育内容としての音楽的概念にカテゴライズされる内容である。（中略）これらの諸概念は音楽固有の概念であり，音楽活動を伴って感じるレベル，それを抽象化して理解するレベル，さらにそれを具体化し表現するレベルの三つのレベルで獲得されていくものである。（中略）しかし，

一方ではリズムやメロディーによって形象化された音楽作品を再表現する側面も音楽科では重要となっている。（中略）"表象そのものを価値観にかかわって子どもにつかませることは価値志向的性格をもつ教育の営為としてきわめて重要である。しかしそれは直接的な教育内容とはなりえない"（中略）表象そのものを教育内容として設定するのではなく，表象と形象の関係を音楽的概念，あるいは作品の背後の客観的世界とかかわってつかみとらせていくことが重要である（中略）。端的にいえば，イメージや世界観と実際の音のかたちや構造との相互関係を教育内容として考える立場なのである。（中略）〈第三の枠組みとして〉音楽的概念から相対的に独立しうる音楽学や演奏学，楽器学，民族音楽学，音楽社会学等の成果を教育内容として設定するというものである。たとえば，民族と音楽，音楽の起源，音楽の近代と現代等々といった教育内容の設定になろう。

　しかし，八木は，1984年になると教育内容の措定に関してまとめ，再び「教育内容は音楽の表現手段である」と述べた。（八木：1984b, 216）ここでは，以下のように，先の日本音楽教育学会14回大会の口頭発表を元に整理してまとめたものとして，中野徹三の所論[3]を参考に芸術的過程を図式化し（右頁図2-1，八木：1984b, 215より），表現手段について以下のように説明している（八木：1984b, 216）。

　　このように考えれば〈表現手段のなかみを具体的に考察すれば〉教育内容としての表現手段のサブカテゴリは次のように設定できよう。
　①音楽を構成する要素についての概念－音楽的概念
　②演技術体系における法則性
　③音楽史学，民族音楽学等，音楽学の諸成果
　　これらの内容を，楽曲にかぎらないさまざまな教材や活動によって子どもたちに獲得させる営みが，まさに授業なのである。（中略）生きて働く音楽的体験を子どもに保証するためにも，さらに，もうひとつのサブカテゴリを上の三つに付け加えることができる。それは次のようなものである。
　④楽曲に対象化されている世界観やイメージなどと表現手段との相関の様態

　1985年になると，先にも述べたように，千成，八木，吉田は，共著で「音

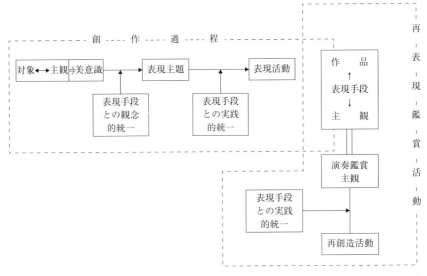

図2-1　八木による芸術的過程の図式　（八木：1984b, 215より）

楽科の授業構成に関する一試論」（千成・八木・吉田：1985）を発表した。

　千成は，上述したように，この論文内で，メロディーや調，即ち様々な音階や旋法を含めた一定の音の相互関係の組織体や，拍や拍子を含めたリズム，ハーモニーや多声性，形式，音色，ダイナミックス，テンポ等の「音楽的構成要素」を音楽の本質を具体化しているものとして中心的教育内容に据え，音楽の構成要素以外を随伴的教育内容とした。

　それに対して，八木は，同論文内で，音楽科の実際の教育内容を俯瞰した上での分類であるとして，教育内容を以下の4つに分類している。これは，1984年に「表現手段」を教育内容であるとして示した4つのサブカテゴリ（八木：1984b, 216）と同様の分類である。ただし，ここでは教育内容を「表現手段」とはしていない（千成・八木・吉田：1985, 12）。

　1 音楽の法則や概念
　2 作品におけるそれら（音楽の法則や概念－引用者注）の働き－作品のメッ

セージやイメージと法則・概念等との相関の様態

3 演奏技術

4 音楽学，民族音楽学等音楽学の諸成果

このような千成らの教育内容論については，1989年には，千成により，一定の整理が試みられている（千成：1989）。

この論文では，単元学習は教材中心の授業に対置される教育内容編成の授業方略であるとして，単元学習の主題決定の指標を以下のように四つに分類している。これらは単元学習の主題とされてはいるが，単元学習を教育内容編成の授業方略としているところから，事実上，教育内容を主題として取り上げる際の指標ととらえていいだろう（千成：1989, 15-16）。

音楽科における単元学習は，筆者にあっては，現実に生じる一つの音楽的経験を，有機的なまとまりを持った，ユニットとかトピック（単位，論題）に組織して，それによって内容の統一を図り，その内容に対して，教授・学習を焦点化し，そこで身につけた学習の所産を，生きて働く力に変換する授業方略の一つである。（中略）すなわち，教材曲中心の授業に対置される教育内容編成の授業方略と言ってよい。単元構成における最初の作業は主題の選択である。そこで主題を決める前に，主題決定の指標を設定分類して置く必要がある。筆者の分類は以下のようなものである。

1) 音楽の一般的な要素を中心とするもの

様式や音組成を含めたメロディー，拍子を含めたリズム，和声を含めたテクスチュアーや多声性，形式，ダイナミックス，音色，記譜などを含めた音楽的シンボルや約束ごとなど。

2) 音楽の機能を中心とするもの

宗教行事を含めた音楽と祭，世界の子守唄・日本の子守唄，音楽と遊び，仕事と音楽，戦争と音楽，環境音楽，音楽と医療，など

3) 音楽の表現対象を中心とするもの

音楽は自然（四季，空，山，川，海，平原，風，雨，嵐，動植物，機械などの人工音，など）を表現する。

音楽は人間の感情（愛，喜び，悲しみ，にくしみ，慰め，勝利，平安，な

ど）を表現する。

　音楽は物語りやキャラクター（オペラ，オラトリオ，ミュージカル，特定の人物，など）を表現する。

4）音楽の表現技術や楽器を中心とするもの

　声の出し方，鍵盤楽器やリコーダーなどの弾き方，吹き方，楽器づくり，など。

　以上，第1章であげた論文も含めて，1980年代の千成らの教育内容論における「教育内容」の定義を追った。これらを見ると，音楽そのものから抽出してとらえた場合と，それを授業構成上でとらえた場合とで異なる。前者には，音楽の諸要素や様式等が該当し，後者の授業構成上でとらえた「教育内容」は，前者をふまえて音楽活動や音楽聴取活動において必要となる学習まで拡大して定義づけられていることがわかる。

　前者の教育内容について，千成はそれらをほぼ一貫して音楽の「要素」と呼び，八木や吉田は，「音楽的概念」あるいは「音楽的諸概念」と呼んだりしている。八木や吉田が「要素」という名称を用いなかったのは，授業において，それらをただ楽曲に含まれる成分としてのみとらえたり形式的な知識としてとらえたりさせるのではなく，本質的な特徴をとらえさせることをねらっているからと見ることができる。しかし，後者の教育内容とかかわって「表現手段」という用語を使用したことによって，用語の不統一性が出てきたことは否めない。

　後者の教育内容については，千成と八木によって，まず「基本的」あるいは「中心的」教育内容と，「発展的」あるいは「随伴的」教育内容とに分けて述べられていた。しかし，八木は，1983年から，「基本的」あるいは「一般的」教育内容と，「発展的」あるいは「随伴的」教育内容という区別ではなく，それらを4つに並列させて述べるようになった。1989年には千成が単元の主題決定の指標として，1985年には八木が音楽科の実際の教育内容を俯瞰したものとして，教育内容を以下の4つで示すようになっている。千成と

表2-1　1980年代の教育内容論

	千成	八
1980	メロディー，調，音階（さまざまな旋法を含めた一定の音の相互関係の組織体），リズム，形式，音色，ダイナミクス，テンポなど	様式やリズムといわれる音
1981	一義的にリズムでありメロディーであり，そして音楽を構成している他の要素がそれに加わる。 **基本的教育内容**：「音楽を構成する要素」 **随伴的教育内容**：「教材の背後にあるその作品を成立させた歴史的モメントや作曲家にかんする事柄，音楽の表記にかんするすべてのこと，歌詞や標題の問題に加えて，教師の行う主観的教材解釈」	基本的な教育内容：「音楽 　　　　　　　　　ズム・ 発展的な教育内容：「音楽
1982	<table><tr><td>内容 要素</td><td>内　　容</td></tr><tr><td>リズム</td><td>拍（分割を含む），テンポ（アゴーギグを含む），リズムパターン，拍子，無拍子，アクセント，音の長さ（シンコペーション等）</td></tr><tr><td>メロディー</td><td>抑揚，フレーズ，テーマ，問いと応え，朗唱，音程</td></tr><tr><td>ハーモニー</td><td>同時にひびきあう二つ以上の音（協和と不協和，クラスター等）</td></tr><tr><td>テクスチュアー（織地）</td><td>ユニゾン，メロディー対伴奏，ポリフォニー，ヘテロフォニー</td></tr><tr><td>調性</td><td>主音，核音，音階（長・短音階，各種旋法，各種ペンタトニック，各種音階，無調等）</td></tr><tr><td>形式</td><td>フレーズ，節，繰り返し，対照，部分，再帰，各種形式</td></tr><tr><td>ダイナミックス</td><td>強弱，漸強と漸弱，長さ</td></tr><tr><td>音色</td><td>ねいろ（声，楽器，自然音，電子音などの人工音）</td></tr></table>	人間の存在をも具現したり教育内容として設定
1983		音楽科における教育内容は ・表現手段のサブカテゴリ 1)音楽を構成する要素につ 2)演奏技術体系における法 3)音楽史学，民族音楽学等 4)楽曲に対象化されている 　段との相関 教育内容設定の枠組み 音楽的概念，次に音楽作品の関係，さらに音楽的概念か
1984		音楽科における教育内容： 表現手段のサブカテゴリ ①音楽を構成する要素につ ②演奏技術体系における法 ③音楽史学，民族音楽学 ④楽曲に対象化されている 　関の様態
1985	音楽における基本的要素的なもの，それはメロディーや調，即ち様々な音階や旋法を含めた一定の音の相互関係の組織体や，拍や拍子を含めたリズム，ハーモニーや多声性，形式，音色，ダイナミックス，テンポ等である。音楽の本質について，それはこれまでの音楽美学研究の成果を圧縮して，生成と消滅，緊張と緩和，いわば人間の存在や実在そのものの反映といえる。この両者は構造的に音楽の中で組み合っている。 　音楽科における教育内容を，実際になりひびいて聞える音楽の構成要素とそれ以外の要素，知識領域を対象とする鳴り響く音とは直接かかわらない作品を成立させた時代背景，作品論や作家論，音楽的シンボル，標題，歌詞などに大別し，前者を<u>中心的教育内容</u>，後者を<u>随伴的教育内容</u>と銘打って音楽作品から分離してみる。	音楽科の実際の教育内容を 1音楽の<u>法則</u>や概念 2作品におけるそれらの働 　法則・概念等との相関の 3演奏技術 4音楽学，民族音楽学等音
1989	単元構成における主題決定の指標 1)音楽の一般的な要素を中心とするもの 2)音楽の機能を中心とするもの 3)音楽の表現対象を中心とするもの 4)音楽の表現技術や楽器を中心とするもの	

第2章　教育内容論の成立と授業プランの開発　　107

における教育内容の定義の変化

木	吉田
の法則性	
の概念や法則あるいは構造としてのリ メロディー・形式などを中心とする」 作品における価値や形象」	
ズムやハーモニー等々の音楽的概念を	音楽科の教育内容は，<u>音楽的諸概念とその下位概念</u>である。 ●リズム－拍，テンポ，リズムパターン，拍子，無拍子，アクセント，音の長さ ●メロディー－抑揚，フレーズ，テーマ，問いと答え，朗唱，音程 ●ハーモニー－同時にひびきあう二つ以上の音 ●テクスチュア－ユニゾン，メロディー対伴奏，ポリフォニー，ヘテロフォニー ●調整－主音，核音，音階 ●形式－フレーズ，節，繰り返し，対照，部分，再帰，各種形式 ●ダイナミックス－強弱，漸強と漸弱，長さ ●音色－ねいろ（各種の）
「表現手段」である。 いての概念－音楽的概念 則性 音楽学の諸成果， 世界観やイメージなどと，上記の表現手 の再表現的側面における表象と形象と ら相対的に独立しうる音楽学等の成果	
<u>表現手段</u> いての概念－音楽的概念 則性 等，音楽学の諸成果 世界観やイメージなどと表現手段と相	
俯瞰した上での分類 き――作品のメッセージやイメージと 様態 楽学の諸成果	

（作図：著者）

八木で括りや用語が若干異なるが、ほぼ同じ分類である。以下の左側が千成の使用している用語であり、右側が八木のそれである。
①音楽の一般的な要素⇔音楽の法則や概念
②音楽の機能を中心とするもの⇔音楽学・民族音楽学等音楽学の諸成果
③音楽の表現対象を中心とするもの⇔作品のメッセージやイメージと法則・概念等との相関の様態
④音楽の表現技術や楽器を中心とするもの⇔演奏技術

4つの教育内容は並列であるが、これまで述べてきたとおり、まずは①音楽の一般的な要素が主体であり、授業によっては、図2-2のように、①との関連をふまえて②や③や④から教材を組織するととらえていると見ることができる。

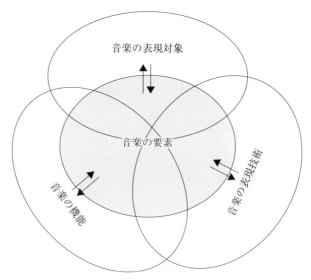

図2-2　千成らの教育内容の分類　(作図：著者)

また、表2-1は、1980年代の教育内容論における教育内容の定義の変化をまとめたものである。次節で述べる授業プランは、このような教育内容の定

第2章　教育内容論の成立と授業プランの開発　　109

義の変化を受けて，上記①の音楽の要素を教育内容とするものから，次第に②～④の教育内容を設定するように移り変わっている。また，次第に短時間構成の授業アイデアの形態を取るプランが増加していっている。

第3節　教育内容を中心とした授業プランの開発と授業構成

1　授業プランの開発と変化

　教育内容を中心とした授業プランとしてまず発表されたのは，「変奏曲」（吉田孝作成，1982年）と「リズムを発見しよう」（松本正作成，1982年）である。ついで，1983年には「拍子のおはなし」（八木，山中他作成，1983年）が，そして1986年にははじめて音楽と社会の関係をとらえるプランとして「要注意歌謡曲」が誕生した。1987年には「あなたも名人になれる演歌づくり講座」（山中作成），「いい声作ろう」（吉田作成），「ロンド・ロンド・ロンド」（八木作成），「かっぱのすっぱ君と輪唱で遊ぼう」（出口誉子作成），「大きい音，小さい音，だんだん大きくなる音だんだん小さくなる音」（山田潤次作成），「バロック音楽のお話」（松本正作成），「これぞ管楽器だ」（山中，三谷作成）が発表されている。そして，あわせて，まとまった授業プランではなく，授業アイデアの形のものが発表されるようになった。これは，つまり，ある音楽の仕組みを教育内容として教材を構成した授業プランではなく，ある教材において，その教材が典型的にもっている音楽の仕組みの視点からとらえた授業構成のアイデアという形で示されたものである。

　1980年代に発表された授業プラン・授業アイデアをまとめると以下の表2-2のようになる。表中，種別のAは，図2-2で示した教育内容の分類①～④のうち，「①音楽の一般的な要素」をテーマとしたものである。Bは，同じく図2-2の「②音楽の機能を中心とするもの」「③音楽の表現対象を中心とするもの」「④音楽の表現技術や楽器を中心とするもの」のいずれかの内

容にテーマが該当するものであり，Cは授業アイデアの形で示されているものを指す。C*はAの授業プランから抽出された授業アイデアであることを示している。特に1987年以降に授業アイデア(C)が多くなっており，このことは，教育内容を中心とした授業構成のとらえ方が変わってきたことをうかが

表2-2　1980年代の授業プラン，授業アイデア

発表年	タ　イ　ト　ル	教　育　内　容	種別	出　　典
1982	リズムを発見しよう	リズム	A	千成編：1982, 111-117
1982	変奏曲	変奏曲	A	千成編：1982, 103-108
1982	レロンレロンシンタ	速さ	C	千成編：1982, 117-123
1983	拍子のおはなし	拍子	A	八木他：1982a, 1982b
1985	フレーズは大切だ！	フレーズ	A	有道他：1985
1986	要注意歌謡曲	音楽と社会	B	八木他：1986
1987	これぞ管楽器だ	管楽器のしくみ	B	山中他：1987
1987	題をつけよう	イメージ	C	八木：1987b, 12-16
1987	あなたは映画音楽監督	イメージ	C	八木：1987b, 16-18
1987	審査員になろう	歌唱表現	C	八木：1987b, 18-20
1987	おいしい授業	管楽器のしくみ	C*	八木：1987b, 39-41
1987	じゃんけん和音	和音	C	八木：1987b, 42-44
1987	リズムサイコロ	リズム（技術）	C	八木：1987b, 44-45
1987	チャルメラコンクール	楽器の構造	C*	八木：1987b, 47-50
1987	気分はアルプス	楽器の構造	C*	八木：1987b, 50-55
1987	私の名前でメロディーを	作曲	C	八木：1987b, 55-56
1987	つづきを作ろう	リズム創作	C	八木：1987b, 56-59
1987	おもしろ歌づくり	作曲	C	八木：1987b, 60-61
1987	音ぬきドングリ	音高　拍	C	八木：1987b, 62-64
1987	人間音階	階名唱　音高	C	八木：1987b, 64-65
1987	魔法の音楽	強弱	C	八木：1987b, 65-66
1987	音楽大なわとび	カノン	C*	八木：1987b, 66-68

第2章　教育内容論の成立と授業プランの開発　　111

1987	蚊のカノン	ストレッタカノン	C*	八木：1987b, 68-70
1987	合体輪唱	カノン　パートナーソング	C*	八木：1987b, 70-72
1987	オスティナートで遊ぼう	オスティナート	C*	八木：1987b, 72-73
1987	カード歌しりとり	階名，フレーズ，節	C	八木：1987b, 73-75
1987	十五夜さんのもちつき	2拍子	C*	八木：1987b, 75-77
1987	バンブーダンス	2，3拍子	C*	八木：1987b, 77
1988	あなたも名人になれる演歌づくり講座	演歌の構造	B	千成・竹内編：1963, 7-22
1988	いい声つくろう	発声	B	千成・竹内編：1963, 23-30
1988	ロンド・ロンド・ロンド	ロンド	A	千成・竹内編：1963, 31-42
1988	かっぱのすっぱ君と輪唱で遊ぼう	カノン	A	千成・竹内編：1963, 43-55
1988	大きい音小さい音，だんだん大きくなる音だんだん小さくなる音	音の大小	A	千成・竹内編：1963, 56-70
1988	バロック音楽のお話	バロック様式	B	千成・竹内編：1963, 110-124
1988	楽譜のお話	楽譜	B	千成・竹内編：1963, 125-129
1988	ひとり一音の音楽	音高，拍	C	千成・竹内編：1963, 129-130
1988	ピッタリ音合わせ	音色	C	千成・竹内編：1963, 131-133
1988	イスとりゲームで和音を教える	和音	C	千成・竹内編：1963, 133
1988	べんけいがいっぱい	カノン，オスティナート	C	千成・竹内編：1963, 133-137

1989	ああえおうあ	発声法	B	山田：1989b
1989	パートナーソング遊び	カノン，パートナーソング	C	八木：1989, 59-60
1989	ふりつけ輪唱	カノン	C	八木：1989, 62
1989	音分け歌遊び	音高，フレーズ	C	八木：1989, 63
1989	歌連想ゲーム	レパートリー	C	八木：1989, 63
1989	シラソでつくるミニミニオペレッタ	運指，メロディー	C	八木：1989, 66-68
1989	太平洋横断ゲーム	ロングトーン	C	八木：1989, 68-72
1989	ピコ式タンギング練習法	タンギング	C	八木：1989, 72-74
1989	キャプテン探し	運指，音	C	八木：1989, 75-76
1989	一音リコーダー	運指，フレーズ	C	八木：1989, 76-77
1989	リコーダー二人三脚	拍にのる	C	八木：1989, 78-80
1989	メロディー笛・紙リコーダー	楽器のしくみ	C	八木：1989, 82-87
1989	お話クィーカ	楽器のしくみ	C	八木：1989, 87-88
1989	手づくりケーナ	楽器のしくみ	C	八木：1989, 88-92
1989	パートナー探し	音	C	八木：1989, 94-96
1989	ボディーパーカッションゲーム	リズム	C	八木：1989, 96-97
1989	和音いすとりゲーム	和音	C	八木：1989, 97-99
1989	音楽サバイバルゲーム	種々の活動	B	八木：1989, 102-112
1989	シャープ君の音楽探検	世界の民族音楽と旋法	B	八木：1989, 113-130
1990	「サン・サーンス作曲組曲「動物の謝肉祭」を聴こう	パロディー	B	山田：1990

わせるものである。

　この表の種別にしたがって，次項から，108頁の図2-2の教育内容①に該当する音楽の要素を中心とした授業プランや，②～④に該当する，音楽の機

能を中心とした授業プラン，音楽の表現対象を中心とした授業プラン，音楽の表現技術や楽器を中心とした授業プランの具体例，そして，その他の授業アイデアの具体例をあげる。

2　音楽の要素を中心とした授業プラン

　音楽の要素を中心とした授業プランの代表的な例の一つとして，「拍子のおはなし」があげられる。「拍子のおはなし」は，山中文が中心となって作成した，小学校高学年対象の授業プランであり，1982年に発表された（八木・出口・三国・山中：1982a，八木・出口・三国・山中：1982b）。

　授業プラン作成当時の小学校学習指導要領（1977年（昭和52）年に改訂された学習指導要領）では，拍子は小学校4年生で四分の二拍子，四分の三拍子，四分の四拍子が，5年生で八分の六拍子が「理解して表現すること」として示されていた。その四分の二拍子の教科書の説明は，たとえば「4分音ぷを1拍として，1小節に，2拍あるひょうし」[4]という簡単なものである。

　山中らは，このような教科書の記述に対して，「拍子」の現象面や記号としての約束事しか教え得ておらず，拍子とは何であるかという本質を把握させるという観点が抜けていると批判した。つまり，拍子は，このような表面的・断片的な記述で学習するのではなく，音楽の時間的側面にかかわった重要な概念としてとらえていくべきであるとしたのである。

　山中らは，これらから，「拍子のおはなし」の内容を以下の8段階で構成した。

①仕事や生活のリズムから，有拍のリズムと無拍のリズムを感覚的にとらえる。
　「十五夜のもちつき」の手遊びうたを歌ったり，木魚を打ちながらお経を唱えたり，救急車やクラクション，電車の踏切の音や風鈴の音を聞き分けたりする活動を行う。
②音楽の中に有拍と無拍のリズム（自由リズム）が存在することをとらえる。
　拍の概念を把握する。

楽曲に合わせて手を打つ活動の中で，速さが変わったり，追分様式によったり
　する楽曲は手拍子が打ちにくいことを確認する。
③強拍の置かれる位置によって，拍のグルーピングが異なることを感覚的・知的に
　とらえる。
　　拍子の概念を把握する。
　　単純拍子を感覚的にとらえる。
　　句読点によって意味が異なる文章（例：アスルスバンニキテクダサイ）のクイ
　ズを解いたり，リズムを拍の強さを変えて二拍・三拍のグルーピングで手拍子し
　たり，バンブーダンスを二拍子と三拍子で踊ってみたりする。また，拍のグルー
　ピングについての「お話」を行う。
④拍子の変化と曲趣の変化とのかかわりをとらえる。（＝拍子変奏）
　　拍子変奏を行う。
⑤労働・民族性などとのかかわりから拍子を理解する。
　　二拍子や三拍子を労働や民族的な解説からとらえる。
⑥混合拍子・複合拍子について理解する。
　　クイズを通して二，三拍子以外の拍子を意識させ，混合拍子を実際に打ってみ
　たり，混合拍子・複合拍子の曲を鑑賞したりする。
⑦拍子の表記の仕方を理解する。
　　拍子記号の表記について説明するとともに，三拍子の表記の歴史的な背景に触
　れる。
⑧変拍子とアクセントによる拍子の複雑な変化をとらえる。
　　「春の祭典」（ストラビンスキー作曲）の鑑賞などを通して，アクセントの位置
　の変化，拍子の変化によるグルーピング感覚のずれをとらえる。

　この授業は「授業書」による形態で行うものとなっている。「授業書」と
は，1963年に板倉聖宣が発表した授業理論である仮説実験授業で用いられる
ものであり，問題や質問や解説で構成されたプリントである。プリントに即
して学習する形態をとる。「拍子のおはなし」は，「拍のおはなし」として6
枚，「拍子のおはなし」として20枚，計26枚のプリントからなる。プリント
を読み進め，問題を解いたり，解説（お話）を読んだり，中で示された音楽
活動を行ったりしていく形で「拍子」を理解するというように授業を進めて

いく。具体的には以下のようなプリントが使用される。
　この授業プランは，楽曲に限らず，お経や新幹線クイズなど楽曲教材以外

プリント2

　十五夜のもちつきは，うまくできましたか。
　きょうは，もうひとつ，次の遊びをしてみましょう。

お坊さんに変身

　みなさんは，お寺のお坊さんが木魚を打ちながら，お経を唱えているところを見たことがありますか。
　お坊さんになったつもりで，お経を唱えながら，木魚を打ってみましょう。

※これは「般若心経」というお経の一部です。
※木魚を打つ間かくがどうなっているか，調べてみましょう。

テープ1　「仏説阿弥陀経」というお経のテープがあります。お経に合わせて，みんなで木魚を打ってみましょう。

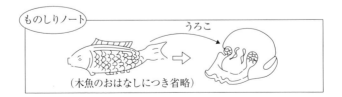

プリント4

　町の中の音には，きゅう急車やふみきりの音のように，合わせて手の打てる音がありましたね。一方，クラクションや風りんの音のように，いつ鳴るのか予想のつかない音は，合わせて手を打つのにずい分苦労をしたと思います。

　さて，みなさんは，よく音楽に合わせて行進したり，踊ったり，手拍子をしたりしますね。それでは，次の曲に合わせて足を鳴らしたり，となりの人の肩をたたいたり，手拍子をしたりしてみましょう。

| テープ4 | 1．city in city |
| | 2．オクラホマ・ミキサー |

　うまくできましたか。今度は，曲の途中で速さのかわる曲をかけます。速さが変わっても，うまく手拍子ができるかどうか確めてみましょう。

| テープ5 | 1．ハンガリア舞曲第5番 |
| | 2．季節の中で |

　生活の中の音には，合わせて手を打つのがむずかしい音がありました。では，音楽はどうでしょう。

| 問題1 | 次のあてはまる番号に○をつけましょう。
(1) どの音楽も合わせて手が打てる。
(2) どの音楽も合わせて手拍子ができない。
(3) 手拍子ができる音楽とできない音楽がある。
(4) その他

| たしかめ | 次の音楽を聞いて，たしかめてみよう。
1．スポーツ行進曲
2．江差追分
3．スケーターズワルツ
4．変　容

（八木・出口・三国・山中：1983a, b より）

第2章　教育内容論の成立と授業プランの開発　　117

の教材が盛り込まれていること，先の①〜⑧の８段階の内容に沿って教材が組織化されていることなどから，典型的な教育内容中心の授業構成をもった授業プランであるということができる。

3　音楽の表現対象を中心とした授業プラン

このタイプの授業プランとしては，山田潤次らの「サン・サーンス作曲組曲『動物の謝肉祭』を聴こう」があげられる（山田・西端：1990）。高校１年生を対象とした，全３時間，プリント６枚のプランである。

山田らは，この楽曲を教材として取り上げた理由を，以下のように述べている（山田・西端：1990, 221）。

①いわゆるクラシック音楽として非常にポピュラーな作品である。

②ポピュラリティだけでなく，多大な魅力とすぐれた価値を有した作品である。

③演奏時間が約20分と，組曲としては短い作品である。

これだけでは教育内容設定の理由としては薄いが，山田らはさらに続けて，この作品を価値づけるものとして「パロディ・批判精神」をあげている。たとえば，《動物の謝肉祭》（サン・サーンス作曲）の中の一曲《かめ》では，歌劇《天国と地獄》（ジャック・オッフェンバック作曲）のメロディーが引用されている。つまり，《天国と地獄》の気忙しいメロディーが，ゆっくりと低い音で示されることによって《かめ》がパロディ調に表されているのである。この組曲には，そのようなまさに作曲者がイメージづけるために用いた音楽の仕組みをとらえやすい楽曲が多く組み込まれている。

山田らは，そのことから，次のように授業を構成している（山田・西端：1990, 223）。

1 それぞれの曲のさまざまな音楽構成要素を手がかりにして，サン・サーンスのつけた題名をあてる。

2 この組曲を通して，サン・サーンスは動物の生態の描写を超えて，何を

表現したかったのかについて考える。

　授業後の生徒の感想には，以下のようなものがある。「〈これまで〉その曲を聴いて，曲名をあて，その曲の意味や記者の言いたいことを考えるような授業は受けていないと思う。名曲を使って少し手を加えただけで動物を表現したり，皮肉ったりする作者のユーモラスな性格を見ることができた」（山田・西端：1990, 223）。この感想に見られるように，この授業プランは，山田らのいう「生産的な鑑賞指導の方法」として一定の成果をあげている。ただし，音楽の要素としては「速さ」や「音高」，「旋律」などが含まれ，また音楽的手法として「引用」が含まれるが，それらは一楽曲のイメージとのかかわりの中で取り上げられており，それそのものの概念的獲得がねらわれたものではない。

4　音楽の表現技術や楽器を中心とした授業プラン

　この種の授業プランには，演奏技術そのものの向上にかかわるプランと，演奏にかかわる法則性を中心とするプランがある。前者の例として「いい声つくろう」，後者の例として「これぞ管楽器だ」を提示する。

　「いい声つくろう」は，1988年に発表された，吉田孝による小学生対象の「発声」を中心とした1時間の授業プランである（千成・竹内編：1963, 23-30）。「拍子のおはなし」で用いたようなプリントは使用しない。「高学年になって歌わなくなった子どもに声を出させること」「頭声発声の意識化」をねらって構成されている。

　この授業プランの構成は以下のようになっている。

---

①自主編成テープを聴かせる。
　《マンマ》（ビシオ作曲），歌劇《魔笛》より夜の女王のアリア《復讐の心は地獄のように燃え》（モーツァルト作曲），《冬の旅》（阿久悠作詞，猪俣公章作曲，森進一歌），《石松と三十石船》（広沢虎造声，浪曲），《カッコー・ヨーデル》（ケルシュバウマー声）など，さまざまな音楽の声の違いを聴きとらせる。そして，

これから挑戦する声が，特別な音楽ではなく，合唱した時によく混じり合う声であることを告げる。
②頭声発声を意識させる。
　小さい声からだんだん大きい声になるように「ラーメン」といわせ，地声の問題点に気付かせる。その後，「ラーメンに調味料を混ぜる」として，「幽霊の声」や「きどった奥様」の声で歌う活動をとりいれ，頭声発声を意識させる。
③呼吸法を意識させる。
　写真のシャッターを押す瞬間を想像するなどの具体的な指示で歌唱させる。
④共鳴を意識させる。
　あめ玉を想像して口に入れた感じで唇を閉じて歌い，口や鼻に共鳴した感じがしたら唇を開けて歌う―といった具体的な指示で歌唱させる。

　この授業プランは「1時間で一気にやるほうが効果的」（千成・竹内編：1963, 23）とあるように，通常授業の発声練習とは異なり，短時間で発声の要領を身につけさせることをねらったプランである。

　授業書の形態はとっていないが，頭声発声，呼吸法，共鳴などを総合的・段階的にとらえさせているということ，そして，教材や指示が具体的に示されていることから，教育内容を中心としたプランの授業構成の形に沿ったものとしてあげられる。

　一方の「これぞ管楽器だ」は，「管楽器」の発声の仕組みに注目させることをねらった，中学校1年生対象の全10時間，プリント15枚の授業プランである。1987年に山中文らが発表した（山中・三谷：1987）。

　山中らは，「管楽器」に豊かな教材が存在していること，器楽の鑑賞に「人間」を登場させたいことという二点から，「管楽器」を教育内容として設定した。特に二点めについては次のように述べている（山中・三谷：1987, 82）。

　　鑑賞教育において，作曲者以外の人間にスポットを当てることは少ない。が，演奏は，人間が人間の作った道具を用いてなす行為である。演奏している楽器は自分たちの手づくり楽器と同じ原理を持ち，それがさらに工夫されていった延長

線上に存在するのだという理解は，鑑賞のアプローチのひとつの手段となるのではないだろうか。また，関連して，それらの楽器を道具として駆使している人間にも注目させたい。

　このことは，千成が音楽を学ぶことによって人間形成をめざしていたことに通じるものである（千成：1981）。
　その展開形式は，以下である。

①管楽器の発音原理
　「おいしい授業」と授業タイトルをつけており，缶ジュースで乾杯するところから授業が始まる。そして，管楽器の気柱が振動体になっていること，音の高低が気柱の長さで決まることなどを，プリントのクイズや簡単な実験を通して理解する。
　そして，管楽器の発音原理の一つであるエア・リードの発振を理解するために，飲んだあとの空き缶で，「アキカンフルート」をつくる。
②エア・リードによる管楽器の機構
　「アキカンフルート」に水を入れ，水の加減で音高をつけ，「アキカンフルート団演奏」と名付け，クラス全員で演奏する。その後，エア・リードの民族楽器を見たり，エア・リードの管楽器の機構や近代楽器についての説明を読んだりして知的に理解する。
③くちびるの発振による管楽器の機構その1
　くちびるの発振による管楽器の機構をもつものとして，アルペンホルンをとりあげ，ボール紙とマウスピースでアルペンホルンを製作する。作成したアルペンホルンを鳴らし，くちびるの発振による振動を確かめたり，製作のむずかしさを体感したりする。
④くちびるの発振による管楽器の機構その2
　他の同原理の玩具「ホーストランペット」での遊びやプリントの学習の他，自作ビデオ（＊）でトロンボーンの奏法や演奏を鑑賞する。
　＊自作ビデオは山中らが作成したもので，中学校吹奏楽部を訪ね，トロンボーン担当の生徒にインタビューしたり，トロンボーン四重奏を演奏したりしてもらい，最後にトロンボーンの解説をする，という内容になっている。
⑤リードによる管楽器の機構
　リードの発振を，ストロー笛を通して確かめる。また，この種の機構をプリン

第 2 章　教育内容論の成立と授業プランの開発　　121

> トの説明で理解したあと，サキソフォーンの生演奏を聴く。
> ⑥まとめ─授業タイトル「ビデオ『吹奏楽編』鑑賞」
> 　　管楽器の演奏を演奏者がどのような過程を経て演奏会を迎えるか，という一例
> 　の自作ビデオ（＊＊）を鑑賞したあと，プリントで学習をまとめさせる。
> ＊＊上と同じく，山中らが作成したもので，ある吹奏楽団へのインタビュー，個人・パー
> 　ト・全体練習風景，コンサート当日の楽器搬入，楽屋裏，リハーサルや本番の様子を撮影
> 　した内容になっている。

　この授業プランは，「授業書」の形態をとっているが，その中で活動や製作に多くの時間をとっている（全10時間中製作に5時間）こと，自作ビデオという教材を取り入れたこと，が新しい手法である。管楽器の音色への着目は少ないが，管楽器の仕組みの理解について教材が充実しており，生徒が体験しながら理解していくことができるようになっている。生徒の感想には，何日もかかって2.5m のアルペンホルンをつくった様子が記され（山中・三谷：1987, 98），印象に残った授業であることがうかがえる。

5　音楽の機能を中心とした授業プラン

　この種の授業プランとしては，「バロック音楽のお話」等があげられる（千成・竹内編：1988, 87-124）。「バロック音楽のお話」は，鑑賞を中心とした，中学校1年生対象で全3時間，プリント12枚のプランである。

　この授業プランでは，音楽の要素の観点からすれば，たとえば「リトルネロ形式」を取り上げているが，この「形式」そのものを音楽的概念として段階的にとらえさせていくというようには設定されていない。バロック音楽様式を理解していくために必要不可欠な特徴の一つとして取り上げられている。つまり，バロック音楽の時代の様式を子どもたちがとらえていくことに主眼が置かれている。たとえば「絵を描く」ということを手がかりにチェンバロの音色に耳を傾けさせ，凹凸で示した図を手がかりに強弱や独奏・合奏の対比に気付かせていくように構成される等のようにである。全体的に動的な活動はないが，作業を通してバロック様式の特徴を理解していくことがで

きるようにしている。

　展開形式は以下である。

---

①チェンバロの構造と表現の関連性の理解

　　ビバルディ作曲《四季》より《春》を取り上げ，楽器，作曲年代，バロック音楽の時代等をプリントで確認する。そして，チェンバロの音色から想像させて楽器の絵を描かせ，実物と見比べたり，鍵盤数から音の強弱を理解したりする。

②ソロとコンチェルトの対比的表現の聴き取り

　　ビバルディ作曲《四季》より《春》第1楽章の主題を取り上げ，曲の中に主題が何回出てくるか確認した後，曲の流れを凹凸で示した図を見せ，強弱や独奏・合奏の別を示していることを理解する。さらに第3楽章の図を自分たちで作成する。

③コンチェルト・グロッソの対比的表現の聴き取り・バロック音楽のまとめと学習の位置づけ

　　バッハ作曲《ブランデンブルク協奏曲第2番》や早川正昭編曲《美しい日本の四季》より《はるがきた》《さくらさくら》などを鑑賞する。

　　「バロック」の語源をプリントで理解し，ルネサンス期の音楽と聴き比べたり，いろいろな器楽曲を聴いて，バロック音楽とそうでない音楽にわけたりする活動を行う。

　生徒たちにとってこの学習を行っていくことが面白かったであろうことは，次のような生徒の感想にもあらわれている。「この3時間をとおして……チェンバロなど，ぜんぜんしらなかった楽器を，音をきいたり，えをみたりして，わかるようになった。どんな音がでるのか，どんなかたちをしているのかなど，たくさん！（中略）そして，たくさんの「かんしょう」もしました。なんかいテーマが入っているとか，どんな曲なのかとか，いろんなべんきょう法もならったし，やってる方も，とっても，おもしろかった。またやって下さい。もっともっと，いろんな曲がききたかったし，楽器のあてっこもしたかったです。たのしく学習できました」（千成・竹内編：1988, 122）

　この感想からは，授業が，教育内容中心の授業構成の特徴である，テーマ

第2章 教育内容論の成立と授業プランの開発　123

に沿って複数の教材で組織化するという方法を取っていることと，また「いろんな勉強法」と書いているように，鑑賞に対して様々な聴く視点を持たせていることが，様式理解の意欲に役立っていたことがうかがえる。

6　多様な授業アイデア

(1)授業アイデアとは

　授業アイデアとは「これまでの音楽の授業とは一味違ったアイディア，ちょっと観点を変えたアイディア」（千成・竹内編：1988, 125）と呼ばれているような，短時間の授業プランを指す。本章第1項の表中で示しているように，さまざまなものがある。表中の C*型の「気分はアルプス」や「ことば遊び輪唱」のように，ひとまとまりの授業プランから抜き出して授業アイデアとして示されたものもある。教育内容を中心にした段階的な教材構成を目的とするというよりも，ひとつあるいは複数の音楽の要素をになう活動や教材の学習のアイデアを示すものとなっている。

　ここでは，代表的な二つの授業アイデアを紹介する。

(2)「ピッタリ音あわせ」

　「ピッタリ音あわせ」は，1988年に山田によって発表された小学校低学年対象の授業アイデアである（千成・竹内編：1988, 131-133）。「音色」に焦点をしぼりながら，活動としては一つだけのものである

　まず，サウンドシリンダー8対（紙コップを16個用意し，米，胡麻，豆，マカロニ，おはじき，サイコロ，小さな釘，10円玉等を，振ると音が出るくらい入れて，2個ずつ計8種類つくり，中が見えないようにする）を用意する。そして，8対の紙コップをそれぞれ2班に分けてもたせ，同じ音のものを当てるゲームをするというものである。

　紙コップにいろんな素材を入れて，マラカス様の簡易楽器として音を鳴らす，という活動は多い。このアイデアは，同様の素材を使用するものの，音

を鳴らすのではなく，対をつくって聴く活動にする，という視点が特徴的である。「音色」全体を網羅するプランではないが，子どもたちが自然に音に注目し，耳を傾けることができるという点から，「音色」における一つの教材としての提案になっている。

(3) 「べんけいがいっぱい」

「べんけいがいっぱい」は，同じく1988年に白石らによって発表された小学校低学年対象のアイデアである（千成・竹内編：1988, 133-137）。一つの教材で「カノン」や「オスティナート」など複数の音楽の要素を遊びとしてとらえるものである。

「べんけい」という手遊びは，弁慶が五条の橋を渡る様子を表している。そこで，ここでは，まず手遊びを覚えたら，「五条の橋」のイラストを黒板等に貼り，ペープサートでつくった"べんけい"を渡らせながら手遊びをする。次に，"べんけい"を二つ用意して，輪唱させながら，各"べんけい"をずらして登場させて遊ぶ。さらに，小さい"べんけい"や大きい"べんけい"を登場させて，素早く橋を渡ったり，ゆっくり渡ったりする遊びをする。最後にたくさん弁慶の顔をつらねたペープサートを出し，「べんけいだ（♪♪♪ ♩）」とオスティナートを加えながら遊ぶ。

このアイデアは，視覚的な工夫を用いて，「輪唱」「速さ・音高」「オスティナート」をとらえやすくし，低学年の子どもたちが歌をずらしたり，速さや音高を変えたり，同じリズムの繰り返しを入れたりする面白さを味わえるようにしている。一つの教材で，いくつもの音楽の要素を概念化してとらえる学習の素地をつくることができるものになっている。

第4節　教育内容中心の授業構成の成果と変容

第3節第1項の表2-2から明らかなように，教育内容中心の授業構成を持

つ授業プランとしては，当初は「リズムを発見しよう」「変奏曲」「拍子のおはなし」「フレーズは大切だ！」など音楽の要素を概念的に獲得するためのA型の授業プランが発表された。

「リズムを発見しよう」は，リズムの学習を，従来のリズム打ちや音符の数的理解ではなく，生活の中のリズム，自然のリズムと創造のリズム，仕事のリズムをとらえることによってリズム概念の形成をめざすものである。「変奏曲」は，一般的に鑑賞教材で取り上げられやすい形式であるが，このプランでは，主題と関連づけながら変奏の区切りをつけて聴き取ることをめざして，変奏の創作も含めて授業を構成している。「拍子のおはなし」は，各拍子の断片的な説明で終わっていた教科書記述の批判から，無拍・有拍のリズムからはじまり，拍のグルーピング，拍子の崩壊まで総合的に構成している。「フレーズは大切だ！」は，「フレーズ」の学習がリズム打ち等の技術指導の問題に矮小化されたり，学習主題の明確性，教材の適切性が見られたりするという現行の問題を解消するものとして，フレーズの長さや構造，楽曲における構成を理解させることをねらっている。

このように，これらの授業プランは，リズム，変奏曲，拍子を人間の生活や音楽構造からとらえていくように教材を構成している。そのため，教育内容に応じて幅広い教材選択や，再表現学習に限らない様々な学習形態が可能になっている。またその教材選択の意図が明確であるため，教材の適切性，段階性が明らかである。その点で，教材解釈の授業には見られない内容設定と教材構成が実現した，と評価することができる。

一方で，これらの授業プランは重厚長大になりやすいという難点をもっていた。「リズムを発見しよう」「変奏曲」は1982年の『達成目標を明確にした音楽科授業改造入門』（千成編：1982）で示された，いわば試論であるが，「拍子のおはなし」は，その点で，教育内容を中心とした，はじめての授業プランである。しかし，このプランは26枚のプリントを要するため，実際には「拍のおはなし」（プリント6枚分）の2時間の実践例しかなく，全行程を

授業した実践例はない。何時間構成かは示していないが，単純にプリント枚数で換算しても，残りのプリント20枚で7時間かかることになり，合計9時間構成の授業となる。次の「フレーズは大切だ」は3段階からなる授業プランは示されているが，授業時数は不明である。

　仮に，音楽の要素を教育内容として設定した授業プランが次々に作成され，それらをどのように組み合わせて配置していくか，というカリキュラムが構想されていけば，一つのプランにかかる時間数が多くても，小中学校を見通した中で取り上げていくことができる。しかし，実動している現場のカリキュラムに，たとえばそのまま「拍子」だけで9時間分の授業を入れるのは困難である。そのために，このような教育内容として音楽の要素を中心とした授業プランは，第2節の表2-2のように，現実のカリキュラムに入りやすい形として，分割されてC型の授業アイデアとして示されていくことになった。たとえば「拍子のおはなし」でいえば，「十五夜さんのもちつき」「バンブーダンス」などの授業アイデアで示されるようになっている。また，1988年にはもう一度音楽の要素を中心としたテーマで「ロンド・ロンド・ロンド」「かっぱのすっぱ君と輪唱で遊ぼう」「大きい音小さい音，だんだん大きくなる音だんだん小さくなる音」（千成・竹内編：1988）が発表されたが，これらの授業プランは2時間から3時間で構成されており，授業で扱いやすい長さになっている。逆にいえば，そのように授業アイデアや短い授業プランで示されるものが採用され，「音階」や「旋法」といった大きなテーマでは授業構成されなくなったということができる。

　一方で多く発表されるようになってきたのが，C型の授業アイデアである。この中には元の授業プランから取り出されてアイデアとして示されたものもあるが，それ以外にも，多くのアイデアが示されている。これらの授業アイデアは，上述したように，音楽の要素を視点として得られる活動や教材を紹介したものであり，そこでは，それらで示される教材をどう組み合わせて授業を構成するかということについては触れられていない。

また，音楽の要素以外の教育内容を中心とするB型の授業は，A型よりも比較的授業に取り入れやすい。先にあげたようにバロック様式や管楽器の仕組みは，鑑賞教材にひきつけてまとめて教えるという形で授業に組み込みやすいであろうし，「いい声つくろう」のような発声の技法については歌唱に引きつけられるであろう。「「動物の謝肉祭」を聴こう」は鑑賞教育の一つの提案として受け入れられやすいものであることがうかがえる。

　このように，提案された授業プランの流れを見ていくと，まず内容先行型の授業構成の定式にそって音楽の要素を中心として教材を構成していく授業プランが示されたが，次第に，現行の教科書教材や実際の授業に合わせてその内容や構成が変化していったことがわかる。B型のように，教育内容を中心に教材を構成するという授業構成自体は取るが，教育内容が特に一つの音楽要素を中心にするものではないもの，あるいは，C型の授業アイデアのように，音楽要素に視点を当てながら，教材を構成した段階的な授業構成は示さないものなどである。図式化すると，次の図2-3になる。教育内容論は教

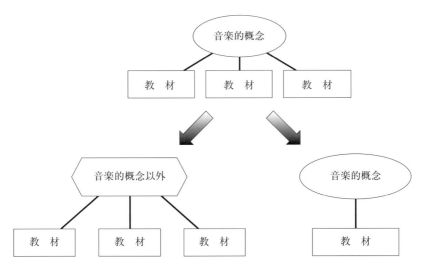

図2-3　1980年代の教育内容を中心とした授業構成の変化（作図：著者）

育内容の理論的枠組みとともに授業プランが紹介されることによって成立したととらえられるが，同時に授業プランが変容していったことが，1980年代の教育内容を中心とした授業構成の特徴として見られるということができる。

註

1）序章の注6でも述べたとおり，『音楽指導クリニック』シリーズは，『音楽指導クリニック100のコツ』（八木正一編著，学事出版，1990）に始まり，『音楽指導クリニック10 音楽授業のおもしろ教材・教具』（八木正一，山田潤次，学事出版，1997）まで続いた。その後，『新・音楽指導クリニック1 新しい発想でつくる音楽授業・教材—新学習指導要領を活かす』（八木正一編著，学事出版，1999）につながっていき，『新・音楽指導クリニック10 クイズ教材でたのしむ日本音楽の授業』（田中健次・八木正一，学事出版，2011）まで出版されている。

2）日本音楽教育学会第14回大会（1983年）の口頭発表「音楽科における教育内容の規定をめぐって」（八木正一）による。この口頭発表の概要は，『音楽教育学』第13号（日本音楽教育学会：1983）の47頁に掲載されており，表現手段のサブカテゴリについても記載されている。

3）中野徹三の『マルクス主義の現代的探究』（青木書店，1979）の38-41頁を引用している。

4）『新しい音楽4』（東京書籍）

第3章　教育内容論の新たな展開

　千成提言が行われた1980年は，1977（昭和52）年に改訂された学習指導要領が実施されていた時期である。学習指導要領においては，戦後，我が国の教育においてクローズアップされた単元学習に替わって，題材構成が示されていた。これ以降，音楽科教育の実践においては，題材構成が授業構成の主流となっていく。題材構成の中でも特に主題による題材構成は，形式上，教育内容を中心とした授業構成と似ている。千成らは，教育内容論の確立や授業開発を行う一方で，単元学習や題材構成を教育内容論にひきつけて批判的に論じ，本来の単元の理念に基づいて授業構成を行っていくことを主張している。

　また，同時期には我が国において創造的音楽学習が台頭し，授業構成や実践に影響を与え始めた。*Sound and Silence*（Paynter & Aston：1970）を翻訳して伝えた一人である山本文茂は，当初は千成提言を批判的にとらえていたが，*S&S* を紹介していくうちに，教育内容の設定を積極的に主張するようになった。山本は，後述するように，新たに教育内容を定義し，それに応じて教材の配列やカリキュラムを示している。同時に，創造的音楽学習は，実践的な広がりと大きな影響力を持ち始めることとなった。

　こうした点をふまえれば，文部省の単元構成・題材構成論と創造的音楽学習は，音楽科における教育内容論の展開を検討する上で重要な論点となる。そこで，本章では，教育行政の側から提起された単元や題材構成について，それらに対する批判論から考察する。また創造的音楽学習による教育内容の定義づけが行われる一方で，音楽科の教育内容論に新たな展開が生じてきたことを明らかにする。

130

第1節　教育行政における動向——単元構成から題材構成へ

1　戦後初期の単元構成

単元は，戦後初期の教育で大きく取り上げられた。その様子は，次の千成の説明が分かりやすい（千成：1989, 15）。

> 単元という授業組織の方略は，主として戦後日本の教育に大きく影響した経験主義の教育思想によってもたらされたものである。従来主流となっていた，個別な知識を脈絡もなく暗記させたり，問題を解く技法だけを教えこむ授業とはちがって，それぞれの事象間の関連や，その背景をなす原理・原則を理解させたり発見させるように授業を設定するとともに，あわせて，子どもたちの学習に対する関心・態度を育成することを目標にするものであった。

この状況は音楽科においても例外ではなく，「単元」という用語は，すでに1947（昭和22）年の『学習指導要領（試案）音楽科編』の教程一覧表において，「小学校における単元は次の四つである」というように使用されている。この学習指導要領における「単元」が画期的であったのは，「単元」というまとまりが音楽を学ぶために考えられていることである。

この『学習指導要領（試案）音楽科編』で示された単元は小学校で四つ，中学校で三つであり，以下のようなものであった。

- 小学校
  - 音楽の要素（リズム・旋律・和声）に対する理解と表現
  - 音楽の形式及び構成に対する理解
  - 楽器の音色に対する理解
  - 音楽の解釈
- 中学校

・音楽の表現

・音楽に対する知的理解

・音楽の解釈

　小学校ではこれらの他に「演奏される音楽の美しさや楽曲と音色との関係，あるいは標題と音楽との関係，各国の民謡と労働・社会生活との関連，各国音楽の特徴などに対する感得や理解」等の学習が示されている。また，中学校では，上記の三つの単元に対して「音楽的な表現技能の習得に重点を置きつつ，音楽の表現や鑑賞能力を高めるための裏附けとして，音楽に対する知的な理解，例えば，音楽の歴史的発展，音楽の形式・構成などに関する知識，音楽の解釈に関する知的な指導が与えられなければならない」と示されている。

　このような「単元」の考え方について，当時の文部省教科書局事務官である近森一重は，1947年当時，次のように述べている（近森：1947, 54）。

　　　元来音楽は，作曲者のインスピレーションが基になって，アクティビティーが生まれ，所謂楽想が定められて，様々な表現をとるものであります。表現には，音楽の三要素といわれる，リズム，旋律，和声等を使い，形式が踏まれ，音色を伴います。音楽はこのようにして出来ますが，音楽の学習はこの逆のコースをとり，表現を学び，それを通して内容に入って行きます。こうして，音楽をすっかり分からせようとするのが，この単元の分け方の根本のねらいであります。従って，この分け方は，音楽の本質に即したものと言えましょう。

　つまり，1947（昭和22）年の『学習指導要領（試案）音楽科編』において，「単元」は，音楽そのものの理解のために分けられたまとまりとしてとらえられていたことがわかる。『学習指導要領（試案）音楽科編』の「第一章　音楽教育の目標」に掲げられた「音楽教育の目的音楽は本来芸術であるから，目的であって手段となり得るものではない」という理念をふまえたものということができよう。その単元の学習構成の実践研究が進めば，千成らに

よる教育内容を中心とする授業構成の考え方に近いものになったであろう。それは，千成が，戦後初期の「単元」をふりかえりつつ単元の理念として述べた，次のような言葉からもわかる（千成：1989, 15）。

　　音楽科における単元学習は，筆者にあっては，現実に生じる一つの音楽的経験を，有機的なまとまりを持った，ユニットとかトピック（単位，論題）に組織して，それによって内容の統一を図り，その内容に対して，教授・学習を焦点化し，そこで身につけた学習の所産を，生きて働く力に変換する授業方略の一つである。これは特定の教材曲の表現を方向目標的に追求する方法とはちがって，一つのユニットなりトピックなりを中心に，いくつかの教材が適切に選択され配列されることになる。すなわち，教材曲中心の授業に対置される教育内容編成の授業方略と言ってよい。

　千成は，音楽科における単元というまとまりによる授業方略に積極的な意義を見出していたと見ることができる。
　しかし，戦後初期の単元学習の実際は，違う動きとなった。単元学習の事例としては，このような音楽としてのまとまりだけではなく，生活経験的なまとまりや，他教科と関連させたまとまりの事例が紹介されている[1]。
　たとえば，1949年に近森が執筆した『音楽カリキュラム－単元学習の計画と実際』（近森：1949）において，他教科に関連させたまとまりの事例がある。同書では，音楽カリキュラムの構成自体については，以下を明らかにすることから始める必要性を述べている（近森：1949, 46）。

　　1 音楽学習の目標は何か。2 どのような学習の内容（教材）を予想するか。3 それを，どのような順序で，いかに指導していくか。4 学習の結果を，どのようにして反省（評価）したらよいか。

このような形でカリキュラムが構成されれば，授業構成においても，音楽の学習に沿って教材構成していく形が推測できるが，単元例としてあげてい

るものは，必ずしもそのようにはなっていない。

　単元例のひとつである小学校２年生の単元「かわいい動物」（近森：1949，121-125）では，確かに単元の目標にしたがって教材構成がなされており，子どもたちの興味・関心を主体にして授業を展開することがめざされているが，生活経験的なまとまりを中心としている。つまり，近森のいう「どのような順序で，いかに指導していくか」という構成は，主に「動物への親しみと愛撫の情」にむけてなされている。そのため，この単元に掲げられている音楽の目標は「動物に関係のある音楽を楽しませ，主として次ぎのような基礎技術を養う。○正しい発音と頭声による美しい発声。○聴唱的視唱。○歌唱教材によるリズム合奏。○短いことばを自由に旋律づけて口ずさむ。」となっている（近森：1949，121）が，これらの「基礎技術」間に順序性は見られない。そして，単元内であげられている，これら「基礎技術」に該当する音楽活動間にも順序性は見られない。

　1951（昭和26）年に改訂された学習指導要領（中学校高等学校音楽科編）では，学習指導過程構成法として「(1)基礎技能の系統的発展に重点を置く構成法」「(2)楽曲中心の構成法」「(3)単元による構成法」が示され，(3)はさらに「他教科と密接に関連した単元による構成法」と「音楽独自の単元による構成法」に分けられた。

　単元学習が子どもの生活経験的なまとまりを中心としがちであったことから考えれば，このように音楽外の活動が入ってくることはいわば当然のなりゆきであるが，音楽独自の単元の取り扱いが縮小されてきた感は否めない。

　しかし，それにともなって音楽の内容を単元にまとめて学習させようというのは，それまでの音楽教育からすれば，大きな転換の機会であった。理念としては，音楽科に伝統的な楽曲中心の構成から，子どもたちが主体的に学ぶことを意図して授業を構成しようとシフトしたといえるからである。ところが，音楽の内容を主とした単元においても，実践上は理念を踏襲した展開とはならなかった。

音楽の内容をまとめた単元学習の一例を見てみよう。表3-1 は,「楽しい合奏」と題された単元である（近森：1949, 156-162）。

このように,「表現を学び, それを通して内容に入って行」く（近森：1947, 54）という理念は, 実際には「楽器の名称と音色とを正確につかんだか」や「スタカートの表現ができるか」というように, 楽曲表現とそれにまつわる楽典事項や技能の学習として展開されている。つまり, 実践上は, 従来の音楽教育と変わりが見られなかったわけである。

表3-1　音楽の内容をまとめた単元例

単元	楽しい合奏		自十月第二週　至十一月第二週　約十六時間		
目標	1 簡易楽器を取り扱うことによって, リズム感, 和音感を養う。 2 種々の楽器による音色の組み合わせの美しさをとらえる。 3 楽器の双方に習熟し, 演奏により自然に音楽の形式をとらえる。 4 合奏を楽しむ態度を養い, またこれによって協調精神につちかう。 5 読譜力を養う。				
設定の理由	1 児童はそれぞれの楽器のもつ音色の特性をつかみ, 無意識のうちにも自己の音楽的感覚にふれることに喜びを感ずる。 2 児童は相互の協調による合奏の美しさを理解することができる時期にある。 3 このために読譜の必要と興味が喚起され自発的に学習を進める。 4 合奏によるリズム感, 和音感を通して, 音楽愛好の精神を養うことが期待される。				
学習の構想	1 学習の計画 2 楽器の特性と奏法の研究 3 合奏楽器の取扱法の研究 4 合奏練習（アマリリスその他）		5 舞曲（ガボット）の鑑賞 6 劇的構成をして演出する（アマリリス） 7 発表会をおこなう。		
時間	経過	学習の内容と活動		準備・教材その他	学習結果の反省
2	単元の導入 （環境の設定その他）	1 オーケストラ演奏による舞曲のレコードを聞く。 2 楽器の合奏をする。 3 上級生の演奏を聞く。 4 児童に合奏の興味や欲求を生ぜしめるような展示物, 楽器, 書物を準備する。 5 レコード鑑賞, 展示物をみたことなどについて, 気のついたことや興味をもったことに関して話し合う		○レコード 　ガボット 　ワルツ 　メヌエット ○おもな展示物楽器の図, その演奏図, オーケストラの編成図ベートーベンの肖像画等	1 音色の組み合わせの美をどの程度つかむことができるか。 どの部分が頭にのこったか？ 2 合奏に対する興味はどうか。

| 3 | 学習活動の発展
1 楽しい練習
(1)「しょうじょうじのたぬきばやし」の練習 | (1)楽しい合奏
　合奏曲の選定(A)
　○話し合い。
　○合奏をして楽しもう。
　○やさしくて元気のある曲（しょじょじのたぬきばやし）
(2)「たぬきばやし」の歌唱練習。
　○リズムを正しくとらえる。
(3)合奏練習
　○楽器の演奏法，取り扱いについての注意事項を話し合う。ことにタンブリン，小太鼓等については念入りに指導する
　○グループに分かれて楽器別の練習をおこなう。
　・必要に応じて読譜練習をする。
　○総合練習
　・指揮者の方によく注目すること。
　・リズミカルに演奏すること
　・休みの部分に特に気をつけること | ○書物
　音楽教科書（四年用）
○合奏用楽譜
○楽器
　木琴5 鉄琴3
　カッコ笛1
　拍子木5
　カスタネット10
　トライアングル1
　タンブリン2
　鈴2
　小太鼓1
　大太鼓1
　シンバル1
　ピアノ1
　ハーモニカ10
　たて笛4
　よこ笛2 | 1 楽器の名称と音色とを正確につかんだか。
2 教材のリズムを正しくとらえたか。
3 楽器の演奏技能はどの程度か。練習によってそれらがどう変ったか。
4 読譜力のテスト
5 指揮者の指揮の中に入って積極的により美しいものを作り上げようと努めているかどうか。 |
| 3 | (2)「アマリリス」の合奏 | (4)合奏曲の選定(B)
　○話し合い
　愛らしい曲として「アマリリス」をとりあげる。
(5)「アマリリス」の合唱練習
　○スタカートをきれいに歌い上げる。
　○正しい和音のひびきに注意する。
　○ガボットの話をきく，研究をする。
　○レコード鑑賞（ガボット）
(6)合奏演習
　○パート練習
　・演奏法の研究（楽器別）
　○総合練習
　発想に留意して指導する。
　音楽の形式に注意しながら演奏する。
6 劇的構成して演出する。
(1)シナリオを作る。演出をする | ○合奏の本
○「アマリリス」の分譜
○楽器 | 1 スタカートの表現ができるか。
2 ガボットに対する理解はどうか
3 トリルの奏法ができるか。
4 形式を理解して演奏しているかまたその程度 |

| 3 | 2 劇化 | (2)父兄を招く。
(3)反省会を開く。
(4)ミュージカルプレイ「アマリリス」
（例）
泣きやまぬ赤ん坊を抱いて，オルゴルンでしきりにあやしながら少女（京子）登場
京子「ほら，ほら，ほら，コロン，ロロン，コロン（くりかえす）どうして泣きやまないのかしら困ったわ。お母さんはおつかいにでてまだ帰らないし－ほら，ほら，ほら，コロン，コロン，コロン，（くりかえす）

（中略） | ◯劇化の計画
◯劇の演出に必要な諸材料（楽器，背景その他）

（中略） | 1 劇作の能力はどの程度であるか
2 劇的表現に独創性はあるか。
3 音楽は有効に使われているか。
4 対話に見られる言語の表現能力はどうか。
5 音楽の生活化がどの程度はかられたか。
6 音楽の理解が深まったか。

（中略） |
| | 3 ぼくらのバンド発表会 | 7 ぼくらのバンド発表会
(1)プログラムをつくる。
(2)ポスターを書いて掲示する。
(3)発表に必要な曲目の練習。
(4)発表，演奏をおこなう。
(5)校内放送をする。
(6)発展への暗示。
　◯鑑賞，批評についての話し合い。
　◯批評を書いて学級新聞へ掲載する。 | プログラム用紙
ポスター用紙

放送施設 | 1 計画の立て方は合理的であるか
2 新曲目の練習意欲と技能の発達程度との関係。
3 発表の成績 |

（近森：1949, 156-162より引用者が編集）

2 単元構成から題材構成へ

単元学習は，1950年代には，急速に衰退していき，1958年（昭和33年）に改訂された学習指導要領においては，「題材」が出現した。

1958（昭和33）年に改訂された学習指導要領では，「共通教材」が導入され，文部省の方針は楽曲中心に戻ったことをうかがわせるものとなった。『小学校音楽指導書』（文部省：1960, 9-10）では，「題材」として以下の３つが掲げられている。

1　楽曲（教材）による題材
2　音楽的まとまりによる題材
3　生活経験的なまとまりによる題材

ここでは，外見上は，1951（昭和26）年に改訂された学習指導要領（中学校高等学校音楽科編）における「楽曲中心の構成法」と上記の１が，そして「単元による構成法」と上記の２および３が関連しているように見受けられる。しかし，各々についている説明では，２において「この題材のみでは，長期の指導計画の作成は困難である」（文部省：1960, 10）と示され，３において「この題材のみで指導計画を立てることはむずかしく，特に系統的・発展的な指導計画が構成できにくい」（文部省：1960, 10）と示されている。そして，１のみ，６ヶ年の年次計画や各学年の年間計画が最も構成しやすいものと記されている。つまり，ここで，楽曲による題材構成が大きくクローズアップされたことがわかる。このような「楽曲中心主義」は，1968（昭和43）年に改訂された学習指導要領の時期に引き継がれた。

「楽曲中心主義」が再度見直されたのは，1977（昭和52）年に改訂された学習指導要領においてである。1980年には，1977（昭和52）年に改訂された学習指導要領の全面実施にあたり『指導計画の作成と学習指導　小学校音楽指導資料』（文部省編：1980）が刊行された。その中で，これまでの音楽科の計画と実際の指導においては1958（昭和33）年に改訂された学習指導要領の実

施に際して示された題材1の「楽曲（教材）による題材」が中心であったことが取り上げられ，その長所と課題が示された。

それによれば，長所としては，「長年この方式によって指導計画の作成になじんでいるため，計画の作成とその実施，展開に習熟している」（文部省編：1980, 16）点があげられている。そして，その一方で，「音楽の学習に最も必要な学習経験の累積という点について，（中略）前後の教材との相互の内容の関連，発展，系統という観点から見たとき，関連付けが希薄になりやすい」こと，指導計画作成の手順においてまず教材が優先されるため，年間を通した目標から内容と教材を考えていくカリキュラム構成と矛盾が起きることが課題としてあげられた（文部省編：1980, 16）。

そして，「楽曲（教材）による題材構成」だけの形態では「具体的な計画作成の上での創意工夫を引き出していく余地はきわめて少ない」（文部省編：1980, 16）として，以下の題材がまとめて示された。

①主題による題材

②楽曲による題材

①は，『小学校音楽指導書』（文部省：1960）で2つめにあげられた「音楽的なまとまりによる題材」と3つめにあげられた「生活経験的なまとまりによる題材」が該当する。②は，1つめにあげられた「楽曲（教材）による題材構成」に該当するものである。

『小学校音楽指導資料　指導計画の作成と学習指導』（文部省：1980）では，次のように説明されている（文部省：1980, 16）。

　　「音楽的なまとまり」ということは，主として音楽の要素的なものを対象とするが，単に音楽を構成している要素を分析的に学習するという冷ややかなものではなく，各学年の児童の実態とのかかわりを重視していくことはもちろんである。「生活経験的なまとまり」という点については，季節，行事等を中心とし，生活とのかかわりを取り入れて計画するもので，「音楽的なまとまり」と共に，音楽の学習としては見落とすことのできない分野である。

第 3 章　教育内容論の新たな展開　　139

　この両者の教材性を精選して主題を設定し，適切な教材（楽曲）を配して題材を構成するというのが，主題による題材の基本的な形態である。

　1958（昭和33）年に改訂された学習指導要領の実施に際して「楽曲（教材）による題材」がまずあげられたのに対して，1977（昭和52）年に改訂された学習指導要領の実施に際しては「主題による題材」が先にあげられていること，「主題による題材」の説明が詳細になされていること，「楽曲（教材）による題材」の課題が示されたこと等から，当時の文部省の意図において，各題材間の比重が変化したことがわかる。

　では，「主題による題材」は，実際にはどのように提示されているであろうか。表3-2 は，『指導計画の作成と学習指導　小学校音楽指導資料』（文部省：1980, 38-46）で「年間指導計画の例」に掲載されている「主題による題材」の例である[2]。表3-2 の題材名は，一見してわかるように，「○○しよう」というように，行動でくくられている。中でも「歌おう」「演奏しよう」「表現の仕方を工夫しよう」といった，再表現することをめざしたものが多い。

　実際，具体的な指導展開においても，たとえば以下に示した 3 年生の「曲の感じで体を動かそう」の展開例（文部省：1980, 72-74）では，《ちびっこカウボーイ》（阪田寛夫作詞　アメリカ民謡）や《この山光る》（阪田寛夫作詞　ドイツ民謡）が「Ａ と Ｂ の対照的なフレーズの性格」を持つ教材として取り上げられているが，指導は，それぞれの楽曲を歌詞の内容とも関連させて体を通して表現を工夫させることに主眼が置かれている。つまり，対照的なフレーズを音楽形式の一つとしてとらえて理解することよりも，それらが含まれる個々の楽曲を表現することがねらわれているといえる。これは，先にあげた千成のいう「特定の教材曲の表現を方向目標的に追求する方法」（千成：1989, 15）がとられているということであり，「主題による題材」というよりも「楽曲による題材」に似た指導展開になることが予想されよう。

表3-2 『指導計画の作成と学習指導　小学校音楽指導資料』に示された題材名

	題　　材		題　　材
1年	楽しく歌おう リズムで遊ぼう 楽器で遊ぼう	5年	曲の特色を生かして表現しよう 曲の表情を生かした表現の仕方を工夫しよう 即興表現の工夫をしよう 和声の美しさを感じ取りながら表現しよう 海・山の歌を歌おう 曲の表情を生かした表現の仕方を工夫しよう 運動会の音楽を演奏しよう 演奏形態の特色を感じ取りながら聴こう 和声の美しさを感じ取りながら表現しよう 即興表現の工夫をしよう 曲の特色を生かして表現しよう 情景を想像しながら聴こう 和声の美しさを感じ取りながら表現しよう 曲の表情を生かした表現の仕方を工夫しよう 即興表現の工夫をしよう 曲の特色を生かして表現しよう 卒業式の音楽を演奏しよう
2年	楽しく歌おう リズムのおもしろさを感じ取ろう オルガンに親しもう 友達の声を聴いて歌おう 言葉を大切に歌おう 曲に合わせて体を動かそう		
3年	春の歌を歌おう 笛を正しく吹こう いろいろな楽器を演奏しよう 美しい声の出し方を覚えよう 楽器の音色に親しもう 言葉をはっきり歌おう 曲の感じで体を動かそう 他のパートを聴きながら合奏しよう 輪唱や合唱をしよう 言葉に合わせてふしを作ろう 気持ちを込めて演奏しよう 曲の特徴やふしの感じを味わおう 輪唱や合唱をしよう ふしを覚えて口ずさもう 気持ちを込めて歌おう		
4年	曲の特徴を感じ取って演奏しよう 楽器の音色に親しもう 曲の感じにのって体を動かそう 美しい音色で合奏しよう 声の出し方を工夫して歌おう 輪唱や二部合唱をしよう	6年	運動会の歌を歌おう 曲の表情を生かした表現の仕方を工夫しよう 即興表現の工夫をしよう 和声の美しさを感じ取りながら表現しよう 演奏形態の特色を感じ取りながら聴こう

第3章　教育内容論の新たな展開　　141

・「曲の感じで体を動かそう」（第3学年）の展開例

第3学年
A　主題による題材の展開例
(1)題材　曲の感じで体を動かそう（5月）
(2)指導目標
　ア身体表現や演奏を通して，フレーズのまとまりや，拍の流れ及び旋律の変化な
　　どを感じとらせる。
　イ曲のまとまりや，曲趣をとらえて表現を工夫しようとする意欲を育てる。
(3)教材
　「ちびっこカウボーイ」（阪田寛夫作詞　アメリカ民謡）
　「この山光る」（阪田寛夫作詞　ドイツ民謡）
　「運動会の歌」
　「ちびっこカウボーイ」，「この山光る」の曲の前半は，弾んで，リズミカルに動
いている旋律である。曲の後半の旋律はなめらかで，ゆったりとダイナミックに動
いていることなど，先に共通した曲の形式をもっている。したがってこの二つの曲
ではAとBの対照的なフレーズの性格を生かし，歌詞の内容とも関連させて，体
を通して表現を工夫させるねらいに適した教材である。
　「ちびっこカウボーイ」での学習活動の先行経験が土台にあれば，次の「この山
光る」の学習への取り組みも比較的容易にできると思われる。このように楽曲の共
通の内容をもつ教材群での経験を累積させることによって，題材のねらいを達成さ
せていく方法は効果的である。
(4)指導計画（6時間扱い）（以下略）　　　　　　　　　（文部省：1980, 72-74より）

　単元学習から題材構成にいたる理念と実践は，以下のようにまとめること
ができる。まず，戦後初期の単元学習に見られたような，音楽の要素や形式
といった音楽的概念としてとらえられるものを様式・文化・民族等との知的
理解を含めて教えようとした理念は，実際の具体的指導に反映されなかっ
た。そして，題材構成にいたる中で，再度「音楽的まとまり」を学習するこ
とが「主題による題材」でねらわれたが，その実際は，楽曲中心の展開とな
った。

3　単元学習と教育内容論

　単元学習の理念の斬新さと実践の矛盾，衰退の要因，あるいはその後に登

142

場する題材構成については，多くの研究者らによって述べられている。先に
述べてきたように，単元や題材は，その理論上，「音楽のまとまり」を対象
として教材を組織することを提示していたため，千成らの教育内容論を提唱
する研究者らもこぞって注目した。先にあげた千成の単元論（千成：1989）
以外に，以下のような論文がある。

> 「音楽科における単元構成への一考察 I 単元構成の現状と問題点」（八木：1981b）
> 「音楽科における単元論への一考察」（八木：1984a）
> 「音楽科における教育内容とその指導過程組織化に関する一考察(1)−音楽科におけ
> 　る単元構成の現状をめぐって−」（山田：1984）
> 「単元構成と主題構成」（吉田：1991）
> 「戦後改革期における音楽科単元構成の歴史的検討−単元学習の衰退をめぐって−」
> 　（津田：1999）
> 「音楽科における題材構成の基本的問題」（八木・津田：1999）
> 「音楽科単元構成の論理とその問題」（津田：2000a）
> 「昭和50年代における音楽科の題材構成：水戸市立新荘小学校の研究を中心に」（津
> 　田：2001）

　八木は，「単元」というくくりを積極的にとらえ，有効な単元構成のため
に，単元を「有機的な構造をもち，しかも相対的に完結した，具体的効果的
に指導過程の確立された教育内容のまとまり」（八木：1981b, 393）とした。
そして，戦後の単元学習には「戦後音楽教育の前向きの姿勢と新鮮さを十分
に感じとることができる」（八木：1984a, 10）としながら，二つの問題点をあ
げた。一つは，「必ずしも明治以来の伝統的な構成を大きく逸脱するもので
はな」（八木：1984a, 12）かったという点である。単元学習の形式をとりなが
ら，実際は楽曲について伝統的な手法を取っていたことを問題とした[3]。ま
た，ふたつめは，「単元の内部構成の原理・方法についての研究不足」（八
木：1984a, 12）という点である。つまり，単元における教材の選択・創出，
内容の設定について研究がされ得なかったということである。しかし，一方
で八木は，単元学習の理念に見られる「ものごとは子どもの問題状況をくぐ

第3章　教育内容論の新たな展開　　143

りぬけることによってしか子どもに獲得されえないというテーゼ」（八木：
1984a, 12）は評価しており，それが実践展開として実らなかった問題点を明
らかにすることによって，単元論を展望しようとした。

　山田は，『教育学大事典』（第一法規，1978）の広岡亮蔵による「単元」の
定義－「単元とは，ひと連なりの学習活動（たとえば直観－思考－応用）を通
じて，子どもたちが獲得する教材または経験の有機的なまとまり」[4]をもと
に，1984年当時の題材構成の現状を批判し，教育内容や教材構成の視点から
見直す必要性を指摘した。

　千成も，第一項で述べたとおり，同様の趣旨で単元について改めてとら
え，単元の主題として教育内容を設定し，単元構成の実際として，教育内容
を中心とした授業プランを示した。

　吉田は，単元構成から題材構成に触れ，「いくつかの関連した授業のまと
まりを『単元』と呼ぶとすれば」（吉田：1991, 37），授業構成の方法としては
「音楽的内容を中心としたもの」（吉田：1991, 37）が有効であることを示しな
がら，別の発想の単元構成法が模索されてもいいこと，「題材」よりも「単
元」の方が用語として適切であること，を提唱している。

　津田は，1999年に，単元の理論と実践についてより詳細に述べている。ま
ず，昭和20年代は，「新教育の理念にそった教育をすすめなくては」（津田：
1999, 48）という外在的理由で単元学習がすすめられ，一方で「慣れ親しんで
いる」「基礎技能学習を取り込みやすい」（八木・津田：1999, 48）という内在
的理由で楽曲構成の授業が多かったという整理を行っている。そして，単元
学習衰退の原因として，単元学習推進派も，問題解決学習が音楽科になじむ
のか，知的理解に限定されるのではないかといった，音楽科における単元学
習の問題点を実感しはじめたこと，教育界の一般的動向として学力低下を問
題視するようになってきたこと，単元学習の効果が実践として見られなかっ
たこと，単元学習の問題点を克服しようとする研究が低調だったこと，をあ
げた。また，2000年には，「単元」を，戦後の経験主義による単元学習に限

ってとらえるのではなく，「教育内容と方法の二側面が含意される一連の授業のまとまり」（津田：2000, 227）であり，「カリキュラムの実質は，授業という場で具体化されるものであるが，それを構成する基盤」（津田：2000, 227）であるとした。そして，戦後から2000年当時までの音楽科の授業の構成を，この「単元」の定義によって整理し，「伝統的な楽曲表現型の授業を改善し，理念と方法の矛盾を一致させていくこと」（津田：2000, 238）が課題であると総括している。

第1項および第2項で述べたように，教育行政において，昭和20年代の単元学習は50年代には題材構成に変化していったが，教育内容論の立場からは，単元論そのものは，音楽のまとまりをとらえたこと，子どもの主体的かかわりを重視したこととして評価され，戦後の単元学習はより内実の構成研究をはかるべきであった，とまとめられていることがわかる。

さらに，津田と八木は，単元学習の衰退後に文部省により提唱された「主題による題材構成」も，実際の展開は「主題に関連する曲を表現あるいは鑑賞させるという形で行われている」（八木・津田：1999, 6）状況を提示し，明治以来，音楽の授業のほとんどが楽曲中心に構成されていたことを明らかにした。

津田は，その点に関して，昭和52-53年度文部省小学校教育課程音楽科研究指定校であった水戸市立新荘小学校の実践から，さらに詳細な分析を行っている（津田：2001）。

水戸市立新荘小学校の研究テーマは，「創造的な表現活動を活発にするためには，指導計画や指導方法についてどのように工夫したらよいか」というものであった。そのテーマに基づいて年間指導計画を改良していく中で，「目標を達成するための具体的なねらいや内容を伴う中心主題」（津田：2001, 36）として「題材」を置き，題材を並べていくことによって年間指導計画を作成したのである。新荘小学校の研究は，直接主題構成を研究するものではなかったが，結果的に，主題構成による年間指導計画をつくりあげたことに

なる。

　津田は，まず，新荘小学校のこの年間指導計画の工夫が，伝統的な楽曲中心型ではなく，主題構成型で計画していったという点で画期的であると評価しながら，一方で，研究過程や成果の中に，以下の問題点を指摘している[5]。

　　・主題構成をなぜ行っていくかについて論理が明らかでないこと
　　・選択組織されている教材が全面的に教科書教材に依っており，〈教材→
　　　題材〉と逆のベクトルになっていること
　　・その結果，題材のねらいとは無関係な内容を抽出して扱うことになって
　　　いること
　　・題材内部のレベルで表現と鑑賞が関連しないこと

　つまり，本章第1節第1項で，筆者は，単元学習において，「『表現を学び，それを通して内容に入って行』くという理念は，実際には楽曲表現とそれにまつわる楽典事項や技能の学習として展開されている」と述べたが，題材構成の展開においてもそれと同様の問題が見られるのである。

　津田によれば，52-53年度文部省教育課程研究指定校である新荘小学校のこのような主題構成の発想は，54-55年度の同指定校である千葉県柏市立第一小学校の研究に受け継がれ，理論化されていった。そして，そのことが，教育行政に影響を与えていった。

　つまり，1958（昭和33）年から1977（昭和52）年にいたる学習指導要領の改訂や1980年の改訂学習指導要領全面実施にかけて，文部省が指導計画作成において「主題による題材構成」に移行していった中に，文部省教育課程研究指定校の実践研究から生まれた発想があり，それは，題材構成の見直しに寄与したが，一方で題材構成の課題も継承したと見ることができる。

　以上から，教育内容論を提唱する立場からは，実際の単元学習の内容は批判されつつも，単元の理念そのものについては肯定的にとらえられていることがわかる。しかし，文部省の方針や実際の授業においては，単元学習にしても題材構成にしても，単元としてのまとまりに引きつけて教材を組織して

いくということにはならなかった。教育内容論の視点から，そのような理論
の不備や理論と実践との矛盾が指摘されていると見ることができよう。

第2節　創造的音楽学習における教育内容と授業構成

1　創造的音楽学習における教育内容

　1980年以降千成らの教育内容論が音楽科の中で確立してきた状況はすでに
述べてきたが，同じ時期から我が国で学習指導要領や授業構成に影響を与え
てきたものに「創造的音楽学習」がある。それは，島崎が，我が国の音楽教
育における創造的音楽学習は1980年代から顕著になったと述べている通りで
ある（島崎：2010, 77）。

　周知のように，「創造的音楽学習」の用語は，*Sound and Silence*（Paynter,
Aston：1970）で示された Creative Music Making の訳語である。S&S が我
が国で山本文茂らにより『音楽の語るもの－原点からの創造的音楽学習』
（山本他訳：1982）として翻訳される中で「創造的音楽学習」と訳されている。

　Creative Music Making の解釈はさまざまであるが，導入当初，山本は，
「楽譜によってではなく，即興演奏によって，音と沈黙を時間的に組織して
いく作業」（山本：1982a, 11）と説明している。千成らによる教育内容論が教
育内容と教材を区別してとらえ，教育内容を中心とした新しい授業構成を生
み，教材の視点を明らかにしたとすれば，創造的音楽学習は，作曲に対する
固定概念を取り払い，子どもたちの即興演奏を中心とした新しい音楽活動を
もたらしたということができる。

　Creative Music Making を理論面から我が国に導入した代表者は，島崎に
よれば，山本文茂と坪能由起子である。たしかに，山本は，1982年から1983
年にかけて，また坪能は1983年から1984年にかけて『季刊音楽教育研究』誌
上で連載し，Creative Music Making 理論の普及につとめている。

特に山本は，この1982年から83年にかけた連載の③（山本：1982c）で
$S\&S$で紹介されている36のプロジェクトを「教育内容」面から分析してお
り，表3-3のように，36のプロジェクトの内容整理を行うとともに，各プロ
ジェクトの「教育内容」を抽出したとしている。

　山本は，第2章で述べたように，この連載の①（山本：1982a）では，以下
のように千成の提起を批判するところから始めた（山本：1982a, 13-14）。

　　　音楽科においては，内容と教材とは不可分の関係にある。これを区別すればす
　　るほど，教育内容は音楽の事実から遠ざかり，意味を失う。

　ところが連載の③（山本：1982c）では表3-3のように教育内容を示し，連
載の最終回にいたって「音楽科カリキュラムの構築作業は，内容と教材とを
はっきりと区分することが前提条件なのである」（山本：1983, 28）と述べた。
　このような変化は，山本が，連載で$S\&S$を紹介する中で起きている。
山本は，$S\&S$を紹介する連載の初回に，授業の組織は「常に教材の生きた
経験から出発」（山本：1982a, 14）すると述べているが，表3-3のプロジェク
トの主題は，教材から設定されてはいない。表3-3に見られるように，山本
は各プロジェクトの教材数をカウントしており，各プロジェクトはテーマに
そって教材を組み込んだ形をとっている。
　詳しくは第4章で述べるが，$S\&S$の理念や活動は，1907年に設立された
アメリカの全米音楽教育者会議 Music Educators National Conference
（MENC）を中心とする音楽カリキュラム改革運動とかかわりがある。この
流れの中では，すでに音楽的概念 Musical Concepts が取り上げられてお
り，$S\&S$の理念や活動は直接的に音楽的概念を教えるということをめざし
ていないにしろ，根底に音楽的概念をとらえていたはずである。表3-3のプ
ロジェクトには，それらがあらわれている。
　もっとも，先に山本は各プロジェクトの教材数をカウントしていたと述べ

表3-3　36のプロジェクト

番号	主　題	教育内容（概念・原理・語法・理論）	教材数
1	音楽は何を表現するか	シンバルの技法：音楽と他芸術の関連	9
2	体のなかにある音楽	原始社会における音楽の特質	1
3	音楽と神秘	古代文明社会における音楽の特質	2
4	音楽と言葉	言葉のイメージと音楽との関係	2
5	音楽における描写	標題音楽の意味：音楽の描写性	14
6	沈黙	沈黙のもつ表現の可能性	7
7	音楽と劇	気分・性格描写などと音楽との関係	1
8	動きと音楽	上下・前後・左右の動きと音楽との関係	11
9	弦楽器を探る	弦楽器の技法	9
10	空間と時間	音楽の時間的＝空間的的性質	3
11	自然の中のパターン	視覚パターンと音楽表現との関係	2
12	短い音と長い音	音と沈黙の持続効果	4
13	ピアノを探る(1)	フィンガー・パターンによるピアノ語法	9
14	ピアノを探る(2)	クラスター・倍音共鳴などによる語法	7
15	ピアノを探る(3)	内部弦操作による語法	4
16	音楽と形	図形楽譜の機能	4
17	テープ音楽	ミュージック・コンクレートの技法	17
18	旋律を探る(1)	自然発生的朗唱旋律	1
19	旋律を探る(2)	ペンタトニック音楽の音組成	8
20	言葉の音	音声パターンの多様性	0
21	音・旋法・音列(1)	音階の種類：ハリー・パーチの音楽	7
22	音・旋法・音列(2)	12音音楽の技法	9
23	音楽と数	音楽作品における数比的秩序	3
24	偶然性の音楽	20世紀音楽の潮流：不確定性音楽	4
25	ヘテロフォニー(1)	自然発生的ポリフォニー	4
26	ヘテロフォニー(2)	テクスチュアの対比	4
27	和声を見つける	3度6度音程による副旋律技法	3
28	和声を作る	長三和音の構造と輪唱技法	7
29	主要三和音	TDSの機能と終始のパターン	0
30	長旋法と短旋法	長調と短調のちがい	0
31	経過音と補助音(1)	同一和音内での非和声音技法	0
32	経過音と補助音(2)	異種和音間の非和声音技法	3
33	副三和音	和声の色あいと機能	1
34	掛留	和声の緊張と弛緩	2
35	夜の音楽	マルチメディアとしてのパントマイム	13
36	劇音楽（シアターピース）	マルチメディアとしての劇音楽技法	20

（山本：1982, 48の表を山中が整理した）

たが，山本が数えたのは鑑賞の例として掲載されている楽曲数だけであり，活動内で朗読する詩や歌う民謡などは含めていない。つまり，山本にとっては，あくまで教材は既成の楽曲であるという枠組みでとらえられる。結果として，表3-3の各プロジェクトであげられている「教育内容」は，教材構成との関係で導かれるものではなく，各プロジェクトから教える内容を抽出したものとなっている。

しかし，山本は，連載最終回（山本：1983）で「教育内容」について，さらに言及した。つまり，「音楽科の教育内容は，楽曲そのものではない」として，「音楽は，リズム・旋律・テクスチュア・速度・音色，音力・形式といった個々の構成要素が多様に組み合わされ，融合されたトータルなものとして意味を持ってくる」（山本：1983, 28）と述べ，2章でもあげたとおり，教育内容を以下のように定義した（山本：1983, 28）。

　　音楽科の教育内容は，生きた音楽のひびきを経験した結果として子どもの心の中に成長する音のイメージ（音楽概念）であり，音楽作品の後景として非実在的・精神的に内在する感情や観念が前景としての実在的・感覚的な形成面に表出されたもの（音楽の構成要素）であり，様々な音楽を系列づけ，分類させている原理（様式概念）であり，それらの成立を基礎づけている表現素材（語法・技法・理論）である。

山本のこのような教育内容の定義は，1985年になると，次のようになる（山本・松本・水野・尾藤：1985, 63）。

　　音楽科の教育内容は，生きた音楽のひびきを経験した結果として児童生徒の心に宿り，定着する音の多様なイメージである。言い換えれば，音楽科の学習内容は，音楽作品の背後にある非実在的・精神的な観念や感情が実在的・感情的な音のひびきとして前面に表出された時，それを知覚するのに必要なデータ・ベース（イメージ）であると言えよう。そのデータ・ベースこそ，音楽的概念（musical concepts）と言われるものである。

つまり，山本は，創作経験をさせることを授業の中心に置きながら，その結果として児童に音の多様なイメージが定着するためには，音楽的概念が必要であることを積極的に語りはじめたということができる。

山本が同論文で示した具体的な音楽的概念は以下のとおりである（山本・松本・水野・尾藤：1985, 63）。

　(1)リズム－音の長短・強弱・高低などの関係から生じる時間的な運動の秩序
　(2)旋律－音の構成と長短の結合による水平的運動の継起
　(3)テクスチュア－複数の音や旋律の空間的・垂直的な相互関係
　(4)速度－音の時価や楽曲の速度の規定
　(5)音色－倍音の複合状態や音の立ち上りの状態によって生じるねいろの違い
　(6)音力－音の大きさの度合いと相互関係
　(7)形式－楽曲の全体構造を支配している原理や組み立て

同時期の千成らが音楽そのものから抽出した教育内容は，様式などを含めつつも，基本的には「リズム，メロディー，ハーモニー，テクスチュア，調性，形式，ダイナミックス，音色」（吉田：1982）といった「音楽の構成要素」であり，「音楽的概念」（八木：1983）であった。山本は，これら千成らの教育内容にほぼ沿った形で「教育内容」を語るようになったということができる。

山本らは，同時に，これらを元にした，小学校から高等学校までの創造的音楽作り6)のカリキュラム，教材の配列，学習過程例，学習過程のタイプ，学習計画例および実践展開例を示している。

しかし，このような実践展開例の構成では，表3-3の36のプロジェクトとは異なり，楽曲中心の設定をとっている。ある一つの楽曲を教え込むスタイルは取らないが，一つの楽曲を掲げて，それらにかかわる音楽的概念や様式を学習するというスタイルである。たとえば，「わたしたちのメヌエット

『アルチーナ』」（小2）の展開例（山本・松本・水野・尾藤：1985, 68）では，表3-4 のようになっている。

　ここでは，ヘンデルの歌劇《アルチーナ》の《メヌエット》を中心に構成しており，授業の詳細はわからないが，主な音楽づくりは，おそらく《アルチーナ》の《メヌエット》に合わせて，メヌエットの踊りに合うリズム伴奏やメヌエットのフロア・パターンを創作・工夫することだと推測することができる。その中で，拍の流れ，3拍子，音色と音力，反復と対照と，さまざまなことを教えることになっている。つまり，山本ら創造的音楽学習における「教育内容」とは，音楽づくりをする中で学習していくものであり，一つの音楽づくりの中で一つのテーマ（この例でいえば《メヌエット》）に含まれる複数の「教育内容」を含むものとなっていることがわかる。

表3-4　「わたしたちのメヌエット『アルチーナ』（小2）」

学習過程展開例	(1)学習のねらいをとらえる	(2)感じ取り，反応する	(3)生み出す。	(4)概念化する。	(5)分析・評価する。	(6)関連づける。
わたしたちのメヌエット「アルチーナ」（小2）	拍の流れ。3拍子。リズム楽器の音色と音力。反復と対照。	古典舞踊のメヌエットのステップを踏む。バッハその他の「メヌエット」（古典舞曲）に合わせてメヌエットを踊る。	踊りに合わせて，リズム伴奏を工夫する。ペアを組んで，メヌエットのフロア・パターンを工夫する。古い衣類・カーテンなどを使って，コスチュームを作る。ヘンデルのメヌエット「アルチーナ」に合わせて踊る。	音の動きは体の動きを誘発する。拍の流れの中には，重い拍と軽い拍がある。音楽の速さは体の動きによって決まる。音色や音力の変化は踊りと結びついている。	リズム伴奏は，音楽や踊りの動きにぴったり合っているか。動きは拍の流れにのっているか。音楽の反復と対照が踊りの動きに反映しているか。	「アルチーナ」のお話をもとにして古典舞踏会を開く。昔の人々のくらしや楽しみについて考える。踊りと音楽は深いつながりを持っていること を，日本の踊りにも当てはめて考える。

（山本・松本・水野・尾藤：1985, 68）

これについては，後年（1994年），高須一が Creative Making Music に対する Paynter の見解について述べている以下のことが参考になる（高須：1994a, 32）。

　　作曲活動すなわち音楽をつくるという行為は，子どもが音楽作品を形成する過程において，その作品を音楽的に一貫した意味のある構造とすることを志向しながら，関連する知的概念について考え，それを獲得し使用することである。しかもその活動は，所産の構造に収斂しながらも結果としての所産や知的概念の獲得のみを問題にするものではない。子どもは，知的概念の背景にある「成立過程」を，所産を形成する過程と重ね合わせることによってたどり，知的概念の持つ社会的文化的な意味を把握しながらその操作能力を獲得するのである。このような関係の中で，鑑賞という活動は，子どもが所産を形成するための手がかりや枠組みを提供するものとして，或いは子どもの所産形成の過程でその文脈にそった音楽作品を提供するものとして機能する。

　つまり，山本は，《アルチーナ》の《メヌエット》に依拠して創作することにより，《メヌエット》にかかわる複数の知的概念を，踊りや暮らしなどといった，社会的文化的な意味とあわせて学習していくとして設定しているのであろう。

　高須は，このような我が国における「創造的音楽学習」における「教育内容」の理論化の流れを汲み，1996年には，英国国定カリキュラムに対して批判を行ったスワニック（Swanwick, Keith）の知的概念について紹介している（高須：1996a）。高須によれば，スワニックは，創造的音楽学習において確立された「音楽学習における子どもの音楽経験の重視」という側面を前提に，子どもの音楽経験とかかわる，「物事を行う仕方の知識」を重視している（高須：1996a, 105）。その知識は，「音素材」（音の属性），「表現的性格（Expressive Character）」（音楽的仕掛け），「形式」（音楽を一貫性のあるものにする構造）に分類される（高須：1996a, 105）。そして，「音素材」は聴識別能力や音操作能力の育成のために教材化され，「表現的性格」は子どもたちがメッセージ

を非言語的に外界へ伝達しようとする活動によって具体化され，獲得され，「形式」は音楽を一貫性のあるものにする構造等として中心的にとりあつかわれる。高須は，スワニックのこのような分類が，創造的音楽学習研究において不明確であった知的概念を措定するものであると評価している。

　そして，同年（1996年）には，我が国における新学力観の中で子どもの音楽経験をめぐって教育内容の転換を行わなければならないとして，新たに次のように教育内容を設定した（高須：1996b, 81）。

・音それ自体＋音の操作能力（音を探したり，つくったり，組み合わせるなどの能力）
・音楽の表情＋音楽の表現方法（強弱の付け方，速度の変更，音から音への動きの付け方などの能力）
・音楽の構造＋音楽を一貫性のあるものにする能力
・他者と共に演奏する技能（拍にのる，他者の音を聴く，声を合わせるなど）

　これらのうち，はじめの3点は，新学力観から，学ぶ関心や意欲，思考力，判断力を含むべきだとして，「知的概念」＋「知的概念の操作能力」という形で示したと述べている（高須：1996, 81）。つまり，新学力観にそって，いわゆる音楽的概念を「知的概念」として「教育内容」に含めながら，さらにその操作能力と合わせて「教育内容」とすべきだとしたのである。そして，それらの統合が得られるのは，音楽をつくる活動においてであるとした。

　これらから，1980年代から1990年代にかけた我が国における「創造的音楽学習」の流れとしては，当初は教育内容の存在を否定したが，S&Sの導入にともなって提示されるようになり，カリキュラムや授業例提示の中で，一つのテーマに複数の教育内容が示されるようになったこと，さらに新学力観の登場によって，操作能力まで組み込んで教育内容を定義づけはじめたこと，を大きな傾向として見ることができる。

2　音楽づくりによる授業構成の具体化

　山本は，その後，1985年には，『創造的音楽学習の試み　この音でいいかな』（山本・松本：1985）を松本恒敏とともに出版し，創造的音楽学習の具体的実践プランとして，以下の表3-5のような「24の学習課題」（山本・松本：1985, 132-141）を提示した。

　この書は，島崎によれば「CMM〈Creative Music Making〉の実践者にとってはバイブル的な存在として，80年代の CMM の実践を支えた」（島崎：2010, 82）。確かに，*S & S* の翻訳である『音楽の語るもの−原点からの創造的音楽学習』（山本他訳：1982）は，訳語であるがゆえに難解であり，また，これまでの我が国で主流であった楽曲中心の音楽教育からすれば，具体的に取り入れにくい内容であった。そのような *S & S* の36のプロジェクトに対して，以下の24の学習課題（表3-5）は，題名からして取りかかりやすいものであり，身近な事象と音を結びつけた活動を主体にしていることがうかがえる。しかし，これらの学習課題は，一見してわかるように「音」が主体である。*S&S* の36のプロジェクトのタイトルにはいわゆる音楽的概念が多く入っていたが，こちらには見当たらない。

　つまり，山本は「音楽的概念」を教育内容としてとらえているが，それらはこの24のタイトルを一見しただけでは見えにくい。後年，坪能が「日本での創造的音楽学習はその初期から『物語・情景・イメージ』と直結した活動とな」り，そして「日本の事例の特徴は，『音』を音楽以外のものを描写するための「効果音」として使っていること，または開発された『音』が手づくり楽器によるリズム伴奏など，既成の音楽表現に取り込まれてしまっている」と批判している（坪能：2011, 44）が，その状況は，ここで示された創造的音楽学習の具体例にも発端があると推察することができる。

　いずれにしても，この書以降，雑誌『教育音楽』（音楽之友社）誌上でも創造的音楽学習に関係する特集が組まれるようになり（85年 3 月号「『音』を作

第3章　教育内容論の新たな展開　155

表3-5　24の学習課題

■あなたのまわりにはどんな音がある？
 1．おかあさんの音作り
 2．ぽちと散歩に出かけよう
 3．小さい子の言葉って面白いな
 4．いろいろに声を出してみよう
 5．春の小川はどんな音？
■音であそべるかな？
 6．ことばのしりとりあそび
 7．音ずもうであそぼう
 8．踊りと音楽
 9．廃物で楽器を作ろう
10．ブレーメンの音楽隊
■音にはどんなちがいがあるの？
11．耳をすまして
12．乗り物はすてきだ
13．高原で聞いた音
14．体で作れる音にはどんなものがある？
15．音の記号でカルタができる？
■どこまで音は広がるのだろう
16．海の物語
17．音による宇宙旅行
18．音のでるスゴロクあそび
19．鍵盤楽器探検
20．アンサンブルを手づくり楽器で
■僕（私）だって作曲家
21．夜の音楽
22．詩の朗読と音楽
23．絵と音楽
24．劇と音楽

（山本・松本：1985, 132-141より山中が整理）

る」, 86年11月号「音とあそぶ」, 88年8月号「『音』をさがす・つくる」, 88年11月号
「自分の音楽をする」）, 即興的に音をつくる活動は授業実践として広がりを見
せるようになった。

　さらに, 学習指導要領においても, 1989年（平成元年）に改訂された小学

校学習指導要領において，音楽科表現領域の(4)に「音楽をつくって表現する」という項が誕生した。(4)の(イ)は，1・2学年で「即興的に音を探して表現すること」，3・4学年で「即興的に音を選んで表現すること」，5・6学年で「自由な発想で即興的に表現すること」と示されており，創造的音楽学習から端を発した音楽づくりが取り入れられたと考えることができる。この傾向は1998年（平成10年）に改訂された小学校学習指導要領にも見られた。

　これらの学習指導要領においても，やはり主眼は「音楽」をつくることよりも「音」そのものに置かれている。1989（平成元）から1998（平成10）年にかけての学習指導要領の実施時期の各地の国立大学法人系大学附属学校の授業研究では，音楽科において，「音を重ねて楽しもう」（2005年宇都宮大学教育学部附属小学校），「音で描こう！星の世界」（2005年神戸大学発達科学部附属小学校）などが見られる（山中：2006）。たとえば，「音で描こう！星の世界」では，「魚座」「秋の夜空」など星空に関連する曲を聞き，星空をイメージにした曲について話しあい，「夜空のようせい」「満天の星空」などのタイトルを決めて作品をつくる，というような活動を行っている。そして，「星たちが楽しそうで賞」「音が神秘的で賞」などの「賞」をつくって互いに表彰するようにしめくくっている（山中：2006，27-28）。

　さらに，2008年（平成20年）に改訂された学習指導要領では，表現領域に「音楽づくり」の名称が誕生し，それに関する項目が設定された。音楽づくりは，学習指導要領改訂のたびに重きを置かれるようになったと見ることができる。

　そして，当初から課題となっていた効果音的な描写については，ここで大きく見直しが図られるようになった。2008（平成20）年に改訂された学習指導要領では，たとえば，5・6学年の表現(3)イで「音を音楽に構成する過程を大切にしながら，音楽の仕組みを生かし，見通しをもって音楽をつくること」と示され，音楽の仕組みへの視点が見られるとともに，「つくって表現する」ことから，「音楽をつくる」ことそのものに重きが置かれることとな

っている。

　事実，2010年に文部科学省初等中等教育局教育課程教科調査官に着任した津田正之は，以下のように述べている（津田：2011e, 50）。

　　　音楽づくりの授業において，子どもがどうしてよいのか戸惑っている，擬音や効果音的な表現にとどまっている，時間をかけるわりには表現が深まらない，といった状況はないだろうか。このような状況は，音を音楽に構成していくための手掛かりを子どもが気付き，活用するための指導が十分でなかったことに一因があると考えられる。

　そして，津田は，そのために2008（平成20）年に改訂された学習指導要領で新設された〔共通事項〕の事項アの(イ)「音楽の仕組み」が手掛かりになると述べている。〔共通事項〕については，次章で述べるが，津田の発言に見られるように，我が国の即興的な音楽づくりに続く課題が，この改訂で大きく見直されようとしたことがわかる。

　このような中で，創造的音楽学習の定義も少しずつ変化してきた。先にあげたように，山本が1982年に「楽譜によってではなく，即興演奏によって，音と沈黙を時間的に組織していく作業」（山本：1982a, 11）としていた創造的音楽学習は，坪能によって，2004年に「子どもを音楽を生み出す存在として認識し，自ら音を探し，自由に創作する活動を音楽教育の中に位置づけたもの」（坪能：2004, 535）と定義された。坪能は，創造的音楽学習は子どもの主体的な活動であることを強調し，創作自体については「自由に」とくくっている。これが，2010年になると，島崎により「子どもが多様な音素材を活用して即興的に音を探求しながら経験創作によって音楽を創る活動」（島崎：2010, 77）となり，「多様な音素材を活用する」という指標が提示され，「音楽を創る」というように，音楽としてまとめることが強調されはじめた。これらの変化は，創造的音楽学習導入当初に千成らの教育内容論は批判されたものの，教育内容の存在は後に創造的音楽学習のカリキュラム構築において必

要になり，さらに，学習指導要領に音楽づくりとして導入され改訂が進む中で，当初の定義の見直しが必要になってきたことを物語るものである。

第3節　音楽科教育における教育内容研究の新たな展開

1　1990年代の音楽科における教育内容論の浸透と課題

　千成提言の後に見られた批判においては，山本が結局，創造的音楽学習において教育内容の概念を取り入れたように，加藤富美子や村尾忠廣も，その後教育内容について見解を変化させている。

　加藤は，第2章で述べたように，音楽科の教育内容の一つは，美しい音や音楽を発見させる場を設定することであるとして，千成らの教育内容論を批判していた。しかし，1990年には，論文冒頭で以下のように述べるなど，教育内容として音楽的概念〈「音楽自体の構造の性質」を認めている（加藤：1990, 193）。

　　　教科『音楽』における学習の内容を，『心情』や『情操』といった『こころの
　　持ち方や態度をめぐっての教育のあり方』におくのではなく，音楽自体の構造の
　　性質とすべきであるということ，そして，学校における音楽学習の内容を，より
　　現実の社会における音楽文化と密接な関連を持った内容とすべきであるというこ
　　と，この二つの主張から本研究が始まった。（下線・山中）

　村尾は，当初の批判においては，教育内容を中心とした授業を一部で認めつつも，特定作品理解を前提にすべきであるとしていた。しかし，1985年に行われた，アメリカで Music Education as Aesthetic Education（MEAE）を掲げたリーマー（Reimer, Bennet）との対談（村尾：1985）においては，リーマーの「〈各楽曲の〉特異構造がわかるためには一般的な事，様式構造がわかっていることが必要でしょう。様式構造に基づいて聞き手が後続を期待

第3章　教育内容論の新たな展開　　159

するようにならなければ特異構造の理解にはすすめません」（村尾：1985,
125）という主張に対して村尾は否定していない。

　また，村尾は，1997年には，「〈アメリカにおいては〉概念学習にとって代
わるカリキュラム，より根本的には〈美的教育〉〈Music Education as Aes-
thetic Education〉の思想にとって代わる新しい音楽教育の方向（音楽教育哲
学）が見えてこなかった」（村尾：1997, 1）と述べている。同論文によれば，
プラクシス派のレゲレスキ（Regelski, Thomas A.）は，「理論知識（theoria,
knowing that）」と「技能的知識（techne, knowing how）」をつなぐものが「実
践的知識（praxis, practice）」であるとし，その立場から，エリオット（Elliott,
Davie J）等とともに，MEAE（Music Education as Aesthetic Education）は
「theoria」であると批判したとしている。しかし，村尾は，MEAE は，
「theoria」というわけではないという。そして，音楽教育において，「know-
ing that」と「knowing how」は両極を持った連続体であると述べた（村
尾：1997, 8-10）。村尾はさらに，リーマーとエリオット，レゲレスキの理論
は，立場の違いを強調するのではなく，融合へ歩んでいくべきだとした。こ
れらから，村尾は，音楽的概念の存在をまるで否定すべきものとしたわけで
はないことがわかる。

　このように，音楽的概念を教育内容として認知していく様子は，次第に広
まっていった。加藤と一緒に千成らの教育内容論を批判していた河村（阪
井）恵は，1996年に，「『音楽的概念による教材構成法』の功罪」（阪井：
1996）で次のように述べている（阪井：1996, 161）。

　　アメリカの「概念学習方式」や日本の『授業改造』〈千成俊夫編『達成目標を
　明確にした音楽科授業改造入門』（明治図書，1982）〉の提案を受けた取り組みな
　ど，広い意味での「音楽的概念による教材構成法」という考え方は，繰り返す
　が，音楽科教育研究に大きな貢献をしたのである。（中略）音楽科が多様な音楽
　に対応する必要に迫られた今日，「音楽的概念による教材構成法」を用いること
　により，音楽科のカリキュラムというものが創りやすくなったのである。学習者

にとっての真の系統性という点では疑問の余地があるにせよ，他教科と同等の，系統だったカリキュラムが作られるようになった。研究者ばかりでなく各学校，各教師がこのような取り組みをし始めたのである。

　日本の場合は，さらに，『授業改造』〈千成俊夫編『達成目標を明確にした音楽科授業改造入門』(明治図書，1982)〉の提案を受けた取り組みによって，音楽科の授業というものへの意識が大きく高まった。教育内容を意識しそれに即した教材を準備し，適切な指導法による授業実践をすることの重要性が，広くまた強く認識され始めたと思う。授業研究といえば「教師のカンやコツや情念が，質の高い意味のある音楽表現を生み出すのだ」といった論法に陥りがちだった時代から見ると，隔世の感がある。

　つまり，阪井は，千成らが提唱した教育内容論において，教育内容の措定とそれにそった教材の構成によって授業が定式化され，授業構成の方法が具体的に示されたことを積極的に評価しているといえる。

　一方，阪井は，「音楽科の教育内容は音楽の概念や法則である」といういい方がひとり歩きし，学問的にふみ込んだ討論がなされなかったこと，その結果，表面的な意味にとらえたものが，経験の浅い教師向けに一つの模範のように示されるようになったことを課題としてあげている。

　阪井がその具体例としてあげているのは，「異質なものからの学び合い」「受信者・発信者一体」「文体革新」の三原則を掲げた雑誌『授業づくりネットワーク』(学事出版)の「あすの授業」コラムに掲載されている1時間の授業プランである。同誌は1988年に発刊され，八木も編集代表を務めた。この雑誌によって，教育内容を中心にした音楽科の授業プランが教員間にも広く知られ，実践を共有するようになったといえよう。しかし，確かに阪井が言うように，1時間の授業プランの場合，一つの教育内容に対して一つの教材が対応することが多く，教材が教育内容を形式的に理解するためだけにあるかのように見えることも少なくない。阪井はその点から，「『音楽科の教育内容は音楽的概念である』といういい回しの曖昧さに，誰も切り込んでこなかったため，それぞれに『音楽的概念』の概念を持ち，混乱が生じている」

（阪井：1996, 159）とし，学習者はどのようにわかることが望ましいのか，学習者がどのような状態であることを目標とするのか，と実践上の課題をあげたのである。

2　授業過程研究の広がりと学習者論の転換

　1980年以降，音楽科の中で，このように音楽的概念や音楽構造が教育内容であるという見解が定着し，その授業構成や授業プランにおける実践研究が進む中，教育全般では実際になされる授業場面に着目する授業過程研究や学習者論が大きな進展あるいは転換を迎えている。

　たとえば，1980年代には，向山洋一らによる教育技術の法則化運動が起こり，1982年の『跳び箱は誰でも跳ばせられる』（向山：1982）は，分ち伝えられる教育技術で授業を変革するものとして大きな話題を呼んだ。

　また，先に述べたように，1988年には雑誌『授業づくりネットワーク』（日本書籍→学事出版）[7] が発刊され，授業研究や授業プランを相互に発信しあうことがめざされた。

　『授業づくりネットワーク』の初代編集代表であった藤岡信勝は，1987年に，授業における教師の行為を「教授行為」とよび，次のように規定した（藤岡：1987, 178-179）。

　　　発問，指示，説明から始まって，教具の提示や子どもの討論の組織におよぶ，
　　現実に子どもと向き合う場面での，教師の子どもに対する多様な働きかけとその
　　組み合せ

　そして，授業の成否が実際の授業場面における教授行為に左右されることを示した。ここで「教授行為」という用語が誕生して以来，各方面でさまざまな教授行為研究が生まれている[8]。藤岡は，さらに，『ストップモーション方式による授業研究の方法』（藤岡：1991）を発表し，実際の授業で起こる

教師の教授行為や教師の意図に着目した授業研究を推奨している。

　また，吉崎静夫が1983年に発表した「授業実施過程における教師の意思決定」(吉崎：1983) は，教師の意思決定が授業の成否にかかる重要な教授スキルであるという視点が当時大きな話題を呼び，各教科で取り上げられた。

　これらは，これまで授業研究で見過ごされがちであった，実際の授業過程のできごとに着目した研究である。

　さらに，学習者論としては，たとえば1993年には，Lave, J.（レイブ）とWenger, E.（ウェンガー）の *Situated Learning : Peripheral Participation*（Lave. Wenger：1991）が，我が国で佐伯胖によって『状況に埋め込まれた学習－正統的周辺参加』(佐伯：1993) として訳され，大きな話題を呼んだ。これらにおいては，学習は，学習者が獲得する命題的知識からではなく，学習者の社会的・文化的共同参加の状況の中でとらえられる。

　佐藤学は，当時，「近代の学校を特徴づけてきた画一性と効率性を二大原理とする授業のシステムと『教え』と『学び』の関係と構造そのものが問い直され，新たに解体され再編されようとしている」と述べている (佐藤：1996, 154)。佐藤は，なかでも社会的構成主義[9]に触れ，それにおける学びは「共同体的・社会的に認識され，環境との交渉だけでなく，人と人のコミュニケーションを基礎としている点に特徴を有している」という (佐藤：1996, 160)。

　これらに呼応するように，学習指導要領の学力観も変化した。1989年（平成元年）に改訂された学習指導要領においては新学力観が示され，「自ら学ぶ意欲」や「社会の変化に主体的に対応できる能力の育成」等が掲げられた。この学習指導要領の「第1章総則」の「第1 教育課程編成の一般方針」には，「学校の教育活動を進めるに当たっては，自ら学ぶ意欲と社会の変化に主体的に対応できる能力の育成を図るとともに，普遍的・基本的な内容の指導を徹底し，個性を生かす教育の充実に努めなければならない」と記載されている。つまり，個が共同体にかかわっていく点からも学力をとらえるよ

うになったのである。

このような状況から，「教育内容」概念にも変化が見られた。佐藤によれば，社会的構成主義においては「教育内容の意味は，所与の知識として存在するのではなく，教師と子ども，あるいは子ども相互の社会的コミュニケーションにおいて生成されるものであり，相互主体的な実践を通して構成」（佐藤：1996, 171-172）される。つまり，教育内容はあらかじめ用意された客観的な知識として獲得させるものではなく，社会的な関係性の中で生成されるという形で獲得されるものととらえられるようになってきたというのである。

それに対して，佐藤は，さらに「教室における学びの実践」は「対象世界（教育内容）の意味と関わりを構成する認知的実践（世界づくり）とその認知的過程を通して対人関係を築いたり修復したりする社会的実践（仲間づくり）とその過程を通して自己を構成しその存在価値を探る倫理的実践（自分さがし）の三つの統一的な複合」（佐藤：1996, 173）であるとする見解を示している。そして，「子どもが何かを学んでいるとき，その経験において，教育内容の意味が構成されているだけでなく，教師や仲間との関わりが再構成されているのである」（佐藤：1996, 173）と述べている。

このように，教育内容は，他者との関係性の中で構成されるものととらえられるようになり，客観的で自明な教育内容という捉え方自体に変化が起きていることがわかる。しかし，佐藤は，教育内容は「所与の知識」としての存在ではないとしているものの，学びの実践は教育内容に対する認知的実践が基盤ととらえており，教育内容の存在そのものを否定しているわけではない。

3　授業システムの転換と教育内容論の新たな展開

このような状況を受け，1990年代においては，音楽科の教育内容論とその授業構成においても新たな展開が見られるようになった。

八木は，これらに関して，1990年代に，主に以下のような論文を発表している。

> 「音楽の授業における教師の意思決定に関する一考察」（八木：1991a）
> 「音楽科の授業モデルとシステムに関する研究」（八木：1991b）
> 「研究の動向　音楽教育研究の抽象から具体へ」（八木：1991c）
> 「授業システムと自己学習力」（八木：1991d）
> 「音楽科における教育内容論の総括と課題」（八木：1994c）
> 「本音の新たな復権－学校音楽教育理念の歴史的検討」（八木：1995）
> 「音楽科におけるカリキュラムの今後の方向をめぐって」（八木：1998a）
> 「教科教育の課題　学びの意味の再構築」（八木：1999b）
> 「音楽科の意味の創出」（八木・川村・小室・島田：1999）

八木はあわせて，日本音楽教育学会において，吉田らとともに，1993，1994年度の2年にわたって課題研究「授業研究の『方法』を創る」のシンポジウムを行っている（八木：1993，八木：1994a）。

八木は，まず「音楽の授業における教師の意思決定に関する一考察」（八木：1991a）において授業過程の問題に触れている（八木：1991a, 43）。

> 授業における教育内容，教材の重要性については論をまたない。しかし，これは授業を成立させるための一方の要件であるにすぎない。教育内容，教材が授業を構成する内容的要素であるとするなら，一方，授業における作用的要素とでもいうべきつぎのようなものが存在している。

こうして，授業過程において教師が子どもに行う働きかけに触れ，「実際の授業の成否は，教育内容，教材などの内容的要素と同時に，この作用的要素の巧拙によって左右される」（八木：1991a, 43）ことに言及したのである。そして，音楽科の実際の授業から，「授業における意思決定に関して，教授行為についてのレパートリーと，教授行為の系列を瞬間的に組替える能力が必要である」（八木：1991a, 51）と述べた。

このような授業過程の教師の意思決定や教授行為への着目については，さらに，「研究の動向　音楽教育研究の抽象から具体へ」（八木：1991c）に詳しい。ここでは，藤岡にならって，授業研究を次の4つに分類している（八木：1991c, 86）[10]。

①授業における教育内容に関する研究

②教材に関する研究

③教授行為に関する研究

④学習者に関する研究

そして，それまで音楽の授業研究の中心はいわばハード面に関する①②のレベルに置かれていたが，実際の授業には教育内容や教材と並ぶ大きなモメントが存在するとして，授業のソフト面の研究として③の教授行為に関する研究を，そして学習者レベルの研究として④の学習者に関する研究の重要性を指摘した。中でも80年代後半から意識的に行われるようになった，③の教授行為に関する研究のうち指示研究は，④の学習者レベルの研究を内包し，①，②の研究とも切り離せないという。このことから，「指示という教授行為は，じつは，授業を構成する要素－教師・教育内容・教材・学習者－をつなぐ縦糸的な役割をもって」おり，指示研究は「小手先の指導技術研究」ではなく，「教育内容，教材，学習者レベルの研究を結ぶ具体的なフェイズの研究である」と述べている（八木：1991c, 90）。

授業過程に着目した論議は，さらに日本音楽教育学会におけるシンポジウムでも行われた。1993年，1994年と2年続けて「授業研究の『方法』を創る」というテーマでシンポジウムが行われ，いずれも八木の司会のもと，1993年が吉田，岡健，泉靖彦，1994年が高須一，藤川大祐，吉田で行われている。

1993年の方のシンポジウムでは，吉田は，授業研究の対象を「授業過程，その前段階としての授業構成の過程，授業後の3つの段階における教師と学習者の行為と意識」とし，授業研究の中心となるのは授業過程である，とし

た（吉田：1993b, 61）。岡は，子どもの主体性を最大限尊重するような授業を対象とした場合，民族誌的方法が有効であることを主張している。また，泉は，授業において，「動的な相互関係の分析だけでなく，授業全体を包む<u>目に見えない雰囲気にも着目することが重要である</u>」（泉：1993）（下線・泉）と述べた。このような，三者の授業過程に注目した授業研究の発表を受けて，八木は，授業研究における二つのステージを提示し，「教師の授業観，目標設定から始まって，教育内容，教材等などいわば授業を成り立たせているファクターを取り出し，それについて研究していく」というステージに対して，「それら諸ファクターが実際の授業過程でどうからみあい，どのような結果をもたらしているのか」を研究していくステージが今後課題であるとまとめている（八木：1993b, 72）。

　1994年のシンポジウムでは，高須がまず，戦後授業研究史を振り返り，一定の評価をしつつ，授業研究の客観化の限界等の課題をあげ，授業を「あるがまま」に捉えるという視点から現象学的アプローチや民族誌的アプローチ，物語的アプローチの記述方法を提案した（高須：1994b）。藤川は，ストップモーション方式による授業研究を紹介し，教師の行為の是非の「検討」ではなく，教師や子どもの行動の「解明」を行うという姿勢で行うべきであるという，授業過程の具体的な研究方法の提案を行った（藤川：1994）。吉田は，授業づくりを対象化する－教師がどのような思いや願いをもって授業づくりを行ったか，教師がどのような手順や方法で授業づくりを行ったかを明らかにする－研究が必要であると述べた（吉田：1994）。八木は三者の発表から，授業過程研究においては，授業の分析にとどまらず，「教師や子どもの思い，考えを授業の事実から描き出す」方法の開発が大きな課題であると締めくくっている（八木：1994a）。

　先に述べたように，吉田は，1982年に，誰もが参加し，誰もが実践できるものとして，授業構成の作業を以下のように定式化していた（吉田：1982）。

(1)教育内容の設定

　先述の音楽的諸概念や下位概念から一つ選んで教育内容とし，内容を研究する。

(2)目標の設定

　(1)の教育内容を習得することがいかなる状態をさすのか，「感じることができる」「表現できる」「理解できる」という三形態から考える。

(3)教材の選択・組織化

　上述の有効な教材の条件にしたがって，教材を出しあい，子どもの学習過程にそって組織化する。感性的段階，意識化の段階，習熟の段階に分けて記述する。

(4)授業過程の設定

　授業計画，各授業の目標，教師の発言や活動，子どもの活動，予想される反応，教材の提示の方法（教具）等をできるだけ具体的に，だれもが実践できるように記述する。

　この一連の授業構成の作業においては，授業過程は(4)で取り上げられているが，これはあくまで授業前に想定する授業過程の設定であった。そして，授業構成は授業前までの計画段階までの作業としてとらえられていた。それに対して，1990年代には，授業研究として，さらに実際の授業過程の教師の意図や教師の及ぼす作用の研究の必要性が取り上げられたということができる。

　八木は，1987年にも『音楽指導における指示語に関する一考察』（八木：1987）で授業における指示の問題を提起している。1980年代に起きた教育全般で起きた研究の動向をこの時期以降取り入れていると見てとることができよう。

　八木がこの時期にもう一つ取り上げたのが，授業モデルや授業システムである。八木は，「音楽科の授業モデルとシステムに関する研究」（八木：1991b）で，音楽科で行われている授業モデルを，6つ－①合唱団モデル，②教科書モデル，③授業書モデル，④カウンセリングモデル，⑤CAIモデル，⑥自己学習モデル－に分類した。そして，①②（④）を教師主導目標達

成型，③⑤を設計・システム型，⑥を情報提供・学習活動重視型と名付けた。八木によれば，このうち，授業の目標として方向目標であるのは，⑥自己学習モデルだけである。八木は，教師主導目標達成型や設計・システム型の授業の授業目標を到達目標から方向目標に変えることによって，クローズドシステムとして機能している授業をオープンシステムに替えることを提案した。「授業のすべてを教師が設計するのではなく，追究すべき課題や学習活動を学習者に設計させる余地を拡大する」（八木：1991b, 20）ことによって，モデルの性格が大きく変わっていくとしたのである。

　第1章でも述べたように，かつて，『達成目標を明確にした授業改造入門』（千成編：1982）では，こう述べられている（千成編：1982, まえがき）。

　　　達成基準を明確にするということは，すべての子どもに，何を，なぜ，どこまで，どのように学ばせ，そしてまたどれ程その目標を子どもたちが身につけたかを測定評価し，その結果を検討することによって，この一連の学習手続きを反省し，授業をよりよいものに改めるという連鎖を，教師自身が限りなく押し進めていくことを意味するものである。

　ここでは，従来の伝統的な音楽教育の課題から，測定し得るもので授業を構成し，子どもたちを評価するということがめざされていた。つまり，到達目標型であることが出発点でもあった。

　その目標の設定を方向目標にする，という提案は，大きな転換である。八木は，先の授業モデルのうち，⑥の自己学習モデルは，創造的音楽学習に類する音楽づくりをその典型としている。①−⑤まではこれまでの授業モデルとして存在していたものであったが，創造的音楽学習については，先に述べたように，千成らの教育内容論と同時期に広がっていったものである。八木によれば，この授業モデルのシステムは，それまでの教育内容論中で説明してきた，伝統的な授業にも，教育内容を中心とした授業にもない，新しいシステムに依っているということになる。

八木は，このようなモデルとシステムについての整理を皮切りに，教育内容を再考することについて，「音楽科における教育内容論の総括と課題」（八木：1994c）において次のように述べている（八木：1994c, 10）。

　　　千成氏の提起は，教育内容を明確にすることによって授業構成を意識化するという意図を内包するものであった。
　　　さらに，教育内容をめぐって，いわゆる「新学力観」にかかわった課題への取り組みの必要性についても提起しておかなければならない。「関心・意欲・態度」の評価の重視という形で語られている「新学力観」は，態度的な学力や教育内容をめぐって，新しい提起を行っているものと考えなければならない。（中略）いわゆる態度主義的な学力観の問題についての私たちの基本的な考え方は，すでに10年前に確認を行っている〈千成俊夫編：1982, 22-26〉。が，さまざまな意味でそれを再確認し，また必要に応じて再構成することが，教育内容論に問われている課題でもある。

　このような教育内容の再構成の観点から，この時期に八木が提案したのは，まず，音楽表現活動を通して行ってきた情操の育成や技術の追究を転換し，音楽について学習するという方向で理念を構築し，人間と音楽とのかかわりを主たる教育内容とする，ということであった（八木：1995, 29-30）。さらにそれらは表3-6のようなカリキュラムの方向としても提案された。表3-6に見られる「総合的学習」というのは，教育内容の抽象度を高めるという角度[11]から得られる，教育内容中心の授業である。「総合的学習」の具体例には，「日本人ってノンビリ屋さん？」「リズムを探せ」「ヘンデルのかつらのひみつ」「ヨーロッパ社会の変化と音楽」等々があげられており，これまでの音楽の教科の枠にとどまらない事象まで広げた内容が想定できるものとなっている。このような抽象度を高めることに加えて「子どもたちが探究的に自ら『あばく』ような教材の使い方や授業の構成を模索する」（八木：1999b, 59）とし，先に述べた方向目標的な目標設定への転換を提案している。
　このように，授業研究として授業過程に注目してきたこと，授業システム

表3-6　八木のカリキュラム案

小学校1，2，3年
歌のレパートリーを増やす 歌や音楽で遊ぶ つくって表現する（創造的音楽学習）
小学校4，5，6年
歌のレパートリーを増やす 歌で遊ぶ つくって表現する（創造的音楽学習） 総合的学習
中学校
選択音楽

を『新学力観』の課題から編み直すことをめざしたこと，それによって教育内容自体もその内容や抽象度からとらえなおすようになったことが，この時期の教育内容論の大きな変化である。

註

1）この当時の単元について，真篠将は後年以下のように説明している。「その一つは教科内容の性質によるまとまりであって，これは教師や教科の専門家によって構成される単元であり，他の一つは，学習する者の目的によって構成される単元である」。（真篠：1979, 135）

2）『指導計画の作成と学習指導　小学校音楽指導資料』（文部省：1980）の38-46頁の記載から，引用者が主題による題材名を抜き出した。題材名は重複しているものもあったが，そのまま抜き出した。また，楽曲による題材名は省略した。

3）先に掲げた，単元例「楽しい合奏」（表3-1 音楽の内容をまとめた単元例）などがその一例であるといえるだろう。

4）『教育学大事典』第4巻（第一法規，1978）の202頁から引用している。

5）『昭和50年代における音楽科の題材構成：水戸市立新荘小学校の研究を中心に』（津田：2001）の39-40頁の内容を引用者がまとめた。

6）山本らは，ここでは「創造的音楽学習」と同じ活動を示すものとして「創造的音

楽作り」という用語を使用していると考えられる。

7）発刊当初は日本書籍であるが，現在は学事出版から出版されている。

8）数々見られるが，たとえば，音楽科においても1994年に篠原が教授行為について以下の論文を発表している。篠原秀夫「音楽科における学習指導案に関する一考察：教授行為の記述を中心に」（『北海道教育大学紀要第一部C 教育科学編』44（2），251-265，1994）

9）佐藤は，ここでは，社会的構成主義の原語として social constructivism と social constructionism をあげている。（佐藤：1996，155）

10）「研究の動向 音楽教育研究の抽象から具体へ」（八木：1991c）の86頁の4つの分類の見だしのみ引用者が抜粋した。

11）教育内容の抽象度については，「音楽科における教育内容論の総括と課題」（八木：1994c）にくわしい。

第4章 教育内容と授業構成

　千成らの教育内容論は，2000年代になって，授業パラダイム転換の提唱や関係的な教育内容の提起へと発展した。一方で，2008（平成20）年に改訂された学習指導要領では，実体的な教育内容として，音楽の要素を中心とした〔共通事項〕が示され，広く教育現場で追求されていくものとなった。

　第4章では，2000年前後から現在にいたる教育内容とその授業構成についてまとめ，教育内容と授業構成の実際について検討し，教育内容論が提起された頃から現在にいたるまでの教育雑誌に見られる音楽授業の傾向と，小学校事例に見られる音楽づくりの授業の変遷について分析した。

第1節　平成20年に改訂された学習指導要領における〔共通事項〕と教育内容論

　1977（昭和52）年に改訂された学習指導要領に続いて，1989（平成元）年，1998（平成10）年に改訂された学習指導要領にいたる時期は，教師主導による系統的な学習から子どもの主体的な活動重視の教育への転換がなされた時期であった。1989（平成元）年に改訂された学習指導要領では「新しい学力観」（以下，「新学力観」）が，そして1998（平成10）年に改訂された学習指導要領では「生きる力」が示されていることは周知のことである。

　そして現在，最も新しい学習指導要領が，2008（平成20）年に改訂されたものである。文部科学省によれば，この学習指導要領は，以下のように，1998（平成10）年に改訂された学習指導要領の「生きる力」の育成の方向を示しながら，基礎的・基本的な知識・技能の定着とこれらを活用する力の育成を加えてめざしているところが特徴である[1]。

174

　新しい学習指導要領は，子どもたちの現状をふまえ，「生きる力」を育むという理念のもと，知識や技能の習得とともに思考力・判断力・表現力などの育成を重視しています。

　音楽科においては，領域は1998（平成10）年に改訂された学習指導要領と変わらずに「表現」と「鑑賞」の二領域で示されているが，加えて〔共通事項〕が設定された。〔共通事項〕は，整理すると，小学校，中学校音楽科に

小　学　校	
「A 表現」及び「B 鑑賞」の指導を通して，次の事項を指導する。	
ア　音楽を形づくっている要素のうち次の㋐及び㋑を聴き取り，それらの働きが生み出すよさや面白さ，美しさを感じ取ること。	
小学校第1学年及び第2学年	㋐音色，リズム，速度，旋律，強弱，拍の流れやフレーズなどの音楽を特徴付けている要素 ㋑反復，問いと答えなどの音楽の仕組み
小学校第3学年及び第4学年	㋐音色，リズム，速度，旋律，強弱，音の重なり，音階や調，拍の流れやフレーズなどの音楽を特徴付けている要素 ㋑反復，問いと答え，変化などの音楽の仕組み
小学校第5学年及び第6学年	㋐音色，リズム，速度，旋律，強弱，音の重なりや和声の響き，音階や調，拍の流れやフレーズなどの音楽を特徴付けている要素 ㋑反復，問いと答え，変化，音楽の縦と横の関係などの音楽の仕組み
イ　音符，休符，記号や音楽にかかわる用語について，音楽活動を通して理解すること。（注：第1学年及び第2学年には，冒頭に「身近な」がつく）	
中　学　校	
「A 表現」及び「B 鑑賞」の指導を通して，次の事項を指導する。 ア　音色，リズム，速度，旋律，テクスチュア，強弱，形式，構成などの音楽を形づくっている要素や要素同士の関連を知覚し，それらの働きが生み出す特質や雰囲気を感受すること。 イ　音楽を形づくっている要素とそれらの働きを表す用語や記号などについて，音楽活動を通して理解すること。	

おいてそれぞれ左頁のように示されている。

　文部科学省初等中等教育局教育課程教科調査官である津田は，2011年，学習指導要領全面実施に当たっての課題をあげる中で，〔共通事項〕について次のように述べている（津田：2011b, 11）。

　　　新学習指導要領では，音楽的な感受に相当する指導内容を〔共通事項〕事項アとして示し，〔共通事項〕を支えとしながら，思いや意図をもって表現したり，味わって聴いたりする力を育成することを重視している。

　これは，2008（平成20）年に改訂された学習指導要領の，改訂における〔共通事項〕のウエイトの大きさを示すものであろう。資料4-1のように，新しく示された評価の観点においても，観点「音楽表現の創意工夫」及び「鑑賞の能力」の趣旨の前半部分に〔共通事項〕（事項ア）に即した内容を明記したとされている（津田：2011a, 10）。

　また，〔共通事項〕は，学習指導要領においては，「A 表現」及び「B 鑑賞」の指導を通して，次の事項を指導する」とあるように，表現，鑑賞の指導を通して音楽の要素や仕組みの感受や理解をすることになっている。それ

資料4-1　小学校音楽科の評価の観点及びその趣旨

観点	音楽への関心・意欲・態度	音楽表現の創意工夫	音楽表現の技能	鑑賞の能力
趣旨	音楽に親しみ，音や音楽に対する関心をもち，音楽表現や鑑賞の学習に自ら取り組もうとする。	<u>音楽を形づくっている要素を聴き取り，それらの働きが生み出すよさや面白さな</u>ど</u>を感じ取りながら，音楽表現を工夫し，どのように表すかについて思いや意図を持っている。	音楽表現をするための基礎的な技能を身に付け，歌ったり，楽器を演奏したり，音楽をつくったりしている。	<u>音楽を形づくっている要素を聴き取り，それらの働きが生み出すよさや面白さな</u>ど</u>を感じ取りながら，楽曲の特徴や演奏のよさなどを考え，味わって聴いている。

（津田：2011a, 11より引用）（下線・津田）

に対して，津田は，〔共通事項〕を支えとして表現や鑑賞の力を育成すると
している。つまり，〔共通事項〕は，形式的な知識ではなく，音楽活動を通
して理解し，さらにそれが表現力や鑑賞力に還元されるというように，音楽
活動の支えと考えられていることがわかる。

　〔共通事項〕の内容は，まさに千成から始まる教育内容論において提唱さ
れてきた「音楽の基本的なもの」（千成：1980b）であり，表現や鑑賞の支え
となることは，教育内容論のめざす方向であった。これは，1980年の千成の
提言以来，20年以上経って学習指導要領で示されるようになったことにな
る。音楽の要素や仕組みの学習の重要性が我が国の音楽教育に広く定着して
きたと見ることができるし，教育現場で，学習指導要領に基づいた授業構成
が広く実践的に研究されていく契機になったと見ることもできよう。

　〔共通事項〕については，我が国で創造的音楽学習を提唱し展開している
一人である坪能は，近年になって，創造的音楽学習は音楽構造とかかわった
活動であり，〔共通事項〕につながっていると強調している。坪能は，2011
年，創造的音楽学習の根幹は「音そのものに着目し，『音を聴く・音を探す』
ことを出発点としながら，自分たちの音楽の素材となる音を『選び』，それ
を何らかの方法で組み合わせて時間的な流れの中におくこと」（坪能：2011,
45）（下線・坪能）であったと述べた。そして，1989（平成元）年に改訂された
学習指導要領の時代について，同学習指導要領内に「イ自由な発想で即興的
に表現する」（5・6学年）とあることから，「自由な発想」を支えるため
の，音楽をつくるための手掛かりや新たな枠組みが明確ではない時代でもあ
った（坪能：2011, 45）と批判した。そして，このような状況において転機と
なったのは，McNicol, Richard（マクニコル）の *Great and Discover*（McNi-
col：1989）と Paynter, John らによる *Sound and Structure*（Paynter：1992）
であるという。坪能によれば，それらの中では音楽をつくる手掛かりをドロ
ーンやリズム・パターンなど音楽構造に求める音楽づくりがめざされてい
る。2008（平成20）年改訂学習指導要領における〔共通事項〕の「音楽の仕

組み」は，その流れの一環として位置づけることも可能であるというのである。

　しかし，我が国の創造的音楽学習の流れにおいて，そのような〔共通事項〕の位置づけにかかわるような音楽の要素や仕組みの理論・実践研究が系統的に行われてきたであろうか。すでに述べてきたように，坪能とともに創造的音楽学習の理念を導入した山本は，Creative Music Making の理論の紹介をしていく過程で，千成らのいう「音楽的概念」[2] と同等のものを教育内容に位置づけた。しかし，続いて示した実践は，音楽教育現場において「効果音」づくりに代表されるような音楽づくりにつながっていった[3]。坪能自身，創造的音楽学習について「自ら音を探し，自由に創作する活動」（坪能：2004, 53）と述べており，「自由に創作する」中身を具体的に示してきたとはいいがたい。

　もちろん，先に述べてきたように，創造的音楽学習にとっても，その歴史的流れの中で音楽的概念の重要性が意識されてこなかったわけではない。それは，山本が，創造的音楽学習の系譜の中で，1907 年に設立された全米音楽教育者会議 Music Educators National Conference （以下，MENC）の1959年から1973年までの音楽カリキュラム改革運動をあげていることからも明らかである。

　山本は，音楽カリキュラム運動の中でも *S&S* （Paynter & Aston：1970）にかかわりが深いものとして，現代音楽計画 Contemporary Music Project （以下，CMP）のパイロット研究報告書である *Experiments in Musical Creativity* （1966）[4] をあげ，また CMP において創造的音楽学習の方向を展開した論文として，MENC の機関誌からたとえばエリオット（Elliot, David J.）の名前をあげている。そのエリオットは，レゲレスキ（Regelski, Thomas A.）らとともに，音楽的概念 Conceptual Approach を唱えた Reimer （リーマー）の *A Philosophy of Music Education* （Reimer：1970）に納められている Music Education as Aesthetic Education：The Music Program に対して真っ

向から批判しているが，それはリーマーが美的教育のために習得をめざした
音楽的概念を否定するものではなかった。エリオットも，形式的知識 for-
mal knowledge として音楽的概念に相当する知識をあげているのである。

　それに関して，森薫（森：2009, 23）は次のように述べる。

　　　エリオットのいう形式的知識は客観的事物や概念，理論をさすことから，音楽
　　的概念にあたるといえる。彼によれば，形式的知識すなわち音楽的概念は，実際
　　の活動を通じて深められなければならない。ここまでは，リーマーのとった立場
　　と一致しているが，大きく異なる点がある。それは，音楽活動があくまで中心を
　　成すために，予めどの音楽的概念を教えるかを指導者が設定することを認めない
　　という点である。彼によれば，教師が考慮すべきポイントは，どの音楽的概念を
　　教えるか，ではなく，生徒の音楽活動が進んでいく中で，いつ，どのようにして
　　音楽的概念を挿入句的に扱っていくのか，ということになる。（傍点・森）

　つまり，創造的音楽学習の系譜の中でも音楽的概念の存在は認められてい
るが，実践においては，設定はなされず，活動の中で教師の見極めによって
組み込まれるものであった。

　高須も創造的音楽学習における音楽的概念の位置づけについて，同様の見
解を次のように示している。（高須：1996a, 101）

　　　〈創造的音楽学習は，〉音・音楽づくり（作曲）という「新たなものをつくる」
　　活動を通して，教師が子どものもつ創造力の発見とその育成を図ろうとすること
　　である。そして創造力育成を裏付けるものとして，知的概念の習得を位置付ける
　　ということである。（中略）教師の示す題材や教材を出発点としながらも，子ど
　　もの学習活動は基本的に，個々の子ども独自の「つくる」過程となる。すなわ
　　ち，子どもはあらかじめ用意された知的概念を習得するのではなく，音楽的所産
　　をつくる各自の過程において，自分の所産形成に必要となる知的概念を取捨選択
　　し，習得することになる。（中略）教師は，所産形式の過程においてそれが音楽
　　的に脈絡のあるものとなるために必要となる知的概念をヒントとして与えたり，
　　所産形成を方向付けたり，構造化する手だてを示したりするわけである。

第4章　教育内容と授業構成　179

　ここからも，音楽的概念は創作の過程で必要となった時に取り上げられるという，創造的音楽学習における音楽的概念の位置づけが窺える。さらに，高須は，このような，音楽的概念が体系化されない，あるいは意識されない点について，以下のように述べている（高須：1996a, 102）。

　　〈創造的音楽学習は〉子ども中心主義的性格と体系化されない知的概念を教育内容とする点から，知的概念の教授＝学習を二次的なものとして，活動主義の授業として捉えられるきらいがあった。Paynter など創造的音楽学習の提唱者達がこの知的概念について明確な概念規定を行ってこなかったことも活動主義と捉えられる原因となったと言ってよい。

　高須は，これらから，我が国における導入においても実践上目的が不明確な授業等が多くあらわれたと括っている。
　つまり，坪能がいうように，Paynter の Sound and Structure（Paynter：1992）等において，「音楽構造に求める音楽づくり」がめざされていたとしても，我が国に導入された創造的音楽学習の実践研究において，そのような授業における音楽的概念の挿入については組織的にはとらえられていない。さらに，効果音的な実践が多くなっていっている状況をみれば，〔共通事項〕にあげられた「音楽の仕組み」につながっていったということは考えにくい。
　そうすると，1980年の千成提言により，音楽教育においてはじめて教育内容概念を導入し，その後教育内容を中心とした授業構成理論や実際の授業プランの開発に着手した千成らの教育内容論の流れが，〔共通事項〕に最も直接的な影響を与えた，と見ることができるであろう。
　〔共通事項〕に関して，八木は2010年に言及している（八木・川村：2010）。その中では，八木は，〔共通事項〕が，昭和30〜40年代の「基礎」の問題の再来とならないか，また楽典的な内容の指導に終始しないかということを危惧しつつ，〔共通事項〕の本来的意味を考えれば音楽的概念を教育内容とし

た授業構成の展開の可能性が開かれると述べている。八木は同論文内で，津田も，〔共通事項〕に関連した授業の可能性として音楽的概念を教育内容として設定し，さまざまな音楽活動から獲得していくことを示唆していることをあげている。八木は，音楽的概念を獲得していくということが，「共通事項が単なる楽典的な理解に陥る隘路を克服」（八木・川村：2010, 38）し，概念が「子どもたちの表現や鑑賞活動の中で活かされ，音楽活動を豊かにしていく形で往還的に働くもの」（八木・川村：2010, 38）となるようにすべきであると述べており，これまでの教育内容論の流れにおける授業構成の考え方の根幹的な部分から〔共通事項〕の学習を検討していると見ることができよう。

第2節　教育内容論における関係論的視点

1990年代後半からは，第3章でも述べたように，学習指導要領において学習者の主体的参加が強調されていったことと連動して学習者論の変容が見られ，授業研究に大きな変革が起きた。佐藤学は，1996年に佐伯（佐伯：1995）の論を引用しつつ，以下のように述べている。（佐藤：1996, 154）

> 　授業改革の課題は多岐に及んでいるが，共通の課題として幅広い関心を集めているのが，学びの改革である。今進行している授業の改革は，学習者を知識や技能の受容者でとしてではなく，「意味」と「関わり」を構成する活動的な主体として積極的に位置づけており，学びの活動を他者と協同で遂行する社会的過程における実践として認識している。

佐藤は，さらに「『学びの共同体』を構成する中心的原理は，一人ひとりの学びの差異化を通して教室に文化の多様性を実現することである」（佐藤：1996, 184）と言う。

このような学習者論あるいは学力論は，音楽教育にも広がった。たとえば，島崎篤子は，2007年に次のように述べている（島崎：2007, 34）。

学力を「学んだ成果」だけに留めることなく，「学ぶ力（自ら学ぶ力）」を重視することによって，学ぶ主体である子どもが学校の枠を越えて，未来につながる学力を獲得していく姿が見えてくる。音楽教育においても，未来の音楽的な生活につながる「学ぶ力」は大切に育てたい力である。

　こうした授業研究の変革に対して，教育内容論においてはどのような変化が生じてきたであろうか。

　2000年に，八木は「音楽科の授業パラダイムの転換」（八木：2000）を発表した。同論文において，八木は，80年代以降，学校が校内暴力や学級崩壊などの課題を持つ一方で，授業のパラダイムも大きく変わったと述べ，「粗く言えば，効率よく知識技術を指導するというパラダイムから，思考力などの形式的能力育成に向けた支援パラダイムに変わってきている」（八木：2000, 80）と変化を語っている。そして，社会の大きな変化に対応するためには，さらに「〈教師主導から子供主体へ〉に矮小化されない授業パラダイム転換への視点」（八木：2000, 82）を明確にするべきだとした。そして　舩橋一男のいう「対話による学習者と世界・他者との関係と学習者自身の内的な意味世界双方の組み替えと豊穣化こそが『学び』と呼ばれる行為の全体像である」5)を引用し，「上のような文脈での〈学び〉を音楽科でいかに生成するかが，学びの意味の創出の基本的な視点となる」（八木：2000, 87）として，音楽科の授業構造を見直すことが必要であると述べた。そして，フレイレ（Freire, Paulo）のいう「生成テーマ」的（小沢他訳：1979, 111）な学習内容の設定という方向性をもつ，「〈教師の知らない〉内容」を設定することによって，授業における垂直的な権力構造を水平的に替えることを提案している（八木：2000, 90）。

　さらに，2003年には，川村とともに「競争と授業をめぐって」（八木・川村：2003）を発表し，「競争」の観点から，授業における競争として，エミュレーションではなく協働を生み出すコンペティションを提案（八木・川村：

2003, 18) するとともに，学習内容やコンペティションといった方向性の決定においても子どもたちが主体的に参加することを保障すべき（八木・川村：2003, 21）であるとした。

2004年になると，「授業構成論の諸相 −音楽の授業を中心として−」として，川村とこれまでの授業構成論の歴史を振り返っている（川村・八木：2004）。

同論文では，授業構成論の歴史を振り返る時の三つの軸として，①教科専門中心から教師の専門性へ，②名人芸から教育技術へ，③効率よく教えるから自ら学ぶ，共に学ぶへ，を想定し，授業構成は，これらにそいつつ，その位相を変化させてきた，と述べている。

八木は，主に①の軸として，戦後まず発見されたのは，「質の高い教育内容研究によって授業を構成する」（川村・八木：2004, 5）ということであったと述べる。次に発見されたのは，教材の魅力を見抜く力である。教育内容に対する専門的な研究からだけではなく，どのような教材が子どもたちにインパクトを与えたり，学習にいざなったりするのか，という観点から教材を見抜く力が教師の専門性の一部を構成するという（川村・八木：2004, 7）。

さらに主に②の軸に進んで発見されたのが，教授行為の意識化である。教育内容研究に授業構成の第一義を見出していた50年代，60年代型の授業では関心が払われてこなかった教授行為は，80年代に入って意識化された。これにより，名人芸から教育技術への軸の展開がはじまったと述べる（川村・八木：2004, 9）。

そして，90年代になると，主に③の軸にかかわって，授業をめぐる伝統的な常識を覆す発見−授業は教師が教えるものではなく，子どもたちが学ぶもの，あるいは共同してつくるもの−がなされたという（川村・八木：2004, 9）。八木らは，それを，桂直美の「弥生時代の土笛」の実践報告（桂：1994）をもとに説明し，この報告の三つの特徴を明らかにした。それは，教師が一般的な意味での教えるという活動を行っていないこと，教師が知らない内容

を教育内容として設定しているということ，学習者を自ら動かすような場が設定されていることである。そして，このような授業づくりのためには，授業を水平的な構造をもつように転換することが必要であり，そのための一つの方法が，「子どもたちが学習に身を乗り出すような『場』の設定である」（川村・八木：2004, 10）と提案した。

　さらに，2005年には，この③の軸において範例的なシステムは創造的音楽学習であるとして，創造的音楽学習の授業論を検討している（川村・八木：2005）。八木らは，しかし，本来であれば，創造的音楽学習は，伝統的なパラダイムが生み出す実体論的な授業観に対して，関係論的な授業を提案し得るはずであったのに対して，山本や高須らの述べる創造的音楽学習は，次第に知的概念を実質陶冶するところに意味を見出し，実体論的な授業やカリキュラム整備を図ってきたという。つまり，八木らによれば，「子どもたちの外に存在する教育内容を，子どもたちに内化させるという伝統的なパラダイムの延長線上に創造的音楽学習を位置づけた」（川村・八木：2005, 50）。したがって，創造的音楽学習は，高須は実質陶冶と形式陶冶を統一するものと置いているが，実際には従来の実質陶冶がベースになってきた。関係論的な授業における教育内容は，先の「弥生時代の土笛」の実践のように，「実体的なものではなく，その場に参加する者が共同的に生み出す『生成的教育内容』」（川村・八木：2005, 52）であるというのである。

　八木は，このように，2000年以降，「教育内容」の枠組み，授業構成においてパラダイムの転換をはかってきている。これらについては，さらに，次に述べるように，2005年には教育内容から，2007年，2010年には教材や授業構成からの検討を加えている。

　まず，2005年には，「音楽科における教育内容の再検討」（八木：2005）として，これまでの教育内容をめぐる議論を整理し，実体的な教育内容と関係的な教育内容の双方の存在を主張した。八木は，同論文で，1980年以降の教育内容をめぐる議論から，教育内容は，「(1)音楽的概念　(2)技術　(3)音楽に

ついての知識　(4)教材に内包されるイメージやメッセージ（教師によって解釈されたもの）」（八木：2005, 24）に分類することができるという。そして，このような教育内容の性格として，次を提示した。

(1)実体性
(2)指導可能性

(八木：2005, 24より引用)

　つまり，子どもたちが獲得する対象として，実体として存在しているものを我々は教育内容としてとらえてきたというわけである。これらに対して，八木は，再び「弥生時代の土笛」の実践例をあげ，この授業における教育内容は，「授業の中で，音，音楽，子どもたち，教師の，まさに『関係』から生成される」教育内容であり，「他者の声に触発され応答し自らの意味を編み直すという形で作用」する（八木：2005, 27）。このようにとらえられる教育内容は，獲得形態があらかじめ想定できるものでも，実体的にあらかじめ確定し得るものでもない。しかし，それらは，八木によれば，「授業の中でそれぞれの意味を生成し編み直していくという点で，教育内容としての重要な役割を果たして」（八木：2005, 27）いる。戦後の教育が，合理主義的な発想のもとにいかに効率よく教育内容を獲得させるかが目指されてきたのに対して，学ぶことを豊かにするために関係論的な教育内容が重要だというわけである。したがって，実体的な教育内容と関係的な教育内容は二者択一的な議論でとらえるのではなく，どのような教育内容を設定するかという，教育内容との対応で授業構成を変えていく柔軟性が重要だと括っている。

　さらに，2007年には教材概念の検討として，「音楽科における教材概念の検討と授業の構成」（八木：2007）を発表した。ここでは，音楽科の教材を，その歴史的な流れにそって，「解釈」「構成」「生成」というキーワードで整理している。つまり，授業構成において，音楽科において伝統的である，解

釈するという作業が中心になる教材の捉え方から，教育内容習得をめざして，教材を構成するということをめざす教材の捉え方への変遷をまず示した。そして，「つくって表現する活動」などに見られるように，授業で行うテーマは決まっているものの具体的な教育内容があらかじめ設定されていないような授業においては，「教師あるいは教師と子どもとで共同的に設定された『場』から，相互作用の中で共同的に表現する内容が生成」（八木：2007, 49）されるとして，「場」そのものが教材として捉えられるとした。八木によれば，このような「『場』に代表されるような教材は，そこから新たな教育内容を生成させる役割」（八木：2007, 49）を果たす。

　同様の教材概念については，2008年の「音楽科における教材とは」（八木：2008）においても述べられている。教材概念の変遷を組み込み，幅広い授業構成を整理しようとしていることがわかる。

　また，関係的な教育内容に関連する授業構成の問題として，2007年に，川村とともに「学習活動と授業構成に関する一考察 −活動主義批判の検討を中心に−」（八木・川村：2007）を発表し，活動主義批判を検討している。

　それによれば，1977（昭和52）年に改訂された時に転換のきざしが見えた学習指導要領は，平成元年の改訂で「新学力観」を打ち出し，子どもの主体性が尊重され，いわゆる「指導から支援へ」とする実践が教育現場に広まった。それによって，支援中心の授業が展開されていく一方で，子どもたちの学習を指導していくという立場から，それらを活動主義とした批判も生まれる状況となった。

　しかし，八木らは，そのような活動主義には，以下のような関係的な学力観が存在するという（八木・川村：2007, 64）。

　　こうした学びの先にある学力は，先に述べた実体的な学力観における学力とは方向を異にするものであろう。それは，子どもの外に実体的に存在しているものを内化して獲得する学力というよりもむしろ，学習内容や共に学ぶ者との関係の

中から生成するものを大切にし，そのことによって子どもたちの中に起こるパースペクティヴの変容としての学力である。こうした学力観をとりあえず関係的な学力観と位置づけておこう。

　そして，先の活動主義批判は実体的な学力観から出されたものであり，活動主義においてとらえられるべき関係的な学力をとらえたものではないことを批判した。

　たとえば，ゲストティーチャーを呼んである教育内容を専門的立場から指導してもらうというような時，実体的な教育内容として設定されるのは専門的知識であっても，子どもはゲストティーチャーの生き方から価値観や人生観を揺さぶられることがある。このような場合も学びは生起しているというのである。つまり，学びは「単眼的」（八木・川村：2007, 64）でとらえられるものではなく，これまで実体的な教育内容の習得が強調されていた中で，関係的な学びが捨象されていったことをふりかえる必要があると述べている。そうして，この二側面で教育内容をとらえる時，授業には次の三つのパターンがあるとした（八木・川村：2007, 64）。

　①実体的な教育内容の獲得を直接めざす授業

　②実体的な教育内容を関係的な様子も含みながら獲得させる授業

　③関係的な教育内容を重視する授業

　そして，設定する教育内容と授業の方法原理の適切性が重要なのだと説明している。

　このようにして見ると，2000年代は，一方で〔共通事項〕の設置により，実体的な教育内容として音楽的概念を設定することが一般的になった。他方，教育内容論においては，さらに，授業構成を，子どもたちの音楽的探究の側面から確認しつつ，新たに関係的な教育内容を重視する授業や「場」の教材性にふみ込んで論が展開されてきているということができる。

第3節　授業の展開と授業構成

　吉田は，1982年の教育内容の授業構成の定式化（吉田：1982）に続き，1985年に音楽科の授業を二つのタイプに類型化し，それぞれの授業構成の方法を以下のように示した（千成・八木・吉田：1985, 20）。

　このような授業の定式化により，「教育内容」という用語が音楽科に定着し，様々な授業プランが生まれたことは，前節までに述べたとおりである。教育内容の措定から始まる一連の研究は，音楽科において，新たな授業構成の提案となったばかりでなく，授業研究を授業構成の観点から行っていく契機となったということができる。

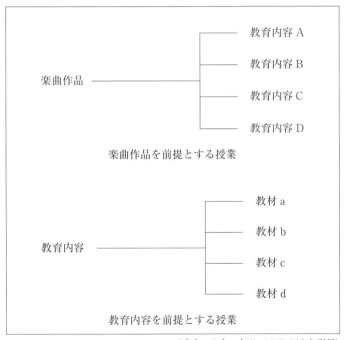

（千成・八木・吉田：1985, 20より引用）

このことは同時に，一定の授業構成を授業計画段階で確立していくという方向性が示されたということを意味する。これは，音楽科の授業研究を，個々の教師の音楽的力量に解消せず，授業構成に置く上で，必要なことであった。

授業構成を授業計画段階で確立するという形は，近年ではもう一般化しているということができる。たとえば，以下のような文章からも明らかである。「本学の音楽科教員が授業構成および教材研究を行い，実際に附属小学校において研究授業を実践・検証することを通して（後略）」（斉藤・小笠原・山口：2009, 101）（下線・山中）。授業前に授業構成を確立し，授業を展開する，という構図を見てとることができる。

しかし，一方で，これまでの教育内容論においても取り上げられてきたように，授業過程への着目や学習者論の進展によって，授業構成は，授業においては固定化されたものではないことが示されるようになってきた。教育内容を設定して計画段階において授業構成をしていても，それは授業過程においてそのまま展開されるわけではない。当然のことながら，同じように計画していても，教師の意図や子どもとの関係の中で授業内容が異なってくるのは明らかであり，結果として，授業構成は実際の授業過程の中で変化する。また，〔共通事項〕の導入により，ひとつの題材の中にいくつかの〔共通事項〕内の音楽要素を教育内容として示している学習指導案が多く見られるようになった。このような複数の教育内容をもつ授業においては，上記の枠内の「教育内容を前提とする授業」とは違うパターンが見られるであろう。さらに，八木が述べているように，子どもの学びを重視した場を設定する授業においては，教育内容は授業者と子どもたちが共同で編み出されるととらえられる。そこでは授業構成は授業前に予測不可能であり，授業の中でいわば即興的に決まっていく。

この節では，授業過程において変容する，あるいは授業前に予測不可能な授業構成の様子を確認する。

1 授業観・子ども観と授業の展開

同じ授業構成を構想しても，実際の授業の展開は異なる。ここでは，2011年に実施した，新任教師2名（教師経験年数1年未満）と熟練教師（教師経験31年，初任者研修担当者）が同一の授業案を元に行なった授業について検討する（山中：2011）。

授業の枠組みとしての授業構成は授業前に次のように決定し，授業者3名があらかじめ確認しあっている。この授業の主な教育内容は「ダイナミクス」である。

導　入：ウォーミングアップ（遊び歌で拍の流れにのった身体運動を行う）。

展開①：「小さなはたけ」を，1番の「小さな」から3番の「大きな」まで，歌詞に合う動作をつけて歌う（ダイナミクスを身体表現する）。

展開②：「マエストロになろう」と呼びかけ，四拍子について説明する（四拍子を理解する）。

展開③：「小さなはたけ」の歌詞に合わせて四拍子の指揮をする（四拍子の基本的な指揮で，ダイナミクスをあらわす）。

展開④：「はじけたはたけ」「なよなよしたはたけ」「おこったはたけ」「○○なはたけ」（○○部分は各自で決める）の4課題を設定し，それぞれに応じた指揮と動作を工夫する（指揮と歌で表現を工夫する）。

展開⑤：各グループで，先の課題のどれか一つを担当し，指揮と表現を行う。

展開⑥：グループ活動。

展開⑦：グループ発表を行う（他グループの指揮と歌による表現を見て，そのグループがどの課題だったかを当てる）。

終　結：課題に応じて指揮と表現ができたグループの指揮者をグランマエストロとする。

この授業における各教師の授業構成の細かな違いは，たとえば，表4-1の導入場面のようにあらわれた。

この場面は，導入場面であることから，授業の課題に向かって，子どもたちの意欲を喚起する場面である。この場面を，新任教師2名は，説明→歌→

表4-1 導入場面の三者の教授行為

A 教諭（新任）	B 教諭（新任）	C 教諭（熟練）
「はい，きょうはちょっと振り付けをしてもらいたいと思います」 ↓ 肩を叩いて歌いながら，1フレーズずつ説明する。 ↓ 「はい，みんな歌ってみます」 ↓ 全曲通して，肩をたたいて歌う。	肩をたたく動作を説明する。 ↓ 肩をたたく動作を全員で行う。 ↓ 「これ，音楽に合わせてやってみる？」 ↓ 全曲通して，肩をたたいて歌う。	肩をたたきながら，小声で歌い，この歌を知っているか問う。 ↓ 全員で1番を歌う。教師は，一人だけ肩たたきをしながら歌う。 ↓ 指示を変えて，もう一度1番を歌わせる。教師は，肩たたきをしながら歌う。 ↓ 「先生，何をしてたかわかる？」 ↓ もう一度1番を歌う。 ↓ 「すばらしい，さっそくまねできる」 ↓ もう一度1番を歌う。 ↓ 「わかった？　このルール」肩たたきの動作の説明をする。 ↓ 全曲を通して肩をたたいて歌う。 2，3番で，参観者の方を向かせて，参観者と一緒に歌う。
（歌った回数：1）	（歌った回数：1）	（歌った回数：5）

歌＋動作，あるいは説明→動作→歌＋動作という比較的単純に構成した。一方，熟練教師は，歌の確認→歌→歌→発問→歌→評価→歌＋動作→説明→歌

第4章　教育内容と授業構成　　191

表4-2　終結場面（グランマエストロを決める）の三者の教授行為

A教諭（新任）	B教諭（新任）	C教諭（熟練）
グループ発表後，各グループの指揮者を前に来させ，「○○ちゃんがうまかったと思う人？」と，拍手で最も上手な指揮者をグランマエストロとする。	グループ発表後，各グループの指揮者を立たせて，拍手で上手な指揮者をグランマエストロとする。	グループ発表後，各グループのカード課題を他グループの何人が当てることができたかを確認し，最もその人数が多かった班の指揮者をグランマエストロとする。

＋動作という構成をし，指示や発問，評価を組み合わせ，子どもたちを活動に惹き付けた。それによって，新任教師2名は，この場面で1回しか歌わせず，また動作を教えてやらせる形を取っていたのに対して，熟練教師はあわせて5回，飽きることなく歌わせ，動作も自分たちで見つけさせた。熟練教師が導入場面であるという場面の意図をふまえ，指示や発問，評価を効果的に配した授業構成を行なっていることがわかる。

　さらに表4-2に示した終結場面では，新任教師らが前場面のグループ活動と無関係に「上手」な指揮者を選ばせているのに対して，熟練教師は，前場面のグループ活動の結果をふまえて判断するという方法を取っている。新任教師らの場面の構成では，その前の展開⑦との関係が子どもたちに見出しにくく，また「うまかったと思う人」の基準がわかりづらい。それに対して，熟練教師の場面の構成は展開⑦と関連させており，「グランマエストロ」とする基準を子どもたちが納得するものとなっている。この場面の授業構成には，新任教師と熟練教師の表面的な授業技術の違いだけでなく，評価の観点や子どもの育ちに対する意識の違いが影響している。そして，結果的に，子どもに対して，「上手な指揮者」に対する選択に異なる価値観を与える授業となっている。

　以上の例で結果としてなされた授業構成の違いは，歌う回数や指示・発問等を授業計画段階の授業構成の中であらかじめ決めておけば解消されるとい

うものではない。計画段階で予定していた授業構成が，場面をどうとらえるかといった授業者の授業観や，子どもの育ちに対する意識によって変容する様子を示している。

2　複線的な教育内容による授業

〔共通事項〕の出現により，複数の〔共通事項〕を教育内容として設定する授業が出てきた。一つの楽曲，あるいは複数の楽曲から見出すことができる，複数の〔共通事項〕を教育内容として設定する授業は多い。ここでは，〔共通事項〕とはうたっていないが，いくつかの教育内容を設定した授業として，2009年に筑波大学附属小学校の高倉弘光氏が，高知市朝倉第二小学校で行った，以下のように構成された4年生音楽の授業を検討する（山中：2010）。

導　入：3時のおやつゲーム。
展開①：音（音楽）にあわせて拍手・歩く・走る，音を聴く，さまざまな音価を体
　　　　感する。
展開②：「アルプス一万尺」テンポや調の違いを感じ取る。コミュニケーション。
展開③：「なべなべそこぬけ」。
　　　　コミュニケーション。
展開④：「世界中の子どもたちが」。
　　　　ABA形式を体感する。
展開⑤：カノンの手遊び。
　　　　カノンの体験。四拍子を体感する。
展開⑥：四拍子の指揮。
　　　　四拍子の指揮をする。四拍子の意味を知る。
展開⑦：「カリンカ」の読解。
　　　　四拍子の指揮をする。速度の変化を体感する。ABA形式を理解する。

この授業は，特定の楽曲を設定した授業ではなく，また，ひとつの教育内容のみを設定して構成した授業でもない。四拍子やABA形式，速度，カノ

ンなど，複数の教育内容の学習を並行して行なっている授業である。

　授業進行にしたがって取り上げられた教育内容の学習場面を追っていく
と，表4-3のようになる。表4-3は，表の下に行くほど授業が進行している
ことをあらわし，表の上段の横帯で示した教育内容が，授業のどの場面や教
材で取り上げられたかを示している。

　この授業は，コミュニケーション以外に5つの教育内容が取り上げられて
いる。「拍（四拍子）」「ABA形式」「速さ」「調」「カノン」である。その中
で，四拍子やABA形式，速さは，授業のいくつかの場面で取り上げられ，
また最終場面で取り上げられていることなどから，本時の中心的な教育内容
であることがわかる。それに対して，調やカノンは，次時以降の伏線的課題
として取り上げられている。

　このような授業においては，教育内容は明確であるが，展開形式の一部は

表4-3　授業でとりあげられた各教育内容の学習場面

	コミュニケーション	拍・四拍子	ABA形式	速さ	調	カノン
授業進行	3時のおやつゲーム	3時のおやつゲーム 音にあわせて歩く等				
	アルプス一万尺 なべなべ底抜け			アルプス一万尺	アルプス一万尺	
			世界中の子どもたちが			
		カノン手遊び				カノン手遊び
		四拍子の指揮				
	カリンカ		カリンカ	カリンカ		

194

授業前に決定できない。伏線としての教育内容は，授業場面の状況や子どもたちの気づきによって確定してくるからである。

　たとえば，この授業において，カノンの手遊びは，最初，曲にあわせて教師が行う4拍分の動作を子どもたちが真似する遊びから始まった。高倉は，この遊びを4拍の遊びとして取り上げ，最初はそのまま真似をさせた。が，さらに「教師が動作を行い，それを子どもたちが真似している間に教師はもう次の動作を行う」という，ずれる遊びを提案した。その時に子どもが「追いかけっこ？」ということばを発したのをとらえて，「音楽で追いかけっこすることをカノンという」と，カノンの説明をした。つまり，状況を見てずれる遊びを取り入れ，それに対する子どもの反応からカノンの説明に及んでいたのである。子どもたちの状況によっては四拍子の遊びでとどめていたはずであるし，子どもの発言がなければ，中心的な課題でなかったカノンは，その説明まで行わず，カノンを体感させるのみにとどめていたかもしれない。

　このような複線的な教育内容を設定した授業構成の方法は，音楽科に伝統的な，ひとつの楽曲で複数の教育内容を教えるという方法とは異なり，また，教育内容をひとつにしぼる授業構成よりも子どもの学習課題や状況にそうという点で新しい。そして，伝統的な授業に要される，教師の解釈に子どもたちを近づけるための教師の手腕とは別の観点－いかに子どもの様子を見ながら教育内容を取り上げていくか－から，教師の授業手腕が問われる。中心的課題以外にどのような伏線的課題をもち，それを授業のどの状況や状態で出していくか，という授業中の判断が複線的な教育内容の授業構成を決定していくのである。

3　関係論的な授業

　桂直美は，「『人間にとっての音楽とは何か』という問いを，自らの身体を通して問う」（桂：2004, 110）ということを目的に含んで，20時間構成の授業

「大昔の謎」を提案した。弥生時代の遺跡から出土した土笛と思われる土器を取り上げた授業である。

桂は，この授業を，「子どもの経験の外部に存在する文化から抽出された教育内容の獲得ではなく，子ども自身による意味生成，文化の創出としての学びを実現しようとし」（桂：2004, 111）たと述べて，オープンエンドで構成している。

子どもたちは，この土器が古代の人々にとってどのようなものであり得るのかという議論を6時間続けたのち，音が出るのかを確かめるため，土をこね，土笛を作成して吹くという体験をした。桂によって，最終授業の様子が記述されているが，その中に以下のような部分がある（桂：2004, 108）。

---

①

みんなでひとしきり，吹きたいように吹いて，音をやめた時だった。

「なんで，いきなり風が止まったんや。」とようすけがいう。風が，自分たちに答えて止まったと思い，喜んでいる。かんじは「樹が，もっと吹いてっていう」と思い，つよしは「樹にとってはふえがおんがく」だと思った。<u>先生は「じゃ，今度は樹に聞かせてみようか。いくよ。」</u>

子どもたちは，上を見ながら，思い切り吹いた。高い音，低い音が混じり合っている。

---

②

それをきいて「ぼくは，風といっしょにふきたい」と，としゆきが言う。

<u>「なんで？」と先生</u>

「風と一緒になったら音がきれい」

きいてみると，子どもたちは「風と一緒に吹きたい」という子と，「かぜがやんだときに吹くのが好き」という子に分かれた。

もう一度みんなで目をつぶって聴く。吹きたい子が代わる代わる吹く。

---

③

みつおにかわった。

すー　，すー　，息漏れのような音がする。

先生は言った。

「せんせいにはきこえるけどな。」

「ほんと，きこえる」

「風のおとや！」

「聞こえた」

「聞こえた」

「風のおと，ミッチー」

「吹けへん子は，一番ええんやに。」

「なんで？」と先生。

「風のおとといっしょや。風のおとは，そんなに，ほんとうの笛みたいな音じゃない」

（番号と下線・山中）

　この授業においては，「土笛をつくって，みなで吹いてみる」という設定以外に，授業前に細かく授業構成を計画することができないし，しようともしていない。桂によれば，授業の途中で，子どもたちの問いが，土笛をつくった当初の目的である「この土器から本当に音が出るのか，それはどんな音だったのか」という問いから，「どのように作れば良く音が出るのか」という問いに変容していったことも容認しているほどである（桂：2004, 111）。授業は学習活動の流れに委ねられていることがうかがえる。もし，教師が楽器の音としての追求や音高に主眼を置いて計画していたら，事例の下線部のような教師の発言は生まれないだろう。

　しかしながら，この授業には教師の意図がないわけではない。上記の①〜③の記述を見ると，この授業で教師は一貫して，子どもたちの発言や思いから，より「音をあじわう」ことができるように発言していっていることがわかる。①では「樹に聞かせる」ことを提案し，②では「風といっしょにふきたい」といった子どもの発言をもとに，「なんで？」と，子どもたち自身に

どのように音を味わっているのかを振り返らせている。そして，③では，息漏れのような音を「せんせいにはきこえる」と評価したことで，「風のおとや」「聞こえる」という発言を引き出し，「ほんとうの笛みたいな音じゃない」音を音として子どもたちから価値づけることに成功している。

　桂によれば，教育内容は，先行する文化の与件となって子どもの学習を規定するものではなく，文化と子どもの経験とのそれぞれの関連において把握される（桂：2004, 109）。教育内容をそのようにとらえる場合，授業構成は，「学習者共同体の内部での知識の生成と，その創造的な経験の意義の感得が目差される授業構成」（桂：2004, 110）となる。このような授業においては，あらかじめ計画はされ得ないが，「意図されており，その経験の成立が心から望まれて」（桂：2004, 116）いる教師の思いがまずある。そして，授業の場面において，子どもたちが紆余曲折を経て自分たちでそれらを発見していくように，教師は，子どもの様子や発言をとらえて発言し，授業を構成していっているのである。

　このように見てくると，千成らの初期の教育内容論において示された授業構成の定式は，現在では，それを足がかりにしながら，二つの視点から発展的にとらえていくべきということができよう。ひとつは，授業構成は，授業過程において教師の状況判断や意図から変化するという視点であるし，さらには教育内容の設定の仕方で新しい授業構成パターンが生じるという視点である。

第4節　教育内容と授業実践の動向

　これまでに，音楽科において教育内容が教育現場に定着していく様子を述べたが，それは実際の授業とはしてどのようにあらわれてきたであろうか。また，八木のいう関係的な教育内容が中心となる授業としては主に「音楽づくり」「創作」に関する授業が考えられるが，これらはどのように実践され

てきたであろうか。

　本節では，そのような視点から，教育雑誌に見られる音楽授業の動向と，音楽づくりの授業の教育内容を検討する。

1　教育雑誌に見られる音楽科の授業の動向

　音楽教育において情報を発信している月刊雑誌として，『教育音楽小学校版』『教育音楽中学高校版』（いずれも音楽之友社発行）がある。このうち，『教育音楽小学校版』では，毎号の巻末に１学年から６学年の具体的な授業例や教材例あるいはカリキュラム例などの事例を掲載している。本稿では『教育音楽小学校版』を対象にし，各号巻末の授業事例のうち，具体的な授業例が掲載されているものを取り上げ，そこから音楽科の授業の動向を見ていく。具体的な授業例は，音楽科で教育内容が措定された1980年をめどとし，傾向の変化を見るためにその２年前の1978年から2013年までを取り上げた。また，比較のために1964年の授業例を取り上げた。

　表4-4は，その中から，７つの年代の授業例を抽出したものである。７つの年代とは，①1964（昭和39）年，②1977（昭和52）年，③1981（昭和56）年，④1987年（昭和62）年，⑤1994（平成６）年，⑥2002（平成14）年，⑦2013（平成25）年である[6]。①は昭和52年に改訂された学習指導要領以前の授業例として，②は昭和52年に改訂された学習指導要領において「主題による題材構成」が見直された影響を見るために，また③以降は昭和52年以降に改訂された学習指導要領や教育内容論，創造的音楽学習の影響や授業過程研究の変化をみるために抽出した。

　①1964（昭和39）年の事例は，「教材」として示された楽曲における授業例となっている。1964年後半は当時使われた「単元」や「主題」という名称で授業例がまとめられているが，前半は，「教材」と示されたひとつの楽曲を中心に，そこから教育内容を取り出して授業を構成している。表4-4で示した２月の事例もそうである。しかし，1964年は，1958（昭和33）年に改訂さ

れた学習指導要領によって基礎学力の充実がめざされ，さらに1968（昭和43）年に改訂された学習指導要領によって「基礎」領域の成立に向かっている時代である。それらを反映して，各ねらいは，楽曲のイメージ等ではなく，「短調」「シンコペーション」等の音楽の要素を主体としている。

　②1977（昭和52）年の事例では，そのような「教材」を中心とした授業構成が変化してきている様子があらわれている。2，3，6学年で「教材」という括りがなく，「縦笛との出会い」「まず楽しく歌おう」といった題材様のタイトルがつけられ，教材を選択するという形をとるようになっている。

　文部省から『小学校音楽指導資料　指導計画の作成と学習指導』が示された1980年を越えると，「題材」による授業構成は一気に増える。

　③1981（昭和56）年の事例は，まさにその状況を示している。あわせて，「やさしい心情」「曲想を感じ取って」「響きの美しさを味わって」というように心情やイメージがねらいの前面に出てきており，1977（昭和52）年学習指導要領の影響がうかがえる。

　④1987年（昭和62）年になると，③と同様に題材構成型であるが，「音色」「3拍子」「リズム」「ヘ長調」等の音楽要素がねらいに散見され，複数の楽曲を通じて「3拍子」や「ヘ長調」を学習させるような授業構成も見られる。音楽の要素が教育内容として定着し，教育内容を中心とした授業構造も試みられるようになった様子がうかがえる。

　この傾向は，⑤1994（平成6）年にも引き継がれている。たとえば，「きらきら星をインド風に」というのは千成らの教育内容論にもとづいて作成された授業プラン「変奏曲」が先行例であると考えられる。また，創作する活動をとるということから「創造的音楽学習」の影響も考えられる。「自分たちのおはやしをつくろう」は，その音楽ねらいから構造をもとに実質陶冶をめざすようになった「創造的音楽学習」が下地であろう。

　⑥2002（平成14）年になると，授業例として示されるものが減少している。この10月号でも，括弧で示している1，3，5年生の事例は，授業例で

表4-4 『教育音楽 小学校版』の音楽授業例

年号	学年		タイトル	教材1	教材2	教材3	ねらい1	ねらい2	ねらい3
① 1964 (S39)年 2月	1	教材	おもちゃのまーち				スタッカート、レガートの歌い方	リズム合奏	リズム遊び
	2	教材	どうぶつ村のおまつり				即興的な歌曲づくり	リズムに乗って身体表現	
	3	教材	春の草ふんで				短調	エコー	4拍子のリズムの創作
	4	教材	雪投げ				行進曲の形式		行進曲のリズム
	5	教材	スキー				スキー	合奏	
	6	教材	希望をむねに				シンコペーション グループ合奏	即興的に旋律を創作	記譜 総譜
② 1977 (S52)年 4月	1	教材	ひのまる				気持ちを込めて正しく歌う	身体表現しながら楽しく歌う	リズム感、フレーズ感を味わう
	2	教材	さんぽ				スキップリズムに注意して歌う	歌詞を合わせて楽しく歌う	変唱歌として暗唱する
	3		縦笛との出会い～一~二の春の小川 一一				リコーダー奏時の音色を聴く	タンギングを身につける	運指を身につける
		教材	ピクニック						
	4	教材	春の風				正しい発音で明瞭に歌わせる	マルカート、スタッカート、レガートの比較	シンコペーションのリズム
	5	教材	まず楽しく歌おう ゆかいに歩けば				休符やリズムを正しく読み取り、視唱	豊かな表現で歌う	伴奏と歌唱のバランスを考えた演奏
	6	教材					発声、発音の基礎的技能向上	楽しく歌う態度習慣を養う	助奏楽器にも親しむ
③ 1981 (S56)年 7月	1	題材	がっきであそぼう	この音なんでしょう	ぶんぶんぶん	たなばたさま	楽器を演奏する楽しさを味わわせる		
	2	題材	あかるい声で歌おう	シャボンだま	とんぼのめがね		かわいらしく美しい曲想にふれさせ、やさしい心情を育てる	歌詞の情景を想像し、身体、曲の気持ちから美しい声で歌う	
	3	題材	歌劇『軽騎兵』序曲				5つの場面の情景を想像しながら聞く	ふし間合いからなるトランペットの名称・形・トランペットの音色を身近に親しむ	
	4	題材 教材	感じの違いを表現しましょう ピアノ五重奏曲『ま 十』第4楽章				ふしの形やその動きをとらえ、曲想を感じ取って演奏させる	各楽器の音色と組み合わせによる響きの美しさを味わって聴く	
	5	題材	牧人の歌				4人でアンサンブルの仕方を工夫し、演奏する		
	6	教材							
④ 1987 (S62)年 9月	1	題材	おさえらび	すてきな音	さらさらまつし	きらきらぼし はるし	身の回りのいろいろなお音色や響きの遠音楽器の打つ場所や打ち方・曲想に適した音	はじめ、中、終わりの工夫 打楽器でいろいろなリズムを打つ	
	2	題材	3拍子のリズム	小鳥のあそ	メヌエット	だんきのたいこ	3拍子の好子感を身につける	リズムの組み合わせによる3拍子の表現	
	3	題材	学習の主題 歌と楽器であわせて演奏 ゆかいな木きん				歌と楽器の音色を意識し、しらを感じ取って演奏 響きあいの美		
	4	題材	楽しいリズムで演奏しよう				リズム伴奏の工夫	はじめ、中、終わりの工夫 打楽器でいろいろなリズムを打つ	

第4章　教育内容と授業構成

時期	No.	区分	題材名・主題	教材（楽曲）	ねらい
	5	題材	へ長調のふし	朝のマーチ	へ長調から音楽を読み取ろうとする態度、規唱力。歌詞の内容について理解、視奏する。
	6	題材	発声の工夫	誰もしらない／林の朝／まっかな秋／大きなゆめのマーチ	へ長調の内容を理解して歌わせる。声の出し方や変声期について理解。曲の感じを生かした表現力、態度。正しい発声の仕方を工夫する。通奏低音や通奏低音を追加して簡単な合奏。
⑤ 1994 (H6)年 5月	1	主題	気持ちをこめて歌おう／リズムにのって楽しく表現しよう	うみ／日本むかし話 うたえ手のひら	自分たちのリズム唱やリズムパターン練習、リズム遊びからリズム表現に慣れ親しむ。拍感をとらえられるように。
	2	題材	（音楽を体で感じ反応できる児童を）	かっこう／かっこうワルツ	
	3	主題	気持ちをこめて歌おう 夢の世界を	こぎつね／こぎつねのうた	ふしの流れを感じ取り、強弱、速さを工夫して歌うことができるようにする。
	4	題材	自分たちのおはやしをつくろう	郷土に伝わるお囃子・民謡／管弦楽のための木挽歌	音の重なりや全体構成を工夫し豊かな旋律による旋律やリズムを表現。おはやしの楽しさを味わい、日本の音楽や楽器に関心をもつ。
	5	題材	「きらきら星」をインド風に	きらきら星	インドのラーガに基づいた器楽で「きらきら星」を演奏し、雰囲気を感じる。
	6	題材	（リズムにのって）		グループで分担した楽器でグループごとに発表し、互いの良さを感じる。主題に基づく変奏を試みかし音楽づくり。
⑥ 2002 (H14)年 10月	1	題材	絵を音楽に変身させよう！		絵を音楽に変身させよう。音楽活動の楽しさを味わい、進んで表現しようとする意欲を育てる。
	2	題材	虫のこえ	トルコ行進曲	音色や音の響きの面白さを感じ取り、イメージを生かし音楽づくり。
	3	題材	（子どもたち一人ひとりの「歌う力」をどう伸ばす）		①音高の把握を中心に。②一音長の維持、明瞭な発音。
	4	題材	リサイクルを広げよう リサイクル楽器を作ろう	リサイクル楽器を作ろう	地域と関わり、自分たちでできるゴミ減量化の活動に、取り組もうとする。
	5	（題材）	（おもちゃから学ぶ日本の音(3)） 走れ、走れメロス	走れメロス	
	6	題材	走れ、走れメロス	未知という名の船 ありがとう（に乗り）	オペレッタの練習会をし、気分を言い合ったり名づけ中でより良い表現を創り上げていく。
⑦ 2013 (H25)年 5月	1	歌唱教材	ひらいたひらいた	ひらいたひらいた	変唱歌とするとともに、日本の歌のよさを感じ取れるようにする。
	2	歌唱教材	かえるのがっしょう		声で・目で・耳で・身体で、繰り返し「ドレミ」（階名）に親しむ、音程感をつける。
	3	歌唱教材	茶つみ		学びを共有したり自由な工夫、あったりできる工夫。
	4	歌唱教材	とんび		情景やなめらかな旋律の特徴をとらえ、反復部分の強弱を工夫して歌う。
	5	歌唱教材	こげよマイケル		アカペラの曲で、みんなで声を合わせる。
	6	鑑賞教材	ハンガリー舞曲 第5番		演奏の速度や旋律の速度や強弱の変化や旋律の特徴を感じ取って聴く。

（作図：著者）

はなく，教示例やアイデア例である。授業例として示されるものも，「絵を音楽に変身させよう」や「リサイクルを広げよう」「走れ，走れメロス」（オペレッタ）のように，合科的なもの，地域と連携したもの等，長期的な活動を主体にしたものが多い。音楽を絵であらわしたり，地域とかかわってリサイクルで自分たちの楽器を作成したり，オペレッタを作り上げたりと，学習者の主体的な表現やかかわりが中心となっており，1989年（平成元）年改訂学習指導要領に示された新学力観の影響が色濃い。

この傾向はしばらく続くが，学習者主体の授業は，学習者主体への切り替え方や学習者同士のかかわり方が見えにくい。そのため，この巻末の事例は，授業例よりも，たとえば2006年7月号で，「"教わる音楽"から"自ら学んでいく音楽"へと転換していくポイント」（72頁）や，「他者評価をもとに自分の演奏を見直していくステップの紹介」（69頁），「物語音楽をつくる際の基本的な考え方」（67頁）等が紹介されているといったように，学習者主体の授業の方法に関する情報を記載していくことが多くなっている。

そのような傾向が一変したのが，⑦2013（平成25）年からである。授業例はすべてひとつの楽曲を中心にしている。ただし，ひとつの楽曲教材からいくつかのねらいを設定していた①や②とは異なり，ひとつの楽曲にほぼひとつのねらいを置き，教材と教育内容を一対一に対応させていることがわかる。

このように，雑誌『教育音楽－小学校版』で掲載された授業例は，学習指導要領やこれまでの音楽教育の動向にそって変化してきている。①や②の教材中心型から③題材構成型に変わり，④以降で教育内容を中心とした授業構成の影響が見られ，⑤で創造的音楽学習の内容が多くなり，⑥では学習者主体型の授業構成になっている。大きな流れとして，一楽曲から教育内容を引き出していた授業構成から，教育内容あるいはテーマから授業を構成しようとする方向にかわってきた。あわせて，学習スタイルもかわってきており，特に⑥は，①から見ると隔世の感がある。机に向かってひとつの楽曲からさ

まざまなねらいの内容を学習するような形態から，子どもたちが自分の机を離れてかかわってつくりあげていく学習になっている音楽の学習の変化が明らかである。しかし，かかわる力，活用する力は重視されてきたが，それによって，教育内容は明示しづらくなってしまった。学習者主体の授業においては，子どもたちが獲得するであろう教育内容は，想定されていても確定的ではない。⑦はそのような反動から，楽曲教材と教育内容との対応をとらえていくように，事例のスタイルが変化している。

　表4-4 では特徴的な年代の号の事例をあげたが，全体的な動向も同様である。千成らの教育内容論に基づく授業プランや「創造的音楽学習」をもとにした音楽づくりは，次第に音楽教育現場の授業の上記のような変化に影響を与えてきたが，学習者主体を重視する授業，合科的な授業が増えていくにつれ，授業構成が事例の中に示されなくなり，教材主体に再帰してきたという傾向が見られる。

2　音楽づくりの授業に見られる教育内容

　先にも述べたように，八木は，本来であれば，創造的音楽学習は，伝統的なパラダイムにおける実体論的な授業観に対して，関係論的な授業を提案し得るはずであったと述べた。しかし，八木によれば，山本や高須らの述べる創造的音楽学習は，次第に知的概念を実質陶冶するところに意味を見出し，実体論的な授業やカリキュラム整備を図ってきた。

　実際に，高須らは，創造的音楽学習における「教育内容」を模索してきた。また，学習指導要領においても，学校現場の音楽づくりが効果音的な音楽づくりになってしまったという反省から，平成20年に改訂された学習指導要領に新設された〔共通事項〕事項アの(イ)「音楽の仕組み」が音楽づくりの手掛かりになることが述べられており，音楽づくりにおける音楽の要素や仕組みの学習について明らかにしようとされてきている。

　現場における音楽づくりの実践も，このような創造的音楽学習や音楽づく

りの理論的傾向を反映していると考えられる。本項では，その様子を，高知大学教育学部附属小学校の音楽づくりの実践から検討する。

高知大学教育学部附属小学校を取り上げたのは，1997（平成9）年から2003（平成15）年まで，創造的音楽学習を推奨してきた坪能由紀子が高知大学に在籍しており，同教育学部附属小学校は，坪能の影響を強く受けて授業研究を行ってきたからである。同小学校は，坪能が異動してからも音楽づくりの授業を継続して行っており，2014年度に出版された，文部科学省国立教育研究政策所教育課程研究センターが製作した『小学校音楽映像指導資料楽しく実践できる音楽づくり授業ガイド』[7]にも実施授業校のひとつとして映像で掲載されている。このような経緯から，高知大学教育学部附属小学校の音楽実践研究においては，現在に至るまで音楽づくりの授業が毎年行われており，1993（平成5）年～2012（平成24）年までの音楽づくりの授業記録がある。そのデータを表4-10（218頁）のように整理した[8]。そして，全データをイメージ系，リズム系，ことば系，旋法・調系，旋律・形式系，その他の6つに分類し，5つの系の傾向を以下にまとめた。なお，イメージ系については，学年の差がほぼ見られないので，年度順にまとめた。その他の系は，学年順にまとめた。

表4-5（209頁）は，データ中，イメージをテーマとした音楽づくりを抽出したものである。イメージをテーマとした音楽づくりは，これまでに効果音的な音楽づくりになりやすいとされてきた音楽づくりであるが，1993年から2012年まで長く行われてきたことがわかる。

そのうち，1993年から1998年までのものには，唯一1995年に「終りの音は？」という音型に関する記述がみられるが，それ以外では，音の高低，強弱，リズム，重ね方等の音楽の要素は意識されているものの，音楽を構成していくための記述はない。それに対して，2003年からは，表中の下線で示したように，「学習内容」や「ねらいや培いたい力」に音楽の要素や仕組みが明確に示され，2004年からは構成（始め方・終わり方），音楽の盛り上がり・

変化・重なり，入る順番，音楽の構成，終止感や調性感というように，音楽の構成に関する記載がなされるようになっている。つまり，効果音的な内容になりがちなイメージをテーマにした音楽づくりにおいても，次第に「音素材」中心のねらいから，音楽としてのまとまりに向けて「形式」を意識したねらいを持つようになっていることがわかる。

表4-6（211頁）は，リズム系の音楽づくりである。1，1・2年生[9]で基本的なリズムを使ったアンサンブルから，2，3年生で8小節，重ねる，楽器を選択するなどの創作をしており，低学年はおおむね基本的なリズム創作をしてきていると見ることができる。

高学年では，4年生でトガトンやポリリズムの創作を行い，5，6年生でラップや「木片の音楽」に向かい，高学年では，インターロッキング系重視の傾向がみられる。また，ボディーパーカッション，ラップ音楽がほぼ同じ内容で，3，4年生，5，6年生で行われている。

これらから，学年進行に大まかな順序性は見られるが，4年生からやや同一傾向のリズムパターンを取り上げる傾向にあることがわかる。また，拍子系は三拍子がひとつ行われているだけである。

表4-7（213頁）は，ことば系の音楽づくりである。これらは，主にことばをリズムにあてはめる活動になっている。

表4-8（214頁）は，旋法・調系の音楽づくりである。全般的に，黒鍵，黒鍵・白鍵交互，ドリア，4音・5音など，使用する音を限定し，ドローン，パターン，メロディー，フィラーを用いて音楽を構成することが多い。それによって，生じる音楽の雰囲気を味わうものになっている。

表4-9（216頁）は，旋律・形式系の音楽づくりである。この系の音楽づくりでは，ふしづくりから，副次的旋律，変奏へと学年進行している。ふしづくりにおいては，「問いと応え」や「合いの手」以外に副次的旋律と変奏曲の形式が多く使用されており，子どもたちの音楽づくりに使用しやすい形式が固定化している様子がうかがえる。

以上から，イメージ系の音楽づくりにおいても2003（平成15）年度以降には音楽の要素や仕組みが取り入れられていたが，リズムや旋法，調，旋律，形式などを手がかりにした系の音楽づくりは2000（平成12）年度以降に行われており，このことから，2000年あたりから効果音的な音楽づくりから音楽的まとまりが重視されるようになってきたことがうかがえる。

　また，イメージ系以外で行われていた音楽づくりを学年ごとに見てみると，次のような音楽づくりが行われていたことになる。

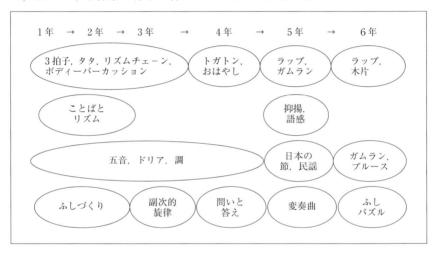

　これらから，1993（平成5）年から2012（平成24）年までの高知大学教育学部附属小学校の音楽づくりにおいては，特に2000年代からは意図的に音楽の要素や仕組みを音楽づくりのルールとして活用している様子がわかる。八木が，創造的音楽学習が「子どもたちの外に存在する教育内容を，子どもたちに内化させるという伝統的なパラダイムの延長線上に」（八木・川村：2005）位置づけられたと批判した様子が，教育現場の音楽づくりにも及んでいるということになる。

　しかし，これは，必ずしも否定的にはとらえきれない。2013年度に別途行った高知大学教育学部附属小学校全児童対象の調査においては，子どもたち

が好んで活動した音楽づくりは，イメージから音楽をつくる自由度が高いものよりも，ルールにしたがって行う音楽づくりであった。ルールにしたがう音楽づくりは，同じような規格の作品ができるわけではなく，ルールにそいながらまったく違う作品が生まれる。子どもたちにはその様子が印象的だったのではないかと推察することができる（山中・中山・間島・渡邊：2014）。

　八木は，先に述べたように，実体的な教育内容と関係的な教育内容は二者択一的な議論でとらえるのではなく，教育内容との対応で授業構成を変えていく柔軟性が重要だと括り，次の三つの授業のパターンを示している。

　①実体的な教育内容の獲得を直接めざす授業

　②実体的な教育内容を関係的な様子も含みながら獲得させる授業

　③関係的な教育内容を重視する授業

　このパターンで見れば，教育内容を中心とした授業構成は①に該当し，八木によれば，創造的音楽学習は本来なら③の代表的な授業になるものであった。しかし，現場における音楽づくりは，②として有効に機能していることがわかる。課題としては，使用する音楽の要素や仕組みがほぼ限定されていることと，音楽づくりのルールとして活用するという視点であるため，あらかじめ与えられる形で取り入れられており，音楽の要素や仕組みを概念として学習し得ているかどうかについては保障していないということである。

註

1 ）文部科学省 HP「新学習指導要領・生きる力」（2014年10月27日アクセス）
　http://www.mext.go.jp/a_menu/shotou/new-cs/

2 ）「音楽の基本的なもの」（千成：1980b）は，第 2 章で述べたように様々に呼ばれてきたが，ここでは千成らが多く用いた「音楽的概念」という用語を用いる。

3 ）『初等教育資料』No. 877（2011年 9 月号，東洋館出版社）において，文部科学省初等中等教育局教育課程課教科調査官・国立教育政策研究所教育課程研究センター研究開発部教育課程調査官である津田正之が，以下のように述べている。「音楽づくりの授業において，子どもがどうしてよいのか戸惑っている，擬音や効果音的な

表現にとどまっている，時間をかけるわりには表現が深まらない，といった状況はないだろうか」。(津田：2011e, 50)

4）Experiments in Musical Creativity（A Report of Pilot Projects），*Contemporary Music Project for Creativity in Music Education*, 1966を指す。

5）舩橋一男の「教育方法としての『対話』」（川口幸宏編『モラルエデュケーション』，八千代出版，1999年）の64-65頁から引用している。

6）ここでは，内容の一部を，文意を変えない程度にまとめた。なお，『教育音楽小学校版』の授業事例の全データは，博士論文には掲載したが，本稿では省略した。詳細は，以下を参照されたい。

http://kgur.kwansei.ac.jp/dspace/handle/10236/13834

7）文部科学省国立教育政策所教育課程研究センター製作『小学校音楽映像指導資料 楽しく実践できる音楽づくり授業ガイド』（学事出版，2014）に掲載されている。

8）高知大学教育学部附属小学校の音楽づくりの授業記録調査は，学術研究助成基金助成金による研究（基盤C課題番号35381205音楽科の学力のミニマムスタンダードに関する実証的研究）および平成25年度国立教育政策研究所教育課程研究センター研究指定事業を受けて行ったものである。授業記録整理を同附属小学校の中山典子教諭，西山ゆり子教諭，渡邊美樹教諭が中心となって行い，その分類や傾向についてを山中がまとめた。

9）高知大学教育学部附属小学校は，複式学級の研究を行っており，１・２年生クラス，３・４年生クラス，５・６年生クラスをそれぞれ１クラスずつ置いている。

第4章　教育内容と授業構成　209

表4-5　イメージ系の音楽づくり

年度	学年	分類	題材名	学習課題	ねらい・培いたい力	主な学習活動	主要教材
1993 (H5)	2	イメージ（オノマトペと音楽）	おはなしを音楽にして「あわてんぼうのサンタクロース」	自分のイメージした情景を音楽で表現する	○音楽から場面を想像したり、開画的な音を加えたりして表現することのできる音楽を各自でつくる。・自分がつくったお話に合う音をいろいろな楽器から選択し、奏法や表現を工夫して演奏する。（楽器の選択）	第2時：あわてんぼうのサンタクロースのナレーションと、それぞれに合う音楽を各自でつくる。第3時：それぞれがつくったナレーションと音楽を１つに、グループで役割を決めていく。（楽器の選択）第4時：グループ練習をする。（表現の工夫）	「あわてんぼうのサンタクロース」
1995 (H7)	1・2	イメージ（場面の様子）	お話を音楽で～「かさこじぞう」		○場面の様子を考えながらふしづくりをする。・ふしづくりの際に、「どの音を使うか」「始めの音は」「終わりの音は」といった音の並びをとらえる。・場面の特徴をとらえて色々な楽器の音色を知る。・友だちに合う音選びで色々な楽器の音色を知る。友だちどうしてうして合わせてようとす	○場面の様子をイメージする。・ふしづくりをする。（即興して、鍵盤ハーモニカを使って）・互いのふしを聴き合う。（よさを学び合う）・再度ふしづくりをする。	
1996 (H8)	6	イメージ（詩と音楽で）	詩を音楽で表そう	詩を声の表情（声の演奏・高低・抑揚など）や重なり方を工夫し、表現する。	○声のいろ多様な表現に関心をもち、いろいろな表現の声を出すことができる。・詩の雰囲気を感じ、それに合ったふさわしい声の表現や詩を盛り上げての音を考えることができる。・言葉としての音を経験することにより、音楽から言葉へのつながりを感じる。		「也熊の俳句によるコンポジション」（鑑賞）「ねこたらねこ」「とり」「はぶるおんにゃっとし」「かんがる」（詩）
1997 (H9)	2	イメージ（雨の音）	雨の音楽	音の高低や強弱、音色などを工夫した音楽づくり	○舌や楽器を使って、雨の音の表現を工夫する。・音の強弱、音色、高低、リズム、重なりなどの変化によって、様々な音楽づくりを楽しむことができる。・イメージした雨の音を側々とらえ、友達と協力して活動をおこなうことができる。・グループ表から合う音楽要素に気付く。	・雨の音のスケッチ。・音楽による音楽づくり。・グループで、発表会、まとめ。	「雨の遊園地」（歌唱）「雨だれ」（鑑賞）
1998 (H10)	2	イメージ（場面の様子）	お話を音楽で～「うみの花とこどう虫～」	物語の場面に合う音楽をつくる	○物語をもとに場面のイメージをつかんで表現できるようにする。・曲想を表す音楽的な要素をおさえ、自分たちの選んだ場面に合う音楽をもとに表現する。	・音遊び（「遊ぶ術に楽しくしている」「けんかをしている」「さわいでいる」などの場面の気持ちをタンバリン、木琴で即興的に表現する。・グループで物語の場面に合う音楽を選んで表現する。・夜の感じにする曲を鑑賞し、その曲の音楽的な要素に気付く。・グループの場面の音楽を練習する。（奏法の工夫、楽器の音色、始めと終わり）・発表会をする。（6年生にも聴いてもらう）	「月の光」「感想」より「海王星」より「銀河鉄道の夜」「北十字」「ベールキュント」組曲より「朝」
2003 (H15)	1	イメージ（登場人物）	おはなしとおんがく	黒板のみの5音を使って、2小節（8拍）程度の登場人物のテーマ音楽をつくる	○登場人物の雰囲気や様子に合うように、楽器や音色を工夫する拍の速さ、リズム、速度、音色	①「もりのくまさん」の情景を思い浮かべ、交互唱で身体表現を楽しむ②歌詞の表す情景や気持ちを想像して、歌ったり表現したりする③場面の様子や登場人物を想像させる旋律やその特徴	「おおきなくさぶ」「もりのくまさん」鑑賞「ピーターとおおかみ」

年	学年	題材	題材名	内容	〔共通事項〕	目標	鑑賞
2004 (H16)	3	イメージ（雪景色）	イメージをひろげて	ドリア旋法による、雪景色のイメージをひろげにした即興音楽づくり	「雪景色」という実際には音楽の無い世界を、自分たちのイメージで、楽器の音色や響きの組み合わせや重なり等を工夫しながら表現する	を感じながら「ピーターとおおかみ」を聴き、自分のテーマづくりに生かす ④登場人物に合う音楽を工夫してつくる ⑤朗読や台詞、歌やテーマ曲を加えて音楽劇をする	音の盛り上がり、変化、重なり、音色、音の重なり、速度、構成（始め方・終わり方） 鑑賞「雪のおどり」 鑑賞「雪はおどっている」
2007 (H19)	3	イメージ（水）	思いを音にして	「水」を主題として、自分たちの思い描いたイメージに合う音色や音の組み合わせを工夫してまとまりのある音楽をつくる	音楽の盛り上がり、速度、音色　強弱、速度、変化、音色	①自分たちのテーマに合う音探しをする ②簡単なリズムパターンなどを用いて音楽をつくる ③音楽の盛り上がりや変化等の工夫を加える	鑑賞「音遊び」「音色のちがいに気づこう」
2007 (H19)	3	イメージ（森）	音楽でえがこう	森のイメージをもとにした音楽づくり	身の回りの楽器の音色や音の響き　重ね方、大名音階　速度、強弱	６人グループで、森からイメージしたことを表現するための楽器を選び、音を重ねたり組み合わせたりして、グループの「森の音楽」をつくる	鑑賞「森のばら」「森の木琴」「交響曲第６番「田園」から」
2007 (H19)	5	イメージ（森）	「リズムパターン」をつかって	４枚の絵　リズムパターンを使ったリズムづくり	リズム　音の構成　反復、変化	６人グループで、森からイメージしたことを表現するための楽器を選び、音を重ねたり組み合わせたりして、グループの「森の音楽」をつくる	鑑賞「組曲「展覧会の絵」」「ロックトラック」
2012 (H24)	3	イメージ（動物）	様子を音楽であらわそう	自分たちが表したい動物の様子を音楽で、即興的に表現する。鑑賞で聞き取ったことを生かしながら友だちと工夫して、速度、強弱を工夫してくる。	自分たちが表したい様子の音楽を、鑑賞で聞き取ったことを生かしながら友だちと工夫して取ったことを感じ取りながら友だちと工夫してくる。音と感じや調性感につながる基礎を養う。	①動物の様子を表す音楽を、即興的に表現する。 ②鑑賞曲「白鳥」を聴き、動物の様子を表す音楽を味わう。 ③その他の鑑賞曲も聴き、動物の様子を表すための音楽をつくるか、グループで話し合う。 ④動物の様子を表す音楽をつくる。 ⑤自分たちのつくった音楽を聴き合い、それらの音楽と比べながら再度鑑賞曲を聴く。	鑑賞「動物の謝肉祭」より　組曲「白鳥」序奏と獅子王の行進」「カンガルー」「象」

表4-6　リズム系の音楽づくり

実施年度	学年	分類	題材名	学習内容	ねらい・育てたい力	主な学習活動	主要教材
2000 (H12)	1	リズム	リズムであそぼう	4拍（3拍＋休符）の基本リズムやタッカ、タッカなどのリズムシンコペーションなどのリズムバリエーションを楽しむ。	○拍の流れを感じながら、リズム打ちができる。○友達のよさを認め、互いに協力しながら、楽しく表現しようとする態度を育てる。	タタタタのリズムの入ったリズム遊びや音楽遊び ・言葉に合わせてリズム打ち ・リズムリレー ・リズム模倣 ・組み合わせの工夫	「こいぬのビンゴ」「おんまはみんな」
2001 (H13)	1	リズム（三拍子）	みんなであわせて	音楽を自由に選択し、曲に合うリズム伴奏をつくる	・拍の流れやリズムのまとまりを感じて演奏する。・組み合わせる楽器の音色や演奏の違い、曲想の変化に合わせた楽器の選択 ・3拍子の強拍部と弱拍部を感じ取って演奏する	①1人グループ、パートと楽器を決める ②組み合わせる工夫をする ③音楽に合わせて演奏する	「とんくるりんぱんくるりん」3拍子
2002 (H14)	1	リズム（複合リズム）	言葉でリズム	楽器や身の回りの物を使い、お互いの音を良く聞いてそれに呼応する音楽をつくることで「会話」する	・拍の流れにのって、複合リズムの音楽を唱えて友達とリズム遊びをする 拍の流れ、リズム	①言葉の模倣や半減・倍加をしたり重ねたりする音楽遊び ②言葉を使用し、声で表現 ③リズムの変化や声の調子、高低などの変化をつける ④音を合わせ、ユニゾンの工夫を加える	
1999 (H11)	1・2	リズム（リズムチェーン）	リズムチェーンで遊ぼう	自分たちがつくったリズムのまとまりをアンサンブルで、拍の流れにのって、合わせる。	○リズムのまとまりごとに、拍の流れにのってリズム表現をしようとする ・友達のよさを認め合い、自分たちに生かそうとすることができる	・リズム遊びをする ・リズムアンサンブルをつくる ・組み合わせ方を工夫する	
2002 (H14)	2	リズム（ボディーパーカッション）	体の音楽	ボディーパーカッション	拍の流れ 始まり方と終わり方	①「手拍子の花束」を鑑賞する ②6～8人のグループで、色々な変化をさせたり、ユニゾンのリズムを工夫したりする ③始まり方と終わり方を工夫する ④自分たちの「手拍子の花束」を発表し合う	「手拍子の花束」鑑賞［ロケット・ラップ］
2000 (H12)	3	リズム（ボディーパーカッション）	リズムにのってアンサンブルを楽しもう	身体を使って出せる音を組み合わせてアンサンブルする。	○身体を使って多様な音を出すことができる。・互いのよさを認め合い、楽しくアンサンブルをすることと、自分の演奏に生かそうとすることができる	・音づくり（身体を使って）①8小節のリズムパターンをつくる。②グループで音楽をつくる。・グループで構成を工夫する・トップティーのリズムや体の動きを考える・グループ発表する	［ロケット・ラップ］（鑑賞）
2001 (H13)	3	リズム（ボディーパーカッション）	ボディーパーカッションを楽しもう	楽器を自由に選択し、曲に合うリズム伴奏をつくる	・パート、音素材など自分の意思で選ぶ・友だちと出合わせながらリズム感を育てる・曲の構成について考える	①「手拍子の花束」を演奏する ②6～8人グループ（3パート）で、音の重なりを考えながらリズムをつくる ③聴き合う	「手拍子の花束」
2006 (H18)	3	リズム（打楽器）	リズムアンサンブルを楽しもう	打楽器リズムアンサンブル	リズムの重なり 曲の構成	リズムの重なり方を工夫して自分たちのアンサンブルをつくる	「手拍子の花束」
1994 (H6)	4	リズム（トガトンと打楽器）	「トガトン」にのって ～トガトンでの即興的なリズム表現やリズム伴奏づくり	トガトンのリズムパターンを用いての即興的なリズム表現や楽器の組み合わせや音の響きや重なりを工夫する	○即興表現を喜び々楽しさを味わう ○拍の流れにのってリズムを感じ取り、響きの違いを感じ取る活動を楽しむ	・トガトンのリズムパターンに合わせて、手拍子で打つ、揃える。・グループで楽器（木質の）を選択する・「ケチャ」を鑑賞する・トガトンのリズムとトガトンとシンコペーションを楽しむ。	「ケチャ」「トガトン」のリズムパターン
2000 (H12)	4	リズム（トガトン）	オリジナルパーカッション	トガトンのリズムパターンを用いて、身の回りの楽器を使っての即興的なリズム演奏	○トガトンのリズムを喜び、音の違いや、響きの違いを感じる ○拍の流れにのってリズムを感じ取って演奏しようとする態度を育てる	・トガトンのリズムパターンの学習・楽器の選択・グループ練習（始まり方と終わり方）・リズムの工夫、音色の工夫	「トガトン」「ハウス・ミュージック」［子どものためのルーレに合...］

年	学年	題材（領域）	題材名	ねらい	学習活動	発表会	鑑賞・聴く音楽
2005 (H17)	4	リズム（ボディパーカッション）	リズムでパフォーマンス	身体からでる様々な音や音楽を使って、８拍のリズムを考え、重ねる	ボディパーカッションや楽器を使ったりズムパフォーマンスづくり	発表会［手拍子の花束］	鑑賞
2005 (H17)	4	リズム（和太鼓）	お祭りの音楽をつくろう	リズム、掛け合い、かけ声、音色、強弱	和太鼓を使ったリズム打ちやアンサンブル	①いろいろな太鼓の音楽の鑑賞 ②３種類の和太鼓の演奏 ③基本のリズムを組み合わせて…８小節のフレーズをつくる ③演奏順の組み合わせを工夫してグループの音をつくる	［日本の太鼓の音楽］
2009 (H21)	4	リズム（おはやし）	おはやしのリズムをやさしく遊ぼう	日本各地に伝わる「祭りの音楽」の鑑賞を通して、それぞれの特徴のよさを感じ取ったり、和楽器の演奏やそらの音を使っておはやしらしいふしづくりをしたり、［日本のお祭りの音楽］に親しむ	日本のお祭りの音楽を知り、和楽器の演奏やそらの音を使っておはやしらしいふしづくりをする	①日本のお祭りの音楽の鑑賞 ②４人のグループでアンサンブルをしよう ③日本のふしづくり	［日本のお祭りの音楽］
2012 (H24)	4	リズム（ポリリズム）	ポリリズムの音楽をつくろう	音色、リズム、音の重なりを聞き取り、拍子にのって、繰り返しや新しい感覚を見出せるぴったり合う拍子やずれる拍子を感じながら音楽をつくる	ポリリズムの面白さを感じ取り、ぴったり合う拍子やずれる拍子を感じながら音楽をつくる	①ポリリズムといについて知る ②音楽づくりのティネス「楽器を組み合わせる」 ③［楽器メニュー］を用いての演奏 ④ポリリズム発表会	鑑賞［マンガ・南とおどろう］［太陽の国へ］
1996 (H8)	5	リズム（ラップ）	自分たちのラップ風の音楽をつくろう	自分たちのラップの音楽をつくる活動を通して、繰り返しや掛け合いの面白さやリズムに乗る楽しさを味わう	ラップ末の意味、音楽の入れ方などを知り、「早口言葉」などから、ラップに親しむ・教会などでつくり、うまくラップのリズムに合った作品をつくる・互いの作品を聴き合い工夫をする・自分たちの作品をさらに工夫し、発表し合う	CD［だるまさんがころんだ］「天使にラブソング…」「早口言葉のラップ」	
2000 (H12)	5	リズム（ガムラン）	アンサンブルしよう	ガムランの音の特徴（楽器の音色、リズムより）をもとにリズムアンサンブルをつくる	ガムランの特徴を知って打楽器中心のアンサンブルをする活動を通して、音楽の構成の仕方を工夫する	①ガムランの音楽を鑑賞し、ガムランの特徴や楽器の音色、合奏の響きを感じとる ②ガムランの音楽を確認し、リズム打ちをする ③いろいろな打楽器で試し、合わせる ④「スカール・ジュゲン」を鑑賞し、構成を工夫する ⑤グループで音楽をつくる	鑑賞［ウジャン・マス］［スカール・ジュゲン］
2002 (H14)	5	リズム（ポリリズム）	アフリカの音楽-アフリカのリズムをつくろう	４分の３拍子と８分の６拍子のポリリズムで即興的に演奏したり、４小節のポリリズムをつくる	即興的に４小節分のリズムパターンをつくり、拍の流れに乗って演奏する	①アフリカの音楽や太鼓について知る ②基本パターンを演奏する（４分の３拍子と８分の６拍子のポリリズム、打楽器を使う） ③即興的に組み合わせ、打楽器を使う ④即興演奏を入れる ⑤演奏を楽しむ	鑑賞［アグバジャ］［ウドゥ（クラター）］
1998 (H10)	6	リズム（ラップ）	ラップ音楽で遊ぼう	言葉のリズムや一定の拍に乗って演奏する楽しさ、面白さを味わう	自分たちの願いや主張を言葉にまとめ、それに合うプロを音楽づくりをする・言葉を音楽にのせて、楽しんで表現する・音楽のもつリズムや音色に注目し、言葉による音楽表現の多様性に関心をもつ	①ラップ音楽のロディを知る ②ラップ音楽づくり（個人・グループ）＊拍打ちに合わせて ③ラップの音楽づくり ④ラップ大会	［ラップ音楽］他のラップ音楽、CD視聴、ビデオ
2010 (H22)	6	リズム	自分たちの「木片の音楽」をつくろう	「木片の音楽」から、リズムの違いや同一リズムの反復等の面白さを聞き取り、リズムパターンの重なりを工夫して音楽表現のアンサンブルを楽しむ	鑑賞をもとに音楽づくりを通して、拍感を楽しみ、リズムパターンの重なりを工夫して音楽表現したりすることで、リズムアンサンブルを楽しむ	①木片の音楽の鑑賞-何人で演奏しているかな？ ②パートの段階に着目する ③どの楽器を使う ④リズムを途中で変えてみよう ⑤終わりの方を工夫しよう	鑑賞［木片の音楽］

表4-7　ことば系の音楽づくり

年度	学年	分類	題材名	学習課題	ねらい・培いたい力	主な学習活動	教材
1999 (H11)	1	ことば （ことばのリズム）	言葉とリズム	早口音葉のアンサンブルづくり	○音楽の持つリズムを生かし、声の調子や高低、強弱などの音楽要素を考えて音楽づくりをする。○友達と気持ちを一つに声を揃えて、楽しんで音楽を表現する。	・言葉のリズムをつくろう。（鑑賞「かえるのコーラス」「世界地図のフーガ」）・早口音葉で遊ぼう。・自分たちの好きな音楽をつくろう。	鑑賞「かえるのコーラス」「世界地図のフーガ」「コマーシャルソング」
2004 (H16)	1	ことば （重ねる）	お話と音楽	声のアンサンブル	・リズムパターンと言葉を選んで重ねる拍の流れ、リズム、重なり方	6〜7人グループで、3つのリズムパターンに音楽を当てはめて重ねる	「おむすびころりん」
2003 (H15)	2	ことば （詩とリズム）	ことばあそび	強弱や速度などを変えて、組み合わせ方を工夫する	・詩の朗読とリズムの言葉を組み合わせたり、強弱 詩の関連を感じたりする 速度の工夫をしたり、リズム、速度、強弱、抑揚	①選んだ言葉をリズムのせで表現する ②詩の朗読とリズムの言葉を組み合わせて表現する ③発表を行い、お互いのよさや面白さを味わう	詩「かっぱ」「いろは」「うとてとこ」「ことばこ」「うそつきのつき」鑑賞「いろはうた」
2003 (H15)	2	ことば （記号楽譜で）	記号楽譜であそぼう	記号楽譜を使ってリズムをつくり、それを当てはめた言葉から生まれる音楽づくり	・言葉のもつリズムを生かし、声の調子や声の高低などから生まれる音楽を感じ取って表現し、友達と重ねたり組み合わせたりする リズムリレー ハローゲーム	リズムリレー ハローゲーム	
2005 (H17)	2	ことば （重ねる）	わくわくリズム	木曜市のステキなアンサンブルをつくろう	・言葉のもつリズムのおもしろさや友達と合わせる楽しさを味わう 拍、リズム、音高、強弱 合いの手 リズムの重なり	①木曜市で見つけた食べ物のリズムを唱えてはローテーム ②違う言葉のリズムを重ねる	鑑賞「ティニックリンクタ」「ことばでリズム」「おまつりワッショイ」「サウンドパズル」
2006 (H18)	5	ことば （重ねる）	素敵にアンサンブル	ことばがもっている語感やリズム、抑揚を楽しみながら、それらを組み合わせてボイスアンサンブルの音楽をつくる	ことばの語感や抑揚・リズムを生かしてボイスアンサンブルをする 拍の流れ 声の出し方や高低・強弱・リズム、声の表情や表現の仕方	①6人程度のグループで、自分たちのテーマや使うことばを決める ②いくつかのことばの組み合わせや並べ方を考え、構成を工夫する	鑑賞「世界地図のフーガ」はやしことばメドレー

表4-8 旋法・調系の音楽づくり

年度	学年	分類	題材名	学習課題	ねらい・培いたい力	主な学習活動	教材
2003 (H15)	1	調	「ドレミ」であそぼう	「ドレミ」でふしづくり	・「ドレミ」の順序を知ったり、「ドレミ」が音の高さを表している事を理解したりする ・自分たちで音をつなげるだけで音楽ができる面白さを感じる ・曲の「終わった感じ」や「続く感じ」といった、フレーズ感を感じ取る	①「ドレミ」の3音を使った「レレこっこあそび」「まねっこ遊び」 ②ドレミファンの5音を使った「まねっこ遊び」 ③ドレミファンの5音から音を選んで4拍の即興演奏をし、それを4人グループでつなげるをつくる	
2000 (H12)	1・2	旋法（黒白交互）	合わせてみよう	ドローン・伴奏・メロディー・かざりの4つの役割を分担し、即興演奏する。	◎自由な旋律を重ねて即興演奏する活動を通して、互いに音を聴き合い、かかわり合う音楽をつくる楽しさを味わう。	①まずは2人で演奏する（メロディー・ドローン） ・4人で演奏する（白鍵・黒鍵を交互にというルールで） ・発表し合う	
2000 (H12)	1・2	旋法（ドリア）	君もソリスト	鍵盤ハーモニカを使った即興演奏	◎ある一定の音を使って、鍵盤ハーモニカで即興演奏をする活動を通して、演奏技能を育成する。 ・つくる楽しさを味わうとともに友だちと音楽をつくる楽しさを味わっていく。 ・鍵盤ハーモニカを使って2人組で演奏することを通して、拍の流れや自分なりの表現や友だちの良さや自分なりの表現をしようとする意識を持たせる。	①モチーフに続く旋律をつくる（ドリア旋法で、8拍の長さで） ②つくった旋律と伴奏を組み合わせて1つの曲をつくる（繰り返し、変奏曲風に、終わり方をゆっくり...）	
2009 (H21)	3	調（長調と短調）	ふしの感じをとらえて〜長調と短調〜	長調と短調の違いを感じ取り、鑑賞・ふしづくりを行おう。	◎長調と短調の違いや特徴を感じる。 ・鑑賞・ふしづくりを通して感じ取る。	①長調と単調の曲の歌唱●鑑賞を通して、長調と短調のふしについて感じを感じる。 ②長調と短調のふしをつくって1つの曲をつくる（...）	〈鑑賞〉メリーさんのひつじ「まいごのこひつじ」「つり」[メヌエット長調][メヌエット短調]
2012 (H24)	3	旋法（黒鍵）	黒鍵であそぼう	黒鍵を自由に選んで即興演奏を楽しみ、友だちと音を重ねて音楽をつくる。	◎音楽づくりへの興味・関心を高める。 ◎個人での即興演奏や役割を持たせての演奏[ドローン][オスティナート][メロディ][フレーズ] ◎音楽の始まり方・終わり方を工夫する。	①黒鍵のみで即興演奏→発表 ②グループで黒鍵の音楽をつくろう（4つの役割にわかれる） ③それぞれのよさ・工夫を見つける ④始まり方・終わり方を工夫して黒鍵の音楽をつくろう ⑤音楽の始まり方から思いや意図をもった音楽へ	
2002 (H14)	4	旋法（ドリア）	即興演奏にチャレンジ！	ドリア旋法によるリコーダーの即興音楽づくり	○拍の流れ	レとラを和音にしたマリンバのドローンに、選んだリコーダーのパスターンとメロディを重ねる 終止音（2小節）8拍（2小節）のふしづくり	
1993 (H5)	5	旋法（おはやし）	日本のふし〜おはやしづく〜	日本の伝統音楽に親しむ。	◎日本の伝統音楽に気づかせていきながら、日本的な音楽をつくる楽しさを味わわせる。	◎リコーダーでの旋律づくりをして、発表し合う。 ・グループでリズムづくり、旋律づくりをし、おはやしをつくる。	「子守歌」「おはやし」「吹奏楽のための木挽歌」
1995 (H7)	5	旋法（おはやし）	おはやしをつくろう	日本のふしの特徴（5音音階）を使ったお囃子づくり	◎日本のふしの特徴を感じ取り、味わいながら表現する態度を育てる。	◎日本のふしのひびきに親しむ。 ・ふしづくりをして聴き合う。（工夫...くりかえし、リズムづくりをしてミックスに、友だちと重ねて） ・太鼓を入れて演奏する。	「管弦楽のための木挽歌」「おはやし」
2001	5	旋法（おはやし）	おはやしをじsむ。	日本の感じのふる。	・日本の伝統音楽の特徴を感じ取り、味わいな	①リコーダーで8拍程度のふしづくり（即興）	「子もりうた」「おはやし」

年度	旋法（分類）	題材名	ねらい	学習活動	鑑賞教材
（H13）	（おはやし）		…から表現する態度を育てる	②和太鼓で基本的なリズムの演奏 ③5〜6人グループでリコーダーと和太鼓のふしリズムをつくる	じ」
2003（H15）	旋法（黒白交互）	雨の音をつくろう	マリンバでドローン・パターン・メロディ・フィラーを併用した即興演奏黒鍵と白鍵の交互演奏	・速度の変化 ・強弱の変化 調性なし 偶然的なタイミングによって生まれる響き1つ ドローン……黒鍵または白鍵で一定の形を取り、黒鍵と白鍵を交互に演奏する…非調性的なメロディ メロディ……黒鍵と白鍵を交互に演奏する フィラー……装飾的な効果 始め方・終わり方の工夫	鑑賞「南の樹」武満徹作曲
2004（H16）	旋法（日本の音階）	日本の音楽めぐり	日本の旋律の特徴をとらえたふしづくり	日本の音楽の特徴的な響きを感じ取る「陰音階」「陽音階」「琉球音階」 ①民謡の鑑賞 ②「よさこい節」の旋律の演奏や合奏 トーンチャイムの即興伴奏と旋律のリコーダー演奏 ③日本各地の子守歌の鑑賞	鑑賞「日本の民謡と子もり歌」「でいんさぐぬ花」「よさこい節」
2006（H18）	旋法（沖縄）	日本の民まろめぐり	沖縄の感じがする音楽づくり	沖縄音階 沖縄の音楽らしいリズム オルフ楽器や付箋を貼った木琴を使って、ド・ミ・ファ・ソ・シの5音で8拍のフレーズをつくり、それを4人でつなげる	鑑賞「谷茶前」「日本各地の民謡」
2008（H20）	旋法（沖縄）	民まろやすもり歌めぐり	沖縄音階を使った音楽づくり 日本の民謡や子守歌に親しむ 音階、構成、組み合わせ	日本の伝統的な音楽の特徴や魅力を味わい、 ①個人で、沖縄音階の5音を使って4分の2拍子で4小節のふしをつくる（リコーダー） ②クラスで打楽器や本木の伴奏をつけ、グループオリジナルの沖縄の音楽をつくる	鑑賞「花笠音頭」「木節」「きらり」「谷茶前」民謡「エイサー」［青森地方の子守歌］［岡崎地方の子守歌］［五木の子守歌］［竹田の子守歌］：子守歌
1997（H9）	旋法（ガムラン）	アジアの音楽	日本やアジアの国々の音楽の特徴、伝統 音楽の音色	◎日本やアジアの国々の音楽にふれ、そのよさを感じ取らせる。・それぞれの曲を鑑賞し、その音楽を自分のつくった音づくりに生かす。・「ガムラン」の音楽のまねをして音楽をつくる。（レ・ミ・ソ・ラの5音、オルフ楽器）	鑑賞「春の海」「越天楽今様」「アリラン」［ケチャ］春江花月夜］［鳥の歌］スカル・ジェグン］他
2008（H20）	旋法（雅楽）	雅びな世界へ	レ・ミ・ソ・ラ・シの5音を使った音楽づくり	雅楽の旋律 速度・強弱、長さ レ・ミ・ソ・ラ・シの5音を使って、他の楽器（トライアングル、フィンガーシンバル、締太鼓など）を合わせて、雅楽の感じがする音をつくる	鑑賞「越天楽今様」
2010（H22）	旋法（ブルース）	ブルースの音楽をつかって	ブルースの循環コードを用いて、その循環コードに合わせ、ブルースの音階で単音で音楽をつくる。打楽器でマリンバやシンバルを楽しむ。	ブルースの循環コード 独特のリズムを感じ取りながら、簡単な音楽をつくる。①ブルースの循環コードに合わせて、ブルースのリズムを知る。即興でマイナーペンタトニックでのリズムパターンをつくって演奏する。②ブルースの循環コードに合わせて、即興で様々な打楽器でのリズムパターンをつくって演奏する。③問いと答えを使った様々な表現を生かし、さらに工夫したりして、互いの演奏を聴き合ったり、自分たちのブルースの音楽をつくる。	鑑賞「タコのブルース」ほか

表4-9 旋律・形式系の音楽づくり

年度	学年	分類	題材名	学習課題	ねらい・培いたい力	主な学習活動	教材
2011 (H23)	1	形式（問いと答え）	はじめのおんがくをつくろう	音遊びを音楽にしていくことの反復いと答えの仕組みを生かしながら、仕組みを生かして音楽をつくる。音楽づくりの学習を通して、音楽に対する感性を豊かに育む。1年生の発達段階に応じた音楽づくりができるようにする音楽づくりの楽しさや、自分の考えや願いを持つ。		①「さらさらばし」の特徴をつくる学習の興味・関心をもたせる。②図譜から音を選んで、順次進行からいろいろな旋律をつくる。③「ドレミのサイコロ」を使って、偶発的に出た音をつなげて旋律をつくる。④問いと答えの仕組みを生かして、音楽を工夫していく。	「きらきらぼし」（フランス民謡）
1995 (H7)	1・2	形式（ふし）	よびかけあって	鍵盤ハーモニカを使うたしいづくり	○歌に答えるような間奏を作り、拍の流れに気づいて演奏する。・7つ打ちの音楽づくり・拍の流れ・音が合っている	①「木のはのゆうびん」の1番の木の中みるお手すを全体の葉を選ぶ。・選んだ木の葉に対するお返事を音楽にして出す（つくる）。	どんぐりさんのおうちすずむしのこおろぎ木のはのゆうびん
2003 (H15)	2	形式（ふし）	わらべうたであそぼう	シロボックスマリンバの即興伴奏			「にいちゃんが」
2005 (H17)	2	形式（ふし）	わらべうたをつくろう	わらべうたにつなをつく2～3音で2拍子4小節分のわらべうたのふしづくりをする。	・音の数を工夫し、自分たちの歌詞に合うわらべうたのふしづくりをする。・使うわらべうたで終わる感じと、音頭に合うリズム	①2～3音を使い、即興でわらべうたのふしを演奏する。②自分たちがつくリズムに合う歌詞を工夫して、ふしづくりをする。③使う音の数を工夫して、自分たちが作ったわらべうた歌詞に合う音づくりをする。④自分たちのつくったわらべうたを演奏する	わらべうた「なべなべそこぬけ」「かごめかごめ」「あぶくたったにえたった」など
1995 (H7)	3	旋律（副次的旋律）	ふしを重ねて	オブリガート部分をつくる。	○音の響きあい、その美しさに気づかせたり楽しんだりさせる。	・地平線の二度重ね、三度の重ねに興味をもつ。・山の音楽に旋律にオブリガートをつける。（ペアで）	「山の音楽」「地平線」
1998 (H10)	3	旋律（副次的旋律）	ひびき合いをみつめて	メロディーに合う音をさがし、ふしづくりをする。	○楽器の響きを感じながら聴いたり、互いの歌声や楽器の響きを聴き合う表したりする。・メロディーに合う音をさがし、ふしづくりをする活動を通して、音を重ねることの心地よさを感じることと、和声の素地を養う。	・「ブンブンブン」の主旋律をリコーダーで練習する。・主旋律にぴったりと合う音を探す。（ペア）・つくった旋律を発表する。	「雪のおどり」トランペット吹きの休日「ブンブンブン」
2010 (H22)	3	旋律（副次的旋律）	音の重なりを感じよう	三部合唱につながる学習に取り組み、音の重なりを感じ音楽をつくる。・音の重なりを感じる感覚を磨く。	音が重なることでできれいな響きあることに気づきながら音楽をつくることに気づく。お互いの声に心地よく合唱の重なる形の音程をとり、友だちと副次的な旋律を意識しながら部分三部合唱へと学習の場を広げていく。	①グループで音遊びをしながら、心地よい音の重なりを味わう。②やわらかい声で歌い、曲の終わりの部分に副次的な旋律を合わせる重なりを楽しむ。・「雪おどり」の終わりの部分から、友だちと協力して副次的な旋律をつくる。・「あの雲のように」の主旋律と副次的な旋律を歌い、部分合唱に挑戦する。	「笑いのカノン」「かなリ」「雪のおどり」「あの雲のように」ほか
2002 (H14)	4	形式（問いと答え）	音でお話し（コール・アンド・レスポンス）	楽器や身の回りの物を音、お互いの音を聴く〈聴いてこれに応じる音楽をつくる〉ことで、それに対する感覚を磨く。	・音色や奏法などの表現の工夫をし、それぞれのテーマに合った音楽をつくる・旋律の気分や速度、強弱などに気づいて聴く表現のよさや工夫に気づいて聴く・速度、間、強弱、音色、旋律の気分	①手拍子やトーンチャイムで音楽ゲーム②「おおブレネリ」の交互唱③トーンパで即興演奏④声、トーンチャイム、クラスターを加える	「おおブレネリ」「呼びかけ」「月光への砂時計」「陽気にキホルン協奏曲」

第4章　教育内容と授業構成　217

年	学年	区分	題材名	目標・内容	学習活動	指導事項	教材・鑑賞曲
1997 (H9)	5	形式(変奏曲)	変奏曲をつくろう	変奏曲の特徴をつかみ、それをもとに変奏曲をつくる	○鑑賞を通して学んだ手法や仕組みを手がかりに、自分なりに変奏曲をつくる活動を通して、変奏曲の面白さを味わわせる。	・変奏の仕方(仕組み)を鑑賞活動から見付けだす。・変奏パターンをもとに変奏曲をつくる。(きらきら星)の4小節を、リコーダーやオルガン、自分の使いやすい楽器を聴き合い、よさを学び合う。	「ピアノ五重奏曲『ま すじ』第4楽章」「キラ キラ星の主題による変 奏曲」「きょうりゅう」
2009 (H21)	5	形式(変奏曲)	曲の雰囲気をつけ変奏を感じ取って変奏曲づくりを楽しもう～	主題の旋律の動きに気をつけ変奏を感じ取る。リズムや拍子、器の組み合わせ等を工夫し変奏曲づくりを楽しむ。	鑑賞することを通して楽曲の特徴や曲想を感じ取り、変奏曲にたいしての理解を深め、親しむ。		〈鑑賞〉「ピアノ五重奏曲『ます』第4楽章」「箏独奏曲による主題と六つの変奏曲」「さくらの変奏曲」「キラキラ星変奏曲」
2012 (H24)	5	形式(変奏曲)	音楽の仕組みを味わおう。	チャイム変奏曲を完成させよう。	変奏の仕組みを生かして、あらかじめ決められた旋律(主題)や伴奏の旋律、リズム、拍子などを変化させて変奏曲をつくる。	①提示されたリズムを生かしての主題の変奏②提示された旋律の音形を使っての変奏③変奏の担当を決める④学級全体での「チャイム変奏曲」をつくる。	
2012 (H24)	5	形式(変奏曲)	変奏曲の仕組みを見付けよう。	音楽の仕組みを見付けよう。	鑑賞曲の旋律が対称へ表情を変えて表現している美しさを味わう。主題と副次的な旋律や伴奏との音の重なり変奏の構造を理解し、鑑賞の能力を高める。	①変奏曲について知る②自分なりの表現でマラカスやワークシートに書き込む③変奏の仕組みを見付け合う。	鑑賞曲「きらきら星変 奏曲「モーツァルト」 「ピアノ五重奏曲『ま すじ』第4楽章」「ジュ ーベルト」
1994 (H6)	6	旋律(対旋律)	ふしを重ね教材「星空はいいも」	ふしを重ねながら美しさを感じ取って表現する。・どんな音を重ねたらきれいさを合うかを考え、より美しい響きを会にたり追求したりする。	◎ふしを重ねながらきれいさを感じ取る。	教材用の第3フレーズで対旋律で使われている音を知る。・オルガンを使って最後の対旋律の部分のふしづくりをする。・互いに聴き合う。	「星空はいつも」
1997 (H9)	6	形式(ふし)	メロディパズル	旋律の特徴、曲の構成ながり、長調や短調、表現の工夫	○メロディの自然のつながりを感じ取る。○曲の構成な旋律の違いを感じ取って表現する。○友だちの工夫や違いに気付き、よりよいものにしようとする。	・気持ちのいいつながりを考え、旋律を選んで曲をつくる。・聴き合って、どうつなげたらいい感じの曲になるか考える。・発表する。	「エーデルワイス」「フ ラランドード」「いるかの旅」(鑑賞)
2011 (H23)	6	旋律(副次的旋律)	豊かな表現をめざして	三部合唱と、二部の響きを合い、和音の響きを確かめながら副次的な旋律をつくる。	副次的な旋律のつくりが様々な楽曲に出会う中で、歌詞の曲想を生かして歌うり、伴奏の音や音楽の構成を音色や音楽をつくったりする活動を通して、豊かな音楽表現に迫る。	①「ふるさと」の歌詞を理解し、情景を思い浮かべながら、互いの声を聴き合って合唱する。②「チェリー」の主旋律と副次的な旋律を合唱する。③伴奏の構成や編成、副次的な旋律の組み合わせを考え、「ふるさと」の副次的な旋律をつくる。④自分たちのつくった副次的な旋律をしっかり覚えるように練習し、つくった過程での思いや工夫を言葉で伝え、演奏を聴き合う。	「ふるさと」「チューリ ップ」「君をのせて」「チ ェリー」(鑑賞)

表4-10　高知大学教育学部附属小学校の音楽づくりの授業の変遷

実施年度	学年	分類	題材名	学習内容
1993 (H5)	2	イメージ（ナレーションと音楽）	おはなしを音がくで「あわてんぼうのサンタクロース」	自分のイメージした情景を音楽で表現する
1993 (H5)	5	旋法（おはやし）	日本のふし　～おはやしづくり～	
1994 (H6)	4	リズム（トガトン）	「トガトン」のパターンにのって	トガトンのリズムパターンを使っての即興的なリズム表現やリズム伴奏づくり
1994 (H6)	6	旋律（対旋律）	ふしを重ねて　～教材「星空はいつも」	対旋律づくり
1995 (H7)	1・2	イメージ（場面の様子）	お話を音楽で　～「かさこじぞう」～	
1995 (H7)	1・2	形式（ふし）	よびかけあって	鍵盤ハーモニカを使ったふしづくり
1995 (H7)	3	旋律（副次的旋律）	ふしを重ねて	オブリガード部分をつくる
1995 (H7)	5	旋法（おはやし）	おはやしをつくろう	日本のふしの特徴（5音音階）を使ったお囃子づくり
1996 (H8)	5	リズム（ラップ）	自分たちのラップ音楽をつくろう	ラップ風の音楽をつくる。
1996 (H8)	6	イメージ（詩を音楽で）	詩を音楽で表そう	詩を声の表情（声の強弱・高低・抑揚など）や重ね方を工夫し、表現する。
1997 (H9)	2	イメージ（雨の音）	雨の音楽	音の高低や強弱、音色などを工夫した音楽づくり
1997 (H9)	5	形式（変奏曲）	変奏曲をつくろう	変奏曲の特徴をつかみ、それをもとに変奏をつくる
1997 (H9)	6	旋法（ガムラン）	アジアの音楽	日本やアジアの国々の音楽の特徴、伝統音楽の音色
1997 (H9)	6	形式（ふし）	メロディパズル	旋律の特徴、旋律のつながり、曲の構成、曲の形式、長調と短調、表現の工夫
1998 (H10)	2	イメージ（場面の様子）	お話を音楽で　～うめの花とてんとう虫～	物語の場面に合う音楽をつくる
1998 (H10)	3	旋律（副次的旋律）	ひびき合いをかんじて	メロディーに合う音をさがし、ふしづくりをする。
1998 (H10)	6	鳩笛	鳩笛で音楽を楽しもう	それぞれの1音を組み合わせてグループで音楽をつくる。
1998 (H10)	6	リズム（ラップ）	ラップ音楽で遊ぼう	○言葉のリズムや一定の拍に乗って演奏する楽しさ・面白さを感じ取る。
1999 (H11)	1	ことば（ことばのリズム）	言葉とリズム	早口言葉のアンサンブルづくり
1999 (H11)	1・2	リズム（リズムチェーン）	リズムチェーンで遊ぼう	自分たちがつくったリズムアンサンブルを、拍の流れに乗って、合わせる。
2000 (H12)	1	音	トーンチャイムで不思議な世界	トーンチャイムを使った不思議な音楽づくり（音遊び）
2000 (H12)	1	リズム	リズムであそぼう	3つ打ちの基本リズムやタタ、タッカ、シンコペーションなどのリズムバリエーションを楽しむ。
2000 (H12)	1・2	旋法（ドリア）	君もソリスト	鍵盤ハーモニカを使った即興演奏
2000 (H12)	1・2	旋法（黒白交互）	合わせてみよう	ドローン・伴奏・メロディ・かざりの4つの役割を分担し、自由な旋律を重ねて即興演奏する。
2000 (H12)	3	リズム（ボディーパーカッション）	リズムにのってアンサンブル	身体を使って出せる音を組み合わせてアンサンブルをする。
2000 (H12)	4	リズム（トガトン）	オリジナルパーカッション	トガトンのリズムパターンを用いて、身の回りの楽器を使った即興的なリズム演奏

2000 (H12)	5	リズム（ガムラン）	アンサンブルしよう	ガムランの音楽の特徴（楽器の音色，リズムパターン，形式，構成の仕方）をもとにリズムアンサンブルをつくる。
2001 (H13)	1	リズム（三拍子）	みんなであわせて	音楽を自由に選択し，曲に合うリズム伴奏をつくる
2001 (H13)	3	リズム（ボディーパーカッション）	ボディーパーカッションをしよう	楽器を自由に選択し，曲に合うリズム伴奏をつくる
2001 (H13)	5	旋法（おはやし）	おはやしをつくろう	日本の感じのするふしづくり
2002 (H14)	1	リズム（複合リズム）	言葉でリズム	楽器や身の回りの物を使い，お互いの音を良く聞いてそれに呼応する音楽をつくることで「会話」する
2002 (H14)	2	リズム（ボディーパーカッション）	体で音楽	ボディーパーカッション
2002 (H14)	4	旋法（ドリア）	即興演奏にチャレンジ！	ドリア旋法によるマリンバとリコーダーの即興音楽づくり
2002 (H14)	4	形式（問いと答え）	音でお話し（コール・アンド・リスポンス）	楽器や身の回りの物を使い，お互いの音をよく聴いてそれに呼応する音楽をつくることで「会話」する
2002 (H14)	5	リズム（ポリリズム）	アフリカの音楽・アフリカのリズム	4分の3拍子と8分の6拍子のポリリズムで即興的に4小節分のリズムパターンをつくる
2003 (H15)	1	イメージ（登場人物）	おはなしとおんがく	黒鍵のみの5音を使って，2小節（8拍）程度の登場人物のテーマ音楽をつくる
2003 (H15)	1	調	「ドレミ」であそぼう	ふしづくり
2003 (H15)	2	ことば（詩とリズム）	ことばあそびうた	強弱や速度などを変えて，組み合わせ方を工夫する
2003 (H15)	2	ことば（記号楽譜で）	記号楽譜であそぼう	記号楽譜を使ってリズムをつくり，それを当てはめた言葉から生まれる音楽づくり
2003 (H15)	2	形式（ふし）	わらべうたであそぼう	"シロボックスやマリンバの即興伴奏 ふしづくり"
2003 (H15)	5	旋法（黒白交互）	雨の音をつくろう	マリンバで「ドローン」「パターン」「メロディ」「フィラー」を用いた即興演奏　黒鍵と白鍵の交互演奏
2004 (H16)	1	ことば（重ねる）	お話と音楽	声のアンサンブル
2004 (H16)	1	手づくり楽器	みんなでカーニバル	歌唱，手作り楽器のリズム演奏，身体表現
2004 (H16)	3	イメージ（雪景色）	イメージをひろげて	ドリア旋法による，雪景色のイメージをもとにした即興音楽づくり
2004 (H16)	3	楽器（ラテン）	チャチャチャでアンサンブル	曲想に合うリズムや楽器を選び，その組み合わせを工夫すり，間奏をつくる
2004 (H16)	5	旋法（日本の音階）	日本の音楽めぐり	日本の旋律の特徴をとらえたふしづくり
2005 (H17)	2	ことば（重ねる）	わくわくリズム	木曜市のステキなアンサンブルをつくろう
2005 (H17)	2	形式（ふし）	わらべうたをつくろう	オルフ楽器を使い，2～3音で2拍子4小節分のわらべうたのふしづくりをする
2005 (H17)	4	リズム（ボディーパーカッション）	リズムでパフォーマンス	ボディーパーカッションや楽器を使ったリズムパターンづくり
2005 (H17)	4	リズム（和太鼓）	お祭りの音楽をつくろう	和太鼓を使ったリズム打ちやアンサンブル
2006 (H18)	3	リズム（打楽器）	リズムアンサンブルを楽しもう	打楽器リズムアンサンブル
2006 (H18)	5	ことば（重ねる）	素敵にアンサンブル	ことばがもっている語感やリズム，抑揚を楽しみながら，それらを組み合わせてボイスアンサンブルの音楽をつくる

2006 (H18)	5	旋法（沖縄）	日本の民ようめぐり	沖縄の感じがする音楽づくり
2007 (H19)	3	イメージ（水）	思いを音にのせて	「水」を主題として，思い描いたイメージに合う音色や音の組み合わせを工夫してまとまりのある音楽をつくる
2007 (H19)	3	イメージ（森）	音楽でえがこう	森のイメージをもとにした音楽づくり
2007 (H19)	5	イメージ（動物）	「リズムパターン」をつかって	4枚の絵譜を使ったリズムづくり
2008 (H20)	1・2	楽器（合う音）	どんなようすかな	「汽車は走る」の歌に合わせた音づくり
2008 (H20)	5	旋法（沖縄）	民ようや子もり歌めぐり	沖縄音階を使った音楽づくり
2008 (H20)	6	旋法（雅楽）	雅な世界へ	レ・ミ・ソ・ラ・シの5音を使った雅楽の音楽づくり
2009 (H21)	3	調（長調と短調）	ふしの感じをとらえて ～長調と短調～	長調と短調の曲に対して気付きをもたせ，長調と短調の違いや特徴をつかむ。また調性に合ったふしづくりを行う。
2009 (H21)	1・2	楽器（カスタ）	音や音楽をきいて体で表そう	楽曲からカスタネットの音色やリズムなどを感じ取り，体で表現する活動を通して，楽曲のおもしろさに気付く。
2009 (H21)	4	リズム（おはやし）	おはやしのリズムやふしで遊ぼう	日本のお祭りの音楽を知り，和楽器の演奏や5つの音を使っておはやしのふしづくりをする
2009 (H21)	5	形式（変奏曲）	曲の雰囲気を感じ取って～変奏曲を楽しもう～	主題の旋律の動きに気をつけ変奏を感じ取る。リズムや拍子，楽器の組み合わせ等を工夫し変奏曲づくりを楽しむ。
2010 (H22)	3	身体表現	様子を思い浮かべて	「白鳥」の音楽に合わせて，身体表現をする。曲想や情景，旋律の流れやフレーズを感じ取った動きを表現する。
2010 (H22)	3	旋律（副次的旋律）	音の重なりを感じよう	二部合唱につながる音の重なりの学習に取り組み，音程・音の響き・音の重なりなど音に対する感覚を磨く。
2010 (H22)	4	楽器（締太鼓）	わたしたちの「よさこい節」をつくろう	「よさこい節」の特徴を感じ取って，締太鼓の伴奏のリズムを友だちと工夫してつくる。
2010 (H22)	5	イメージ	日本の民謡・子守歌めぐり	各地の民謡の特徴を感じ取って聴き，「子もり歌」の歌詞から背景を想像し，曲想に合った表現を工夫する。
2010 (H22)	6	旋法（ブルース）	ブルースの音楽をつかって	ブルースの循環コードの伴奏に合わせて，ブルースの音階を用いてふしをつくり，打楽器でアンサンブルを楽しむ。
2010 (H22)	6	リズム	自分たちの「木片の音楽」をつくろう	「木片の音楽」から，リズムの重なりや同一リズムの反復等をつかむ。班で役割分担してリズムアンサンブルをする。
2011 (H23)	1	形式（問いと答え）	ほしのおんがくをつくろう	音を音楽にしていくことを楽しみながら，仕組みを生かして音楽をつくり，自分の考えや願いを持つ。
2011 (H23)	4	楽器（世界）	世界のいろいろな国の楽器やリズムに親しもう	サンバの音楽，杖鼓の音楽，フラメンコの音楽の鑑賞から音楽の特徴を感じ取り，リズムアンサンブルをつくる。
2011 (H23)	6	旋律（副次的旋律）	豊かな表現をめざして	二部合唱をし，二部の響きを聴き合い，和音の響きを確かめ合いながら副次的な旋律をつくる。
2012 (H24)	3	イメージ	様子を音楽であらわそう	自分たちが表したい動物の様子を表す音楽を，リズム，速度，強弱を工夫してつくる。
2012 (H24)	3	旋法（黒鍵）	黒鍵であそぼう	黒鍵を自由に選んで即興演奏する。友だちと音を重ねて音楽をつくる。
2012 (H24)	4	音	音階から音楽をつくろう	F・G・A・Hの4音を基本とし，それに1つ音を加えて音階をつくる。

2012 (H24)	4	リズム（ポリリズム）	ポリリズムの音楽をつくろう	ポリリズムの働きが生み出すよさや面白さを感じ取りながら音楽をつくる。
2012 (H24)	5	形式（変奏曲）	音楽の仕組みを味わおう	チャイム変奏曲を完成させよう。
2012 (H24)	5	形式（変奏曲）	音楽の仕組みを味わおう	変奏曲の仕組みを見付けよう。

終章　音楽科の教育内容の課題と展望

　本章では，本研究全体を総括し，授業構成と関連させつつ音楽科における教育内容研究の課題について述べることにする。

　音楽科において，千成らにより教育内容論が提唱されることによって論議が巻き起こり，それによって，教育内容が意識され，教師の勘やコツに解消されない授業構成論が展開されるようになったことについては，すでに一定の評価がなされている。その結果，音楽教育においては，教育内容の存在自体については認識され，千成らの主張を真っ向から批判してきた創造的音楽学習の論者の間でも，教育内容について定義が試みられるようになり，音楽科において教育内容論が根付いたと見ることができる。また，近年の関係論的な教育内容の提唱は，新たな授業構成の可能性を示すものとなっている。

　一方で，音楽科の教育内容をめぐっては，まだ検討が必要な課題も多く残されている。

　第一は，音楽科の教育内容そのものの規定である。まず，千成が「音楽の基本的なもの」として掲げた，「メロディー，調，音階（さまざまな旋法を含めた一定の音の相互関係の組織体）リズム，形式，音色，ダイナミクス，テンポなど」（千成：1980b）は，音楽の構成要素なのか，属性なのか，音楽的概念なのか，表現手段なのか，あるいは，知的概念なのかが明確でない。それらは，これまで千成らの教育内容論の中で，教育内容としての存在価値との関連において様々に呼ばれてきた。結局何と呼ばれるのがふさわしいのか。また，その「音楽の基本的なもの」としてリズム，形式，フレーズ，音階，調，形式等の諸要素が具体的にあげられてきたが，それらの諸要素の種類は議論の中でそのつど少しずつ異なり，一定ではない。何が教育内容として「音楽の基本的なもの」に該当するのか。さらに，たとえば，リズムを取り

上げるとして，リズムの何をどこまで教えるのか，リズムの下位概念とその段階等は明らかにされていない。つまり，教育内容として取り上げる「音楽の基本的なもの」の名称およびスコープとシークエンスが定まっていないのである。そして，教育内容と随伴的あるいは発展的と呼び表されてきた教育内容との関係はどう整理することができるのか。

　第二は，教育内容と技能の関係である。教育内容を学習するということは何を身につけるということなのか。技能は学力とかかわってどのようにとらえればよいのか。

　第三は，授業構成にかかわって，教育内容と〔共通事項〕にかかわる問題である。千成が教育内容を提起した背景には，直接的な音楽体験から生じ，シンボルシステムによって概念を操作把握していく学習が目ざされていた（第１章を参照）。教育内容は，2008（平成20）年学習指導要領において，〔共通事項〕で示されることによって，授業や授業に取り上げる教材の中でさらに意識されるようになってきた。しかし，学習指導案に見られる〔共通事項〕は複数列記されており，授業においては，単に授業で取り上げる楽曲に特徴的にあらわれる事項としてや，あるいは指導上留意すべき事項として扱われることが少なくない。つまり，現在の〔共通事項〕の授業には，概念を把握操作していくような授業構成がほとんど見られないのである。また，〔共通事項〕が示されることにともなって教科書教材にも問題が生じている。明らかに音階や拍といった〔共通事項〕を学ぶために作曲された楽曲が掲載されるようになったのである。それは，文化財としての楽曲教材を変質させてしまう事態を引き起こしかねない問題であろう。

　本研究の結びとして，これらの課題に対して自説と展望を述べてみたい。

第1節　音楽科の教育内容

1　音楽的概念と音楽の要素

　先に述べたように，千成が「音楽の基本的なもの」として掲げた「メロディー，調，音階（さまざまな旋法を含めた一定の音の相互関係の組織体），リズム，形式，音色，ダイナミクス，テンポなど」は，千成らの教育内容論の中で，さまざまに呼び表されてきた。諸属性と記載されることもあったし，知的概念あるいは音楽的概念として取り上げられたり，表現手段として示されたりした。これらは，「リズム，メロディー，ハーモニー」をごく一般的に音楽の三要素といいあらわすように，広く「要素」と呼ばれるものである。それらをなぜいいかえる必要があったのか。そして，なぜ様々に呼び方が変わったのか。

　それは，「要素」ということばが，「音楽の基本的なもの」を教育内容として学習していく過程を想起させ得ないと考えられたからであろう。「要素」ということばは，「ある物事を成り立たせている成分」[1]というように説明される。千成らの教育内容論においては「音楽の基本的なもの」を成分として存在するものとしてだけ確認させるような学習を良しとせず，「音楽の基本的なもの」を概念化していく過程を授業構成に期待したのである。

　概念化については，難波の次のような説明が適切であろう。「概念が存在するためには，まず複数の事象に共通の特徴を同定する必要があり，さらにそのようにして同定された特徴に対応する，言語的，慣習的な〈しるし，シンボル，名称，指示物〉が検出され，それが規則的，安定的に用いられる場合に，一つの概念が獲得される」（難波：2000, 225）。

　難波のこのような説明をなぞるように，千成らは音楽の授業における「音楽の基本的なもの」の概念化についてこれまでに具体的に述べてきた。ま

ず，千成は，すべての音楽学習は直接的な音楽体験から生じ，シンボルシステムによって概念を操作把握していくことから成長発達という現象が継起していくと述べた（第1章を参照）。吉田は，そのような概念の獲得について，教育内容としての観点の一つから「それを習得することによって，個別の楽曲を教えられなくても，自力で主体的に数多くの楽曲に立ち向かえる内容であること」と述べた（第1章を参照）。さらに，八木は，概念把握の過程について，音楽活動をともなって感じるレベル，それを抽象化して理解するレベル，さらにそれを具体化し表現するレベル，の三つのレベルで獲得されていくものであると説明している（第2章を参照）。

「音楽の基本的なもの」は，千成らの教育内容論の中で「音楽的概念」という用語で最も多く示されているが，その背景には，このように概念として獲得することまで含み込んだ状況があることがわかる。

「音楽的概念」という用語は，たとえば「拍子の概念を教える」といった教育内容中心の教材構成を行った授業構成においては，的確に内容を表現する用語であった。しかし，より関係的な授業構成では，子どもが「音楽の基本的なもの」を概念化していく方向は見えにくい。また，〔共通事項〕を設定した授業に多く見られるように，「音楽の基本的なもの」は学習させるが，概念化までねらっていない授業も多い。そのような授業がある中で，「音楽の基本的なもの」と同じものを指しながら，「要素」としたり「音楽的概念」と呼んだりするのは混乱を招くことにもなるだろう。

また，「音楽的概念」は，八木によって，中野の芸術過程の図を参考にしながら，「表現手段」の一つとしても取り上げられた（第2章を参照）。「音楽的概念」は，たとえば，エリオットが Formal Knowledge といいあらわしているように，Conceptual Approach において知的な概念として紹介されてきた。我が国の音楽科においては，八木が述べているように知的な学習を排除する傾向があり，「音楽的概念」を取り上げることについて「生きた音楽経験の内実が空洞化する」（山本：1982a）等の批判が見られた。「表現手

段」の一つであるという説明は，これらの批判に対して，「音楽的概念」が
まさにそのような音楽経験のループの中に存在するということを示したもの
だと推察することができる。しかしながら，八木は，表現手段の説明におい
て，表現手段のサブカテゴリを，①音楽的概念，②演奏技術体系における法
則性，③音楽学の諸成果としながら，サブカテゴリの④として，「楽曲に対
象化されている世界観やイメージなどと表現手段との相関の様態」を置い
た。このように，表現手段のサブカテゴリの一つに表現手段との相関を置く
という構図は，わかりにくさを産んでいる。

　千成のいう「音楽の基本的なもの」は，学習指導要領の〔共通事項〕にお
いても，小学校と中学校で違う表記がなされた。小学校学習指導要領では，
「音楽を特徴づける要素」と「音楽の仕組み」にわけて示され，中学校学習
指導要領では「音楽を形づくっている要素や要素同士の関連」といいあらわ
されている。小学校と中学校との指導要領においていいあらわし方が異なっ
ていることは，指導現場にとって大変重大な問題である。

　しかしながら，学習指導要領において〔共通事項〕が設定されたことは，
従来「要素」といいあらわされていた事柄が，学習指導要領上で，音楽を構
成するものであると見なされるようになったことを意味しよう。我々が音楽
を表現したり鑑賞したりする時に，第一義的にとらえるのは音（音色，音
高，長さ）と音の構成である。どんなイメージも楽曲の背景も，鳴り響く音
との関連なくしてはあり得ない。〔共通事項〕の設定の背景には，そのこと
が認知されてきたということであると見ることができよう。だとすれば，そ
れらを総称する用語は，ほぼ共通してイメージし得る用語として，ひとまず
「音楽構成要素」として表記していいのではないだろうか。

　教育内容論争においては，音楽の諸要素は，音楽的概念と呼ぶことによっ
て，子どもたちが概念としてとらえてこそ教育内容として成り立つのだ，と
いう主張が必要であった。たとえば，「長さ」を理解するということは，当
然「長さ」という語句を知ることだけではないし，「この鉛筆の長さは20cm

だ」という個別具体的な長さを知ることだけでもない。「長さ」を理解するということは，当然，あるもの（あること）とあるもの（あること）の2点の隔たりだという長さの概念を理解するということである。そうでないと，鉛筆の長さはわかっても，他のものの長さはわからないということになる。しかし，音楽科においては，一方で豊かに表現や鑑賞を行うことを目標としながら，その術となる音楽構成要素を概念としてとらえさせることを授業構成として確立してこなかった。たとえば，拍子は，ごく一般的に，「4分の4拍子は，四分音符が4つ集まってできた拍子のことです」といったように，拍子の概念ではなく，個別具体的な拍子を理解するという教えられ方をした。「音楽的概念」という用語は，そのことを批判するための用語といっていいだろう。「長さ」を理解することは，本来，「長さ」の概念を把握することを意味する。同様に，論争的な意味合いを離れ，「音楽の基本的なもの」あるいは要素等と呼びあらわされているものが，本来概念として理解するところまで必要であることに立ち返れば，たとえば「音楽構成要素」という用語でも差し支えないかと考える。これらの観点から，本稿では，「音楽の基本的なもの」等と呼びあらわされてきたものを，次からひとまず「音楽構成要素」と示す。

2　音楽構成要素の範囲の問題

音楽構成要素は，先に述べてきたとおり，あげられてきたものがその都度少しずつ異なり，一定ではない。たとえば，序章であげたとおり，1967年にMENC によって取り上げられた音楽構成要素は，dynamics（ダイナミクス），form in music（形式），forms of music（構成），harmony（ハーモニー），melody（メロディー），rhythm（リズム），tempo（速さ），tone color（音色）の8つであるし，1971年に MMCP においてあげられた音楽構成要素は，pitch（音高），rhythm（リズム），form（形式），dynamics（ダイナミクス），timbre（音色）の5つである。日本においてもこれまでに述べてきたよ

うに様々に取り上げられてきたが，たとえば，吉田は，先述したとおり，次のように整理している（吉田：1982）。

- リズム　　　　　－拍，テンポ，リズムパターン，拍子，無拍子，アクセント，音の長さ
- メロディー　　　－抑揚，フレーズ，テーマ，問いと答え，朗唱，音程
- ハーモニー　　　－同時にひびきあう二つ以上の音
- テクスチュア　　－ユニゾン，メロディー対伴奏，ポリフォニー，ヘテロフォニー
- 調性　　　　　　－主音，核音，音階
- 形式　　　　　　－フレーズ，節，繰り返し，対照，部分，再帰，各種形式
- ダイナミックス－強弱，漸強と漸弱，長さ
- 音色　　　　　　－ねいろ（各種の）

これらの音楽構成要素は，音楽理論研究の中で整理されてきていないものであり，そのため，たとえば，リズムと速さは列記されるものなのか，リズムの中に速さは含まれるのか，というように，概念種別や概念レベルが論者によって異なる。

　このような音楽構成要素の種類とそれぞれの定義は，世界の音楽に広げてみれば，それは無数に存在してくるであろう。現在，中学校学習指導要領（音楽）では，「指導計画の作成と内容の取扱い」の2(8)で〔共通事項〕で取り扱うものに「序破急」や「間」をあげているが，これは，そのような音楽構成要素の一例である。

　すべての音は，高さ，長さ（音の立ち上りや減衰），強さ，音色を持つ。音の長さの度合いをx軸に，音の高さの度合いをy軸に，音の強さの度合いをz軸においてみる。

　すると，一時の音はyz平面で規定され，同時に単音か複数音かも表される。音色だけは数値化できないので，示していない（図式化するとすれば，色

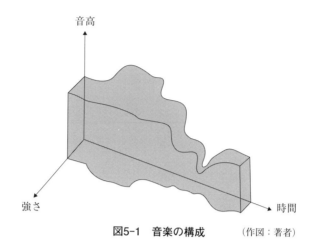

図5-1 音楽の構成 （作図：著者）

で表す等の方法が妥当であろう）。それが x 軸上に動いて音楽として構成される（図5-1）。

　音楽に構成される時，x 座標の点の集合は，音の切れ方・つながり方，音の時間的契機，音の枠組み，音の変化率などについて，さまざまな様態を示す。そして，たとえば，音の切れ方・つながり方からはアーティキュレーションが，音の時間的契機からリズムが，音の枠組みから拍や拍子が，音の変化率から速さが音楽構成要素として立ち上がる（図5-2）。

　また，xy 平面においては，メロディー，音階，旋法や調性，テクスチュア，形式が得られる。xz 平面においてはダイナミクスが生じる（図5-2）。もちろん，xz 平面に示したダイナミクスは形式とかかわる場合もあるなど，三平面は相互に影響しあっている（図5-2）。

　西洋音楽に限らず，世界の音楽における音楽構成要素は，この三平面から様々に組み合わされて存在している。たとえば，学習指導要領で示された「間」は，x 軸の時間にかかわる音楽構成要素であるし，「序破急」は，主に xy 平面における音楽構成要素である。このような音楽構成要素をすべて列挙することは，困難を極めるし，それらは初等教育 9 年間の間にすべて教え

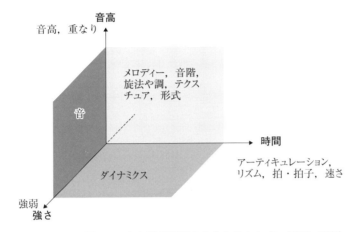

図5-2　音楽構成要素の立ちあらわれ方　(作図：著者)

られるものではない。したがって，音楽構成要素の範囲はどこまでかと考える時，それは，音楽的構成要素をすべて網羅することではなく，9年間でおさえるべき音楽構成要素は何か，をあげることである。

　その点から，先の吉田があげている音楽構成要素をあらためて確認すると，リズム，メロディー，ハーモニー，テクスチュアー，調性，形式，ダイナミックス，音色である。これらは，音高に関して，時間に関して，広がりに関して，現在の我が国の子どもたちがごく一般的に耳にする楽曲における基本的な音楽構成要素を取り上げているということができよう。

　また，図5-1のように音楽がつくり重ねられると，その形状にある共通性が見られるようになる場合がある。それが様式と呼ばれると考えていいだろう。また，その様式が産まれる背景には，民族音楽との関係や，宗教的機能や労働促進機能，娯楽機能などの音楽の機能がある。とすれば，これまで千成らの教育内容論の初期に注目していた様式や，また，随伴的あるいは発展的教育内容といわれていた民族音楽との関係や音楽の機能について，それらは，音楽構成要素の学習と並列なのではなく，音楽構成要素の学習がコアとなり，それと連結させて学習すべき内容であるといえよう。たとえば，拍子

の下位の音楽構成要素である3拍子は，2拍子や3拍子の違いをいろんな体験を交えて理解していくということが基本的であろう。これに合わせてウィンナーワルツやマズルカなどを特徴的な3拍子の舞曲を鑑賞や創作等に取り上げていくことは，3拍子について基本的な理解があるがゆえに，その特徴に気づき，その特徴から民族らしさについて視野が広がっていくことにつながると考えられる。

したがって，教育内容として取り上げていく音楽構成要素は，まずは9年間の中で子どもたちが一般的に耳にする音楽に基本的に入っているものである。そして，それら教育内容を9年間において設定していくには，どの音楽構成要素において，様式や我が国の音楽も含めた民族音楽との関係や音楽の機能まで広げていくことが有効なのかを考えることが必要であろう。また，学習すべきとされる様式や民族音楽から，音楽構成要素が導きだされる場合もある。

3　教育内容としての音楽構成要素の段階性

音楽構成要素は，下位の音楽構成要素を持つ。上記で，吉田が音楽的概念とその下位概念として，たとえば「●リズム － 拍，テンポ，リズムパターン，拍子，無拍子，アクセント，音の長さ」とあげているようにである。この中の「拍子」を取り上げても，さらにそれは，単純拍子，複合拍子，混合拍子，変拍子，ポリリズムといった下位の音楽構成要素を持つ。

ハワイ音楽カリキュラムプロジェクト（Hawaii Music Curriculum Project）は，このような下位概念の学習過程への配置を示している。一例としてリズムをあげれば，次のようになる[2]。

リズム

第1段階（幼稚園－1年生）

　拍，テンポ，リズムパターン，拍子，アクセント，長短

第2段階（2年生－3年生）

単純拍子，リタンルダンド，アッチェレランド，複合拍子

第3段階（4年生−6年生）

シンコペーション，下拍，上拍，アゴーギグ，拡大，縮小，拍の分割，メロディー，リズム，ヘミオラ，混合拍子

第4段階（中学1年生−中学2年生）

拍節分割，テンポ・ルバート，リズム法，非拍節的定量記譜（時間−空間），アラ・ブレーヴェ（2分の2），ロックの伴奏音型

第5段階（中学3年生−高等学校3年生）

ポリメーター，ポリリズム，マルティメーター，リズム動機，自由呼吸リズム，音楽句読法（カタリ型とモロライ型）

非常に詳細に下位概念を追っていることがわかる。これに対して，我が国の現状はどうであろうか。

2008（平成20）年学習指導要領では，〔共通事項〕において，名称こそ異なるが，小中学校で学習されるべき音楽構成要素が示された。しかし，それらは，各音楽構成要素の名称が並べられただけである。したがって，授業においては，共通事項にあげられた音楽構成要素の名称にあてはまる活動が出てきたら，それを共通事項と関連していると押さえる，といった考え方が定着している。

たとえば，教科書会社の〔共通事項〕の指導についての資料には，鑑賞における指示と共通事項の関係について，以下のような記述が見られる[3]。

1 「曲の途中で，だんだんゆっくりとなっていくところがあるのですが，わかったら人さし指を立ててみてください」：『速度』

2 「今聞いたふしと同じふしが何回出てくるか，数えてみてください」：『構成』

3 「今度は，今と同じふしをトランペットが演奏します。トランペットの音が聞こえたら手を上げてください」：『旋律』『音色』

4 「今，聞いたふしに重ねて，もう1つのふしが出てくるところがありま

す。2つのふしが一緒に聴こえたら手を上げてください」：『旋律』『構
成』

5 「楽譜を見ながら音楽を聴きましょう。音楽をしっかり聴いてクレシェ
ンドとデクレシェンドの記号を書き入れましょう」：『強弱』

これらは，結局楽曲を中心として教育内容を設定した従来型の授業を彷彿
させるだけでなく，いずれも聴き取ることができるかどうかに主眼が置かれ
ていて，音楽構成要素の概念化の道筋が不明である。たとえば3と4の『旋
律』は，楽曲における「旋律」の特徴を聴き取るための発問であり，そこで
発問するから「旋律」と示されている。3と4は「旋律」のどの段階を学ん
でいるのか，同段階レベルのものとして示しているのかあるいは違うレベル
のものとして示しているのかがわからない。

このような状況は，歌唱教材についての表示では，さらに深刻になる。以
下の表5-1は，上記と同資料の中にある表である。たとえば，リズムについ
ては「シンコペーション」か「歌詞とリズムの相関」「3連符」しか具体的

表5-1 『移行期用資料』に示された，各曲ごとの〔共通事項〕内の諸要素とのかかわり[4]

曲名（ページ）	〔共通事項〕内の諸要素とのかかわり
夏の日の贈りもの（pp. 10〜12）	・旋律
心の中にきらめいて（p. 16・17）	・リズム（シンコペーション） ・構成（ピアノソナタ〈悲愴〉"第2楽章"のコラージュ）
今日は君のBirthday（p. 52・53）	・リズム（歌詞とリズムの相関，シンコペーション）
白いライオン（p. 54・55）	・構成 ・形式（転調の効果）
未来へⅡ（p. 56・57）	・リズム（歌詞とリズムの相関） ・速度（*accelerando*, Più mosso, Tempo I）
思い出は空に（p. 58・59）	・リズム（歌詞とリズムの相関）
若い翼は（p. 60・61）	・リズム（歌詞とリズムの相関，3連符）
時の旅人（pp. 62〜65）	・リズム（歌詞とリズムの相関） ・速度（*rit.*, *accel.*, Meno mosso, メトロノーム表記）

終章　音楽科の教育内容の課題と展望　　235

にあげられておらず，年間を通して，リズムのどの段階が学習し得るのかがわからない内容になっている。

　吉田は，音楽構成要素とその下位について，示唆深い提唱を行っている[5]。

　それによれば，「要素」と呼ばれている「音楽的概念」は具体的な内容を持たない「属性名」であるという考え方である。具体的な内容は「属性値」によって示される。

　つまり，たとえば，「住所」は属性名であり，「東京都豊島区」が属性値であるように，「旋律」は属性名であって，その具体的内容である「上向き／下向き／とどまる旋律　山型／谷型　順次進行／跳躍進行」が属性値である。そして，属性名と属性値の関連を明示することの必要性を述べている。

　この吉田の提唱からすれば，上記の〔共通事項〕の資料は属性名だけか，あるいは属性値全体を明らかにしないままに一部の属性値だけを掲載していることになる。表5-1のような〔共通事項〕の提示は，現場の学習指導案においても引き継がれ，学習指導案では，「関連する共通事項」として音楽構成要素名（吉田のいう属性名）があげられようになっている。そして，学習指導案の題材設定の意図などで，取り扱う楽曲に具体的に属性値としてあらわれるものの説明がなされるが，その属性値は〔共通事項〕の属性名との関係は特に示されない。たとえば，三部形式の楽曲を取り扱っていれば，属性値として楽曲において具体的にあらわれる三部形式の説明が行われ，「〔共通事項〕との関連」においては属性名である「形式」が示されるという道筋をたどる。別の三部形式の楽曲を取り扱う時も同様である。また，ある時は二部形式の楽曲を取り扱い，二部形式の説明が行われ，「〔共通事項〕との関連」において「形式」と示される。しかし，二部形式と三部形式の段階性や他の形式との関連は示されない。つまり，小中学校9年間において，「形式」がどのように学習されていくかについては示されていないのである。したがって，その間に「形式」の概念をどのように獲得していくかについては不明のままである。

4 音楽科の教育内容と学力

上記で，筆者は，音楽科の教育内容について，以下の4点を述べてきた。

①音楽科の教育内容としてまず中心的に考えられるのは，概念としてとらえられるべき音楽構成要素である。

②音楽構成要素は無数に存在するが，基本的な教育内容として考えられるは，リズム，メロディー，ハーモニー，テクスチュアー，調性，形式，ダイナミクス，音色といった，子どもたちが一般的に耳にする楽曲に含まれる音楽構成要素である。

③音楽が音楽構成要素によってつくり重ねられて共通の特徴が得られることによって様式が生まれ，また，様式の背景には音楽の機能や民族音楽との関係が存在する。教育内容は，これらとの関係からも組み立てられる。

④音楽構成要素を概念としてとらえる時，その下位概念が現在の〔共通事項〕において明らかにされていないことは，概念の形成において重大な問題である。

さらに，これらに加えて，さらに音楽科の教育内容においては，もう一つ，技能との関係が重要になる。

吉田は，「音楽の学習において学力が定着していくためには，一定の知識の学習と技能の系統的な練習は不可欠である」と述べる（吉田：2005, 25）。

しかし，これまで教育内容論においては，技能についてはあまり重視されてこなかった。もちろん，第1章で述べたように，教育内容の学習の位相としては，以下の(2)のように，技能としても考えられうる位相はあげていた（八木：1981, 18）。

(1)教育内容を直観的に把握する位相

(2)教育内容の構造をふまえて音を操作する位相　－できる位相－

(3)教育内容の構造や論理を知的に認識する位相

終章　音楽科の教育内容の課題と展望　237

(4)（前三者をふまえて）自らの表現を構築し仲間とそれを高めあい，質の高
　　い音楽的経験を共有する位相

　筆者らが作成した「拍子のおはなし」の授業プラン（八木他：1983）にお
いても，拍子変奏を行ったり，混合拍子を打ったりするような，技能を必要
とする場面を設定していた。ただ，これはあくまで拍子を概念としてとらえ
ていく上で必要とする技能であり，限定的であった。

　しかし，たとえば，リズムパターンを学習していく時に，リズムがわかる
だけでリズムを打たないという学習は音楽において考えられない。それは，
メロディーやダイナミクスなどにおいてもそうであろう。技能が大きくかか
わってくる音楽構成要素の学習も多いのである。また，音楽構成要素の学習
において技能の学習が限定的なものであっても，技能の習得は音楽体験の充
実として必要であり，そのためには技能の習得については授業の中で独立し
て存在することも考えられることである。

第2節　授業構成の展望

　音楽科における教育内容の発見は，新たな授業構成の枠組みを同時に誕生
させた。そして，それは，現場の実情や授業プランの軽量化に伴って，いろ
いろな授業構成のパターンを産み出してきた。さらに，教授行為の発見，授
業過程への着目は，授業を構成するということについて，授業の枠組みとい
う意味で外在的な構成は授業前になし得るものであり，授業過程における内
在的な要因により，結果的に構成し直されるということを確認するものとな
った。授業過程における内在的な要因を重視する授業においては，教育内容
を関係的な枠組みで生成的に獲得させるということに成功している例も見ら
れている。

　しかし，一方で，一般的な授業事例を見れば，〔共通事項〕として教育内
容を取り上げながら，概念を操作把握していくような授業構成はとられてい

ない。音楽科の学力の育成における危機的状況はあまりかわっていない。

　そのような状況において，音楽科の授業構成を教育内容設定からとらえていく上で，次の4点が必要であろう。

①音楽科の教育内容とする基礎的な音楽構成要素を中心に，一部に様式や音楽の機能等を含みながら概念化や操作化をはかった授業構成を，段階的に配置する。

　　これまで，千成らの教育内容論の授業構成は，「わかる」を主体とした教育内容受信型の側面が強かった。それに対して，音楽をつくる活動における授業構成は，「操作する」を主体とした，発信型の側面が強いということがいえる。そのどちらの授業構成にも根底に音楽構成要素が存在する。能動的な受信と創作的な発信により，基本的なカリキュラムを組み立てていくのである。

②技能的な学習の授業構成を独立させて存在させる。

　　これは，吉田が述べているような，短時間の継続的な授業構成が参考になろう（吉田：2005, 27）。先にも述べたように，音楽体験していく上で，「できる」ことの嬉しさは重要である。そのための授業構成は改めて見直していく必要があろう。

③表現を主体とした授業構成について再考する。

　　表現を主体とした授業構成は，音楽的時間を豊かに共有するという点で，教育内容の獲得とはまた別に存在する。獲得した教育内容をもとに，音楽を経験していくことになる。しかし，そのような授業においても，〔共通事項〕との関連や言語活動が重視されるあまり，表現をする時間よりも，考えたり話し合ったり，書いたりする時間が多くなっている。

　　先にも述べたように，教科書教材に音楽構成要素を学習させるために作曲されたと考えられるような楽曲も出現してきた。次頁の楽譜[6]は，四分音符と八分音符のリズムや速さについて学習させるために用い

終章　音楽科の教育内容の課題と展望　239

られている歌と考えていいだろう。

　教育内容論においては，すべての音楽科の学習が音楽構成要素の概念化のために存在すると置かれているわけではない。現実的にそのような事態が起きているということについて，再検討する必要があると考える。

④授業過程における内在的な要因を重視する授業構成について検討する。

　このタイプの授業構成は，教育内容における教師の思いや意図はあるが，子どもの思考や行動と教師との関係によって教育内容が生成的に生じてくるとされる。そうした場合に，どんな教育内容がこのような授業構成に該当するのか，教師の思いや意図が子どもとの関係においてどのようにあらわれてくるのか，という点が，教育内容設定における授業構成の新しい課題になってこよう。

第3節　教育内容研究の重要性

　本研究では，音楽科における教育内容論について，その歴史を検討しなが
ら，その定着と展開の過程について考察してきた。千成提言に端を発した教
育内容論がさまざまな批判を受けながらも徐々に定着し，さらに関係的な教
育内容といった新しい展開を見せつつ現在に至っていることを明らかにして
きた。

　教育内容への着目が，それまでには存在しなかった新しい授業を生み出し
てきたこと，そして，それにもかかわらず今後とも解決されるべき，また検
討されるべき課題があることについては，本論で詳述したとおりである。

　本論の終章を締めくくるにあたり，教育内容研究の重要性について，再度
まとめておくことにしたい。

　教育内容という用語に関心が払われるようになったのは，本論でもすでに
述べたとおり，1960年代であろう。1967年に柴田義松は次のように述べた
（柴田：1967, 16）。

　　　　教科の体系を科学の体系からでなく，子どもたちの生活経験から導き出そうと
　　　する経験主義の教育においては，経験的事実（教材）の学習をとおして，何（ど
　　　のような科学的概念・法則）を子どもたちにつかませようとするのかはっきりし
　　　ないことが多い。

　この柴田の主張は，それまでの教材主義への批判でもあり，科学的な概念
や法則をこそ教育内容として教えるべきであるという主張である。その背景
には，科学等の成果に即した深い教育内容研究が授業づくりに重要な意味を
持つという認識があったのである。こうした柴田の見解は，当時，科学や芸
術等の成果を軸にして授業を構想しようとしていた民間教育研究団体の動き
をふまえたものでもあった（川村・八木：2004）。

終章　音楽科の教育内容の課題と展望　　241

　こうした動きを受けて，本論でも紹介したが，認識論的授業研究を提唱した北海道大学の教授学研究グループでは，教育内容研究を教材論と連動させ授業研究をさらに発展させようとした。グループの推進者の一人でもあった高村泰雄は，1976年に次のように述べ，教授学研究の一層の進展をうながすこととなった（高村：1976, 56）。

　　　教育内容と教材を区別することの積極的意義は，①教育内容が教材という個別
　　的具体物の制限から解放されて，その本来の姿をとりもどし，そのことによっ
　　て，教育が科学と結びつく道がひらかれること，②教育内容との関係で，教材の
　　もっている意味とその限界が明らかになり，教育内容をより正確に反映した新し
　　いすぐれた教材を開発する可能性が大きくひらかれること，などであろう。

　こうした考え方は，本論でも述べたとおり，千成らが提唱した教育内容論の基軸にも位置するものであった。
　「何を教えるか」つまり教育内容の問題は，どのような子どもを育てるかといった教育の目的に直接つながるものであり，まずそこに教育内容研究の重要性の第一がある。第二に，教育内容は子どもたちの学習の直接の対象となるすぐれた教材の開発の前提条件ともなるものである。つまり，教育内容研究が教材論の発展に寄与すると同時に，実際の授業づくりの過程においてすぐれた教材を開発する際に重要な役割を果たすという意味で，教材の問題とも強い関係をもっているのである。教育内容を担って授業過程に導入される素材が教材であるとすれば，教育内容についての研究が教材を大きく規定することは容易に理解できる。
　ところで，第4章でも紹介したが，八木らは，教育内容を授業構成と関連させ，次のように述べている（八木・川村：2007, 64-65）。

　　　先に述べたように学力や教育内容を実体的，関係的という二つの側面からとら
　　え，それを基礎として授業を現実的に見る時，授業には大きく三つのパターンが

あると考えることができるのではないだろうか。

　①実体的な教育内容の獲得を直接めざす授業

　②実体的な教育内容を関係的な要素も含みながら獲得させる授業

　③関係的な教育内容を重視する授業

　①は，教師の用意した教材や活動によってたのしく一定の教育内容を獲得するような授業を指している。②はたとえば，ある科学的な法則を証明できる実験を子どもたちが試行錯誤しながら共同的に考え，最終的にそれを証明していくというような理科の授業を想定するとわかりやすいであろう。どちらかというと上條のいうワークショップ型の授業は，このタイプに近いと考えることもできる。③はたとえば先に紹介した生活科のような授業をイメージしていただければよい。

　たとえば，階名そのものを教える場合には，①のような授業，あるいは②の要素を含んだような授業を構成することが適切であろう。またたとえば，ある素材をもとに子どもたちが自分たちなりに工夫して音楽作品にするといった場合，①のような授業を行うとすれば教師の一方通行的な授業だといったような批判が起こりうる。このような場合には，どちらかといえば③のような授業構成が自然であるといったように，教育内容の問題は授業構成の問題と深く結びついている。

　本章であげた教育内容をめぐる課題への挑戦は，教育内容研究をさらに深めると同時に，授業構成論の深化をもたらすものだと筆者は考えている。

　また，筆者は，序章で，1960年代のふしづくり教育に触れ，「いまだに，これほど子どもの自立的な音楽活動を系統立てたことに成功させた例は見られない」と述べた。では，なぜ，その音楽科において，その後に教育内容論の提起が必要だったのであろうか。

　それは，上に述べてきたように授業構成において教育内容研究が重要であるからでもあるが，一方で，音楽そのものの学習の面からいえば，音楽活動における音楽構成要素を概念としてとらえるという授業を構成し得るからである。音楽構成要素においては人間感情が具現化されており，千成は，そのために，音楽構成要素そのものを学習の対象として置いている。授業構成の

終章 音楽科の教育内容の課題と展望 243

指針として,「伝統的な日本音楽の様式や日本人の音感やリズム感が,外来の文化様式とどのように融合し反発しかつ変質してきたのかを知ること」(千成・八木・吉田：1985, 6) をあげたように,音楽構成要素に対して「わかること」をねらいとして置いている。ふしづくりの教育は,「文部省の小学校学習指導要領に示された教えるべき内容を,子どもの音楽的能力の発達の道筋を明らかにする方向で再構成したもの」(千成編：1982, 85) である。もちろん,音楽構成要素はそれらの中でとりあげられ,系統立てたシステムに組み込まれているのであるが,音楽構成要素そのものを様々な角度から概念として理解することそのものをねらいとはしていない。音楽科において,新たに「概念として楽しくわかる」という授業構成が誕生したことは,教育内容論の大きな成果である。

そして,音楽科では,教育内容論が提起されることにより,様々な教育内容研究や授業構成が産み出されてきた。たとえば,創造的音楽学習がそうである。本論で,当初教育内容と教材を区別することに批判的だった山本文茂らは,その後新たに教育内容について論じはじめた。高須が提唱した「操作能力」(高須：1996, 81) を教育内容として呼ぶことはともかくとして,概念として楽しくわかるという授業構成に加えて,「操作する」という観点から新たな授業構成が出現したと見ることができる。また,関係的な教育内容論の出現は,音楽構成要素の概念的枠組みと授業構成のとらえ直しをせまるものとなった。桂の「弥生時代の土笛」の実践 (桂：1994) や,シェーファー (Schafer, R. M.) のサウンド・スケープ (Soundscape) (鳥越：1997) を取り入れた授業などは,「音」の概念をどうとらえるのか,またどのようにアプローチするかという点から,われわれに,音楽構成要素の概念を拡大させ,また概念化にいたる新たな授業方法を提案している。現在,音楽科においては,教育内容と授業構成の新しい関係ができつつあるということができよう。

翻って,教育現場を見てみれば,2008 (平成20) 年に改訂された学習指導

244

要領において，〔共通事項〕が設定され，教育内容を実体的に確立する土壌が生まれてきた。しかし，それらは，本論で見てきたように，千成が「音楽的自立の確立」（千成・八木・吉田：1985，6）と期待してあげたような確かな学力をつけるものにはなっていない。音楽構成要素の範囲とその段階性の問題，そしてこれまでの教育内容論においてあまり問題にされてこなかった技能の問題を解決することが急務である。さらに，教育現場の授業事例をふりかえれば，現在では，関係的な授業が導入されてくることによって，混迷しているように見受けられる。

　2008年（平成20）年に改訂された『学習指導要領』に示された〔共通事項〕が契機となって，音楽科教育において，50-60年代とまた異なった形で教育内容研究について関心が払われるようになった。一方で，今日では，次期学習指導要領改訂に向けて，アクティブ・ラーニングをはじめとする，授業構成のパラダイム転換も一層のぞまれるようになった。本研究は，そのような流れの中で，今後さらに続くであろう，また続けるべき音楽科教育における教育内容研究について，これまでの経過を精査し，そこに見られる問題点や課題を指摘したが，このことは今後の教育内容研究の在り様に示唆をあたえるものと考え，終章を終える。

註

1 ）『明鏡国語辞典』（大修館書店，2010）の「要素」の項に記載されている一部を抜粋した。

2 ）『音楽教育の原理と方法』（マルコム・テイト，ボール・ハック著，千成俊夫・竹内俊一・山田潤次訳，音楽之友社，1991）の51-54頁に掲載されている学年配当表から，リズムについてのみ取り出したものである。この学年配当表は，同著の中でThe Hawaii Music Curriculum Project : The Project Design（Thomson, William. University of Hawaii, 1974, 8-9）から引用されている。

3 ）『移行期用資料　〔共通事項〕の指導について　中学校版』（教育芸術社，www.kyogei.co.jp/data_room/nenkei/chu_21kyotsu.pdf）18頁に掲載されている事例であ

終章　音楽科の教育内容の課題と展望　　245

　　る。（表記は原文のママ）2014年10月26日アクセス

4）同上，18頁にまとめられている表である。

5）第6回音楽学習学会研究発表会（2010年，於埼玉大学）にて「『音楽の要素』考」
　　という題目で発表された。引用は，その時の発表資料に基づく。

6）小学校2年生音楽教科書『音楽のおくりもの2』（教育出版，2010, 14）より

引用・参考文献一覧

有道惇，山田潤次，石躍博子　1985　音楽科における教育内容とその指導過程組織化に関する一考察(Ⅲ)　−授業プラン「フレーズは大切だ！」を中心に−　『岡山大学教育学部研究集録』（通号70）　75-98

泉　靖彦　1993　実像に迫る授業研究の視点と方策−実体験に基づく教師行動の分析と評価をめぐって−課題研究D「授業研究の『方法』を創る」−日本音楽教育学会『音楽教育学』23（2）　67-69

小沢有作，楠原彰，柿沼秀雄，伊藤周　訳，パウロ・フレイレ著　1979　『被抑圧者の教育学』　亜紀書房

尾見敦子　1982　生涯学習をめざす音楽カリキュラム　季刊『音楽教育研究』33　音楽之友社　92-103

尾見敦子　1983a　音楽科における教材論−音楽科教育研究の現状分析から　東京大学教育内容研究室紀要『教育内容研究』4　75-84

尾見敦子　1983b　アメリカの音楽教科書 "Music" −美的教育としての音楽教育の内容と方法−　お茶の水女子大学人間発達研究会『人間発達研究』8　24-31

音楽教育史学会編　2006　『戦後音楽教育60年』　開成出版

加勢るり子　1970　コダーイシステムと音楽教育　日本幼稚園協会『幼児の教育』69（1）　38-46

桂直美　1994　「弥生時代の土笛」による単元開発　『三重大学教育学部研究紀要』45　45-53

桂直美　2004　芸術教育の授業創造と評価の枠組みの創造的検討　『教育方法学研究』30　108-118

加藤富美子　1988　「音楽文化への導入」としての音楽授業（1）−『MUSIKUNTER-RICHT』に見る−　『上越教育大学研究紀要』7（2）　161-174

加藤富美子　1990　「音楽文化への導入」としての音楽授業（2）−『MUSIKUNTER-RICHT』に見る−　『上越教育大学研究紀要』9（2）　181-195

河村恵，加藤富美子　1982　音楽科の教育内容とは　季刊『音楽教育研究』33　音楽之友社　104-113

川村有美，八木正一　2004　授業構成論の諸相：音楽の授業を中心として　東京学芸大学『音楽教育学研究論集』6　4-12

川村有美，八木正一　2007　音楽科における教材概念の検討と授業の構成　日本教材学会『教材学研究』18　43-50

川村有美，八木正一　2012　音楽科における授業モデルに関する一考察　『埼玉大学教育学部紀要』（教育科学）61　121-130

教授学研究グループ　1985　〈資料〉２いわゆる「70年構想」から教授学研究の構想　北海道大学教育方法学研究室『教授学の探究』3　128-129

小池順子，八木正一　2004　音楽の技術指導において教師が用いる比喩表現──メルロー＝ポンティの言語論を手がかりに　『埼玉大学教育学部附属教育実践総合センター紀要』3　179-189

小山郁之進　1963　オルフの音楽教育における基礎・目的・方途について　『新潟大学教育学部紀要』5（1）　155-160

斉藤百合子，小笠原真也，山口博明　2009　新しい鑑賞授業のモデル開発－附属桃山小学区における授業実践を通して－　『京都教育大学教育実践研究紀要』10　101-110

佐伯　胖　1993　『「学ぶ」ということの意味』　岩波書店

阪井　恵　1996　「音楽的概念による教材構成法」の功罪　『創価大学教育学部論集』41　153-166

阪井恵，山本文茂，桂直美，石村真紀　2003　音楽の生成を核にした音楽教育の理論と実践　日本学校音楽教育研究会紀要『学校音楽教育研究』7　1-7

阪井　恵　2006　「題材構成」の問題性　音楽教育史学会編『戦後音楽教育60年』　開成出版　233-243

阪井　恵　2008　〈音楽づくり〉の理論をめぐるスタンスの整理──学習論における客観主義 vs. 構成主義，「音楽」観における本質主義 vs. 構成主義　『国立音楽大学研究紀要』43　37-48

佐藤　学　1996　現代学習論批判－構成主義とその後　『講座学校5　学校の学び・人間の学び』柏書房　154-187

柴田義松　1967　『明治図書講座 現代科学入門第8巻　現代の教授学』　明治図書出版

島崎篤子　2007　音楽教育における学力　文教大学教育学部『教育学部紀要』41　31-41

島崎篤子　2010　日本の音楽教育における創造的音楽学習の導入とその展開　『文教大学教育学部紀要』44　77-91

島崎篤子　2013　1960年代の学校教育における創作学習　？わらべうたとふしづくり教育に着目して？『文教大学教育学部紀要』46　115-134

引用・参考文献一覧　249

管　道子　2006　音楽科の「学力」論の底流　音楽教育史学会『戦後音楽教育60年』221-232

鈴木秀一　1974　教育内容・教材の具体的な分析に基づいて組織する　『現代教育科学』207　明治図書出版　119-125

砂沢喜代次　1962　学習分析から見た楽しい授業　『児童心理』192　金子書房　15-23

砂沢喜代次　1974　教育内容構成と集団思考過程の実践的研究を　『現代教育科学』203　17-22

千成俊夫　1973　音楽教育における目標設定の基本原理　『京都教育大学教育研究所所報』19　191-201

千成俊夫　1975　音楽の授業成立に関する一考察　『北海道大学教育学部紀要』25（砂沢喜代次教授退官記念号）　191-203

千成俊夫　1976　音楽教育における教材論への試み──Leonard B.Meyer の所論を中心に　『広島大学教育学部紀要　第四部』25　109-119

千成俊夫　1977　音楽教育の教育課程構成にかんする若干の問題 (1)　『広島大学教育学部紀要　第四部』26　87-97

千成俊夫　1978　音楽教育の教育課程構成にかんする若干の問題 (2)　『広島大学教育学部紀要　第二部』27　165-176

千成俊夫　1979　第 6 章　音楽教育の方法　第 2 節　中学校　日本音楽教育学会編『音楽教育学の展望』音楽之友社　158-178

千成俊夫　1980a　音楽教育の教育課程構成にかんする若干の問題 (3)　『広島大学教育学部紀要．第二部』29　189-199

千成俊夫　1980b　教材の条件　日本音楽教育学会『音楽教育学』10　154-155

千成俊夫，宇田昌子　1981　音楽教育の教育課程構成にかんする若干の問題 (4)　『広島大学教育学部紀要　第二部』30　159-168

千成俊夫編　1982　『達成目標を明確にした音楽科授業改造入門』　明治図書出版

千成俊夫　1983　音楽教育の教育課程構成にかんする若干の問題 (5)　『広島大学教育学部紀要　第二部』31?　129-138

千成俊夫　1984　米国における音楽教育カリキュラム改革(I)　−60年代以降の動向をめぐって−　『奈良教育大学紀要』33 (1)（人文・社会）　87-107

千成俊夫　1985　米国における音楽教育カリキュラム改革(II)　−61年代以降の動向をめぐって−　『奈良教育大学紀要』34 (1)（人文・社会）　125-143

千成俊夫，八木正一，吉田孝　1985　音楽科の授業構成に関する一試論　北海道大学

教育方法学研究室『教授学の探究』3　1-32

千成俊夫　1986a　音楽教育研究における理論と実践の関係　季刊『音楽教育研究』
　　49　音楽之友社　19-22

千成俊夫　1986b　音楽学習における個人差と授業（授業を考える）　日本音楽教育学
　　会『音楽教育学』16　122-127

千成俊夫　1988　教科教育学研究の成果と展望－音楽科教育をめぐって－　教科教育
　　学会紀要『教科教育学研究』　1-20

千成俊夫，竹内俊一編著　1988　『視点をかえた音楽の授業づくり』　音楽之友社

千成俊夫　1989　音楽科の授業における単元構成方略に関する一考察　『広島大学教
　　育学科教育学教室論集Ⅲ』福村出版　20

千成俊夫，早川正昭　1990　『音楽教育学（教職科学講座)』　福村出版

千成俊夫，吉富功修，藤川浩，増井知世子，菅裕　1990　音楽科の授業構成に関する
　　研究(1)　『広島大学学部附属学校共同研究紀要』19　67-76

千成俊夫，吉富功修，藤川浩，光田龍太郎，増井知世子，菅裕　1991　音楽科の授業
　　構成に関する研究(2)　『広島大学学部附属学校共同研究紀要』20　133-142

千成俊夫，竹内俊一，山田潤次訳，マルコム・テイト，ポール・ハック訳　1991
　　『音楽教育の原理と方法』　音楽之友社

園部三郎　1962　オルフの来日と音楽教育への提案　音楽之友社『音楽芸術』20 (12)
　　45-49

高須一　1994a　創造的音楽学習における「創造性育成」の再考－創造性育成に関す
　　る J. F. Paynter の見解を通して　日本音楽教育学会『音楽教育学』24 (2)　25-
　　36

高須一　1994b　授業研究の現在と今後の展望　課題研究D　「授業研究の『方法』を
　　つくる」　日本音楽教育学会『音楽教育学』24 (3)　72-74

高須一　1996a　英国国定音楽カリキュラムにおける創造的音楽学習に関する一考
　　察：Keith Swanwick の批判を通して　日本カリキュラム学会『カリキュラム研
　　究』5　99-110

高須一　1996b　「創造的音楽学習」の展開と意義　『音楽科は何をめざしてきたか？』
　　音楽之友社　76-84

高須一　2000　創造的音楽学習の授業論的意味　－目的，内容，方法の連続性をめぐ
　　って－　日本音楽教育学会『音楽教育学研究2　音楽教育の実践研究』　40-51

高橋澄代，小島律子　2009　音楽科における思考力を育成する単元の構成原理　『大
　　阪教育大学紀要　第Ⅳ部門』57 (2)　85-192

高村泰雄　1976　教授過程の基礎理論　城丸章夫・大槻健編『講座日本の教育6　教育の過程と方法』　新日本出版社　41-78

谷本　修　2009　小・中学校音楽科における〔共通事項〕の指導の在り方　－音楽的な感受を学習の中核に据えて－　『広島県立教育センター研究紀要』36　61-80

近森一重　1947　音楽科　初等教育研究協議会編『小学校・中学校教師のための学習指導必携』日本教育用品協会　49-60

近森一重　1949　『音楽カリキュラム－単元学習の計画と実際』　全音教科書

中央教育審議会　2008　幼稚園，小学校，中学校，高等学校及び特別支援学校の学習指導要領等の改善について（答申）　平成20年答申

津田正之　1999　戦後改革期における音楽科単元構成の歴史的検討　－単元学習の衰退をめぐって－　東京学芸大学大学院連合学校教育学研究科芸術系教育講座音楽教育学研究室『音楽教育学研究論集』創刊号　44-52

津田正之　2000a　音楽科単元構成の論理とその問題　日本音楽教育学会編『音楽教育学研究Ⅰ』　227-240

津田正之　2000b　「総合的な学習の時間」と音楽教育　『琉球大学教育学部紀要』57　73-85

津田正之　2001　昭和50年代における音楽科の題材構成：水戸市立新荘小学校の研究を中心に　『琉球大学教育学部紀要』58　33-44

津田正之　2003　規制緩和時代の音楽鑑賞の授業をどうつくるか　『琉球大学教育学部紀要』63　63-75

津田正之　2010a　教育の樹林 戦後の音楽科教育の歴史から学ぶもの　『初等教育資料』（811）東洋館出版社　68-71

津田正之　2010b　音楽（指導要録の改善）　『初等教育資料』（861）東洋館出版社　23-25

津田正之，比嘉 智子　2010　音楽（特集 学習指導の創造と展開）　『初等教育資料』（863）東洋館出版社　56-61

津田正之，原里美，高倉弘光　2010　言語活動の充実を図った音楽科の指導の在り方（特集Ⅱ　学習指導の創造と展開）　『初等教育資料』（866）東洋館出版社　44-49

津田正之　2011a　音楽科における学習評価の改善と指導の工夫（特集 学習評価の改善と指導の充実②）　『初等教育資料』（870）東洋館出版社　10-17

津田正之　2011b　スタート！新学習指導要領【新学習指導要領具体化の要点】音楽科（特集Ⅰ論説⑥）　『初等教育資料』（872）東洋館出版社　11

津田正之　2011c　音楽科における言語活動の充実とその具体化（特集Ⅰ　言語活動の

充実と授業改善①）『初等教育資料』（874）東洋館出版社　36-39

津田正之　2011d　音楽（特集　教師の指導力の向上と授業研究）──（各教科等における指導力の向上と授業研究の充実）『初等教育資料』（876）東洋館出版社　26-29

津田正之　2011e　論説　「音楽づくりの授業をどう充実するか　「音楽づくり」の授業の充実（特集Ⅱ　新学習指導要領における」指導のポイント　『初等教育資料』（877）東洋館出版社　50-53

津田正之　2011f　音楽科における評価方法等の工夫改善（特集Ⅰ論説　⑥）『初等教育資料』（878）東洋館出版社　36-41

津田正之，坪能由紀子，根本愛子，中島寿　2011　座談会　「音楽づくり」の授業をどう充実するか　音楽づくりを通して育まれる力（特集Ⅱ　新学習指導要領における指導のポイント）『初等教育資料』（877）東洋館出版社　62-67

津田正之　2012　指導のポイントの明確化と題材構成の改善充実（特集Ⅰ論説　⑥）『初等教育資料』（885）東洋館出版社　22-25

坪能由紀子　2000　つくって表現する活動におけるカリキュラムの展望　日本音楽教育学会編『音楽教育学研究2　音楽教育の実践研究』　音楽之友社　185-194

坪能由紀子　2004　創造的音楽学習　日本音楽教育学会編『日本音楽教育事典』　音楽之友社　535

坪能克裕・坪能由紀子・高須一・熊木眞見子・中島寿・高倉弘光・駒久美子・味府美香　2010　『鑑賞の授業づくりアイディア集　へ～そ～なの！音楽の仕組み（音楽指導ブック）』　音楽之友社

坪能由紀子　2011　創造的音楽学習からみたサウンド・エデュケーション　日本音楽教育学会『音楽教育実践ジャーナル』　9（1）　40-47

鳥越けい子　1997　『サウンドスケープーその思想と実践』　鹿島出版会

難波正明　2000　音楽科における経験と教育内容の組織化に関する一考察　日本音楽教育学会編『音楽教育学研究2　音楽教育の実践研究』　音楽之友社　218-229

西園芳信　1990　音楽科におけるカリキュラム構成　単位としての「題材」概念の考察　『日本教科教育学会誌』14（2）　63-70

日本音楽教育学会編　1979　『音楽教育学の展望』　音楽之友社

日本音楽教育学会編　1980　『音楽教育学』10　日本音楽教育学会

日本音楽教育学会　1983　『音楽教育学　－別冊－　音楽教育東京ゼミナールのまとめ』　日本音楽教育学会

日本音楽教育学会編　1991a　『音楽教育学の展望Ⅱ上』　音楽之友社

日本音楽教育学会編　1991b　『音楽教育学の展望Ⅱ下』　音楽之友社

日本音楽教育学会編　2000a　『音楽教育学研究Ⅰ－音楽教育の理論研究－』　音楽之友社

日本音楽教育学会編　2000b　『音楽教育学研究Ⅱ－音楽教育の実践研究－』　音楽之友社

日本音楽教育学会編　2000c　『音楽教育学研究Ⅲ－音楽教育の課題と展望－』　音楽之友社

羽仁協子　1967　コダーイの遺産　『音楽芸術』25（5）音楽之友社　46-49

広岡亮蔵　1962　『教育内容の現代化』　明治図書出版

藤岡信勝　1987　教材を見直す　『岩波講座　教育の方法5　子どもと授業』岩波書店　149-190

藤岡信勝　1991　『ストップモーション方式による授業研究の方法』　学事出版，ネットワーク双書

藤川大祐　1994　授業研究の実際　ストップモーション方式による「太鼓音楽づくり」実践の解明－課題研究D「授業研究のための『方法』をつくる」　日本音楽教育学会『音楽教育学』24（3）　75-78

平凡社　1979　『新教育の事典』　平凡社

真篠将　1979　第5章　音楽教育のカリキュラム　日本音楽教育学会編『音楽教育学の展望』音楽之友社　126-142

松本徹，津田正之，谷本修　2009　2008年改訂学習指導要領・音楽に対する教師の意識－小学校における［共通事項］を中心として－　『学校教育実践学研究』第15巻　219-228

三橋功一　2003　第1章　日本における授業研究の系譜図の概観　平成12-14年度科学研究費補助金基盤研究(B)報告書（研究代表：松下佳代，課題番号:12480041）『日本における授業研究の方法論の体系化と系譜に関する開発研究』　7月23日

三村真弓，吉富巧修　2010　1960年代から1970年代における「二本立て方式による音楽教育」の盛衰に関する研究　－北海道音楽教育の会の活動を中心として－　日本教育学会第69回大会プログラム　146-147

三村真弓　2013　岐阜県古川小学校におけるふしづくり教育の理念と指導法の特徴－山﨑俊宏の著書及び研究報告の検討を通して－　『広島大学大学院教育学研究科紀要』2（62）　348-356

向山洋一　1982　『跳び箱は誰でも跳ばせられる』　明治図書出版

村尾忠廣　1981　音楽科の内容と教材　『音楽科教育法小学校音楽』　日本標準　25-

39

村尾忠廣，尾見敦子　1984　音楽的概念による教材構成をめぐって①　季刊『音楽教育研究』39　音楽之友社　143-154

村尾忠廣　1984　音楽的概念による教材構成をめぐって②　季刊『音楽教育研究』40　音楽之友社　155-167

村尾忠広（通訳），レゲレスキー・トーマス・A（講演）　1984　活動学習から行動学習へ　日本音楽教育学会『音楽教育学』14　99-106

村尾忠廣　1985　美的教育，芸術統合教育，概念学習方式の教育内容をめぐって　ベネット・リーマーとの討論　季刊『音楽教育研究』45　音楽之友社　118-126

村尾忠廣　1997　音楽教育の〈実践〉をめぐる3つの論争──今，世界でおこなわれている対立の構図をサーヴェイする（特集「音楽科教育における実践」）　日本音楽教育学会『音楽教育学』27（1）　1-12

森薫　2009　「音楽的概念」に関する論争の再検討　－ジョン・デューイの美的経験論を手がかりにして－　音楽学習学会『音楽学習研究』5　20-28

森薫　2010　「音楽的概念」の指導に関する一考察　－「美的教育としての音楽教育」の理念と方法論の検討を通じて－　日本教材学会『教材学研究』21　77-86

文部省　1960　『小学校音楽指導書』　教育出版

文部省　1980　『小学校音楽指導資料　指導計画の作成と学習指導』　教育芸術社

文部省　1980　指導のねらいに応じた題材の設定と配列　『小学校音楽指導資料　指導計画の作成と学習指導』教育芸術社　15-23

文部省　1993　『小学校音楽指導資料　新しい学力観に立つ音楽科の学習指導の創造』教育芸術社

文部省　1982　『中学校音楽指導資料　指導計画の作成と学習指導』　教育芸術社

八木正一　竹内俊一　1978　音楽科における基礎学力　その基調を求めて　『日本教科教育学会誌』3（1）　19-24

八木正一　鎌田真規子　1979　音楽科の学力に関する一考察　－音楽的認識過程の分析を通して－　『日本教科教育学会誌』4（1）　39-46

八木正一　1979a　音楽科における学力規定に関する一考察　『高知大学学術研究報告　社会科学編』27　31-42

八木正一　1979b　小学校音楽科における教科課程構成に関する一考察　－つくる学習活動を中心とした教科課程構成への一視点－　『日本教科教育学会誌』4（4）259-265

八木正一，堀曜子　1980　技術教科としての音楽科－音楽科教育の技術的基本性格と

教科課程構成への一視点　『高知大学教育学部研究報告　第1部』32　43-55

八木正一　1980　授業のための音楽教材試論　季刊『音楽教育研究』25　音楽之友社
　114-125

八木正一　1981a　音楽科における授業構成の現状と課題　『日本教科教育学会誌』6
　(2)　101-106

八木正一　1981b　音楽科における単元構成への一考察(I)単元構成の現状と問題点
　中国四国教育学会『教育学研究紀要』27　393-398

八木正一　1982a　音楽学習における楽しさをめぐって　楽しい授業づくりへの一視
　季刊『音楽教育研究』30　音楽之友社　39-51

八木正一　1982b　音楽の授業における感動と基礎的能力　季刊『音楽教育研究』33
　音楽之友社　10-19

八木正一，吉田孝　1982　音楽教科書における教材の組織化と記述に関する一考察
　日本音楽教育学会『音楽教育学』12　58-69

八木正一　1983　音楽科教育に関する教科論的一考察　『愛知教育大学研究報告　芸
　術・保健体育・家政・技術科学』32　15-28

八木正一，出口誉子，三国和子，山中文　1983a　音楽科の授業における指導過程構
　成に関する一視点（その1）－「拍子」の指導を中心として－　『日本教科教育
　学会誌』8(3)　143-149

八木正一，出口誉子，三国和子，山中文　1983b　音楽科の授業における指導過程構
　成に関する一視点（その2）－授業プラン「拍子のおはなし」を中心として－
　『日本教科教育学会誌』8(4)　205-210

八木正一　1984a　音楽科における単元論への一考察　－戦後初期の単元構想を手掛
　かりとして－　『愛知教育大学』研究報告（芸術・保健体育・家政・技術教育編）
　33　1-16

八木正一　1984b　音楽科における教育内容措定に関する一試論　『愛知教育大学教育
　研究センター研究報告』第8号　211-219

八木正一　1985a　音楽科における教材と授業構成に関する一考案　『愛知教育大学研
　究報告　芸術・保健体育・家政・技術科学』34　1-17

八木正一　1985b　音楽科における教材開発に関する一考察　『埼玉大学紀要』34　増
　刊号　81-93

八木正一，山中文，三国和子　1986　授業プラン「要注意歌謡曲」とその展開－合
　科・総合学習への一視点－　『埼玉大学紀要』（教育学部（教育科学））35　63-68

八木正一　1987a　音楽指導における指示語に関する一考察　『埼玉大学紀要』35　増

刊号　88-98

八木正一　1987b　『授業づくりハンドブック　音楽の授業40のアイデア』　国土社

八木正一　1989　『たのしい音楽 授業づくり４つの方法』　日本書籍

八木正一編集　1990　音楽指導クリニック100のコツーたのしい音楽の授業づくり　学事出版

八木正一　1991a　音楽の授業における教師の意思決定に関する一考察　『埼玉大学紀要〔教育学部〕教育科学』40（1-2）　43-52

八木正一　1991b　音楽科の授業モデルとシステムに関する研究　日本音楽教育学会『音楽教育学』20（2）　11-20

八木正一　1991c　研究動向　音楽教育研究の抽象から具体へ　日本音楽教育学会編『音楽教育学の展望2　下巻』　84-93

八木正一　1991d　授業システムと自己学習力　『学校教育』891　学校教育研究会　18-21

八木正一　1993　授業研究の「方法」を創る──93年度のまとめ（授業研究の「方法」を創る）　日本音楽教育学会『音楽教育学』23（2）　70-72

八木正一　1994a　授業研究の「方法」を創る　－課題研究のまとめ－　日本音楽教育学会『音楽教育学』24（3）　82-83

八木正一　1994b　授業構成は教材中心がよいか内容（学習主題）中心がよいか　星村平和編『教育課程の論争点』（『教職研修』7月増刊号）教育開発研究所　168-169

八木正一　1994c　音楽科における教育内容論の総括と課題　『広島大学教育学部教科教育学科音楽教育学　教室論集Ⅵ』　1-11

八木正一　1995　本音の新たな復権－学校音楽教育理念の歴史的検討と展望－　日本音楽教育学会『音楽教育学』25（3）　23-30

八木正一　1996　教科を問い直す　音楽科・音楽授業の曲がり角　『授業づくりネットワーク』106　29-36

八木正一　1997　教材としての文部省唱歌に関する文化的考察　『埼玉大学紀要〔教育学部〕教育科学』46（1-2）　23-31

八木正一　1998a　音楽科におけるカリキュラムの今後の方向をめぐって　『埼玉大学紀要〔教育学部〕教育科学』47（1）　1-9

八木正一　1998b　開かれた評価システムづくりを　『現代教育科学』41（7）　42-46

八木正一　1999a　子どもを飽きさせない授業の工夫　『児童心理』通号711/53（4）　金子書房　64-68

八木正一　1999b　教科教育の課題　学びの意味の再構築　『埼玉大学教育実践研究指導センター紀要』12　51-59

八木正一，津田正之　1999　音楽科における題材構成の基本的問題　『埼玉大学紀要〔教育学部〕教育科学』48（1）　1-10

八木正一，川村有美，小室江美子，島田夏江　1999　音楽科の意味の創出　東京学芸大学『音楽教育学研究論集』1　66-75

八木正一　2000　音楽科の授業パラダイムの転換　日本音楽教育学会編『音楽教育学研究 2 音楽教育の実践研究』　音楽之友社　80-92

八木正一　2001　日本伝統音楽の指導をめぐって　東京学芸大学『音楽教育学研究論集』3　50-57

八木正一　2003　日本の伝統的音楽とポストモダン的風景　東京学芸大学『音楽教育学研究論集』5　24-31

八木正一，川村有美　2003　競争と授業をめぐって　埼玉大学教育学部学校教育（教育臨床）講座　『埼玉大学教育臨床研究』1　13-22

八木正一　川村有美　2005　創造的音楽学習に関する授業論的検討　『埼玉大学紀要〔教育学部〕教育科学』54（2）　45-55

八木正一　2005　音楽科における教育内容の再検討　音楽学習学会『音楽学習研究』1　21-25

八木正一　2006　教材が生成する学びの場　『授業づくりネットワーク』251　49-51

八木正一　川村有美　2007　学習活動と授業構成に関する一考察——活動主義批判の検討を中心に　『埼玉大学教育学部附属教育実践総合センター紀要』4　57-67

八木正一　2007　音楽科における教材概念の検討と授業の構成　日本教材学会『教材学研究』18　43-49

八木正一　2008　音楽科における教材とは　日本教材学会『「教材学」現状と展望 上巻』　協同出版　250-261

八木正一　2009　授業の臨床的構成と教育内容のとらえ方 音楽科の場合を中心にして　埼玉大学教育学部学校教育臨床講座『教育臨床研究』3　9-14

八木正一　2010a　基礎のゆくえ　『音楽文化の創造』56 音楽文化創造　18-21

八木正一　2010b　教育内容の総合性と授業づくり　『授業づくりネットワーク』299 学事出版　7-9

八木正一，川村有美　2010　音楽科における授業構成の可能性　−〔共通事項〕の検討を中心として−　『埼玉大学紀要　教育学部』59（1）　31-41

山住正巳，園部三郎　1963　『日本の子どもの歌』　岩波書店

山田潤次　1984　音楽科における教育内容とその指導過程組織化に関する一考察(1) -
　　音楽科における単元構成の現状をめぐって -　岡山大学教育学部『研究収録』65
　　157-175

山田潤次　1989a　ボディーパーカッションゲーム　『授業づくりネットワーク』 6
　　学事出版　20-21

山田潤次，高橋眞砂子　1989b　授業プラン「ああえおうあ」の紹介と実践報告　岡
　　山大学教育学部『研究集録』82　1 ?12

山田潤次，西端慶也　1990　授業プラン「サン・サーンス作曲　組曲『動物の謝肉
　　祭』を聴こう」の紹介と実践報告　岡山大学教育学部『研究集録』83　221-234

大和淳二　1984　音楽科教育における主題学習の意味　音楽之友社　季刊『音楽教育
　　研究』42　10-11

山中文，三谷安宏　1987　授業プラン「これぞ管楽器だ」の紹介と実践報告　北海道
　　大学教育学部教育方法学研究室『教授学の探究』 5　81-99

山中文　2006　音楽科のグループ学習における「協同学習」観の検討　音楽学習学会
　　『音楽学習研究』 2　25-32

山中文　2011　教師はいつ授業構成を決定するのか：音楽科の場合　『音楽学習学会
　　紀要』 7　77-84

山中文　2010　学習コミュニティ形成における教師の実践力(1)　『高知大学教育学部
　　研究報告』70　51-62

山中文，中山典子，間島ゆり子，渡邊美樹　2014　音楽づくりを中心としたカリキュ
　　ラムの基礎的研究?高知大学教育学部附属小学校児童の音楽づくりに関する関心
　　調査から -　『高知大学教育学部研究報告』74　21-34

山本真紀，八木正一　2012　音楽科における鑑賞の授業構成に関する一考察 - 範例方
　　式を視点として -　埼玉大学教育学部附属教育実践総合センター紀要 11　137-
　　144

山本弘　1981　『誰にでもできる音楽の授業』明治図書出版

山本文茂　1982a　創造的音楽作りとは何か「サウンド・アンド・サイレンス」を考
　　える①　季刊『音楽教育研究』30　音楽之友社　11-21

山本文茂　1982b　創造的音楽作りとは何か「サウンド・アンド・サイレンス」を考
　　える②　季刊『音楽教育研究』31　音楽之友社　11-19

山本文茂　1982c　創造的音楽作りとは何か「サウンド・アンド・サイレンス」を考
　　える③　季刊『音楽教育研究』32　音楽之友社　43-52

山本文茂　1982d　創造的音楽作りとは何か「サウンド・アンド・サイレンス」を考

える④　季刊『音楽教育研究』33　音楽之友社　43-55

山本文茂，坪能由紀子，橋都みどり共訳　ジョン・ペインター，ピーター・アストン
　著　1982　『音楽の語るもの−原点からの創造的音楽学習』　音楽之友社

山本文茂　1983　創造的音楽作りとは何か「サウンド・アンド・サイレンス」を考え
　る⑤　季刊『音楽教育研究』34　音楽之友社　25-33

山本文茂，松本恒敏，水野真理子，尾藤弥生　1985　創造的音楽作りを導入した音楽
　カリキュラムの構想　季刊『音楽教育研究』42　音楽之友社　60-83

山本文茂，松本恒敏　1985　『創造的音楽学習の試み　この音でいいかな？』　音楽之
　友社

山本文茂，島崎篤子，阪井恵，企画：加藤富美子，企画・司会：今川恭子　2010
　「つくって表現する」活動の20年を振りかえる　『音楽教育史研究』13　80-89

吉崎静夫　1983　授業実施過程における教師の意思決定　『日本教育工学雑誌』8
　61-70

吉崎静夫　1988　授業における教師の意思決定モデルの開発　『日本教育工学雑誌』
　12（2）　51-59

吉田孝　1982　音楽科における教育内容と教材の関係　季刊『音楽教育研究』33 音楽
　之友社　83-91

吉田孝　1984a　音楽科における技術観の検討——学習指導要領及び民間教育研究運
　動の変遷より　『高知大学教育学部研究報告，第1部』36　127-148

吉田孝　1984b　音楽の多様化と教材？大衆音楽の教材化への一視点？　日本音楽教育
　学会『音楽教育学』14　97-98

吉田孝　1988　音楽カリキュラムの弾力化と個性の伸張　季刊『音楽教育研究』56 音
　楽之友社　21-30

吉田孝　1989　戦後初期の学校音楽の改革　季刊『音楽教育研究』60　音楽之友社
　93-104

吉田孝　1991　単元構成と主題構成　季刊『音楽教育研究』68　音楽之友社　27-38

吉田孝　1993a　音楽の基礎・基本とは何か　日本音楽教育学会『第4回音楽教育東
　京ゼミナール in 八ヶ岳報告書』　47-48

吉田孝　1993b　音楽科授業研究の方法と展望（授業研究の「方法」を創る）　日本音
　楽教育学会『音楽教育学』23（2）　61-63

吉田孝　1994　授業研究は何を研究すべきか　日本音楽教育学会『音楽教育学』24
　（3）　79-81

吉田孝　1997　音楽科教育の立場から見た横断的・総合的学習　国立教育政策研究所

『教育研究公開シンポジウム』（14・15） 61-69

吉田孝　2001　学校音楽とメディア・リテラシー　『国文学解釈と教材の研究』46（6）学灯社　116-121

吉田孝　2002　音楽科の授業記録に関する認識論的検討　広島大学大学院教育学研究科研究紀要ⅩⅣ　69-78

吉田孝　2004a　音楽の授業における発問の機能−『赤とんぼ』の授業を例にして−日本音楽教育学会『音楽教育実践ジャーナル』2（1）　91-97

吉田孝　2004b　座談会　子どもたちの豊かな感性や情操をはぐくむ　『初等教育資料』（785）東洋館出版社　32-41

吉田孝　2005a　教育実践に役立つ研究とは　『弘前大学教育学部附属教育実践総合センター研究員紀要』3（13）　85-92

吉田孝　2005b　「確かな学力」の育成と音楽学習［音楽］　ぎょうせい『中等教育資料』54（6）　22-27

吉田孝　2008　常任理事会企画　プロジェクト研究　新学習指導要領を読む（日本音楽教育学会第39回大会報告）　日本音楽教育学会『音楽教育学』38（2）　32-39

吉田孝　2011　「音楽の要素」考　音楽学習学会第6回研究発表会発表資料（於埼玉大学）

Bruner, Jerome S.　1960　*The Process of Education*　Harvard University Press

Bruner, Jerome S.　1976　*The Process of Education Revisited Editon*　Harvard University Press

Dewey, John　1910　*How We Think*　D.C.Heath&Co.,Publishers

Gary, Charles L.　1967　*The Study of Music in The Elementary School.. A Conceptual Approach*　Music Educators National Conference, Washington, DC.

Langer, Susanne K.　1953　*Feeling and Form*　Charles Scribner's Sons

Lave, J. & Wenger, E.　1991　*Situated Leaning:Peripheral Participation*　Cambridge University Press

McNicol, Richard　1989　*Create and Discover*　Oxford University Press

Meyer, Leonard B.　1956　*Emotion and Meaning in Music*　The University of Chicago Press

NSSE　1958　*Basic Concepts in Music Education*　the University of Chicago Press

Paynter, John & Aston, Peter　1970　*Sound and Silence*　Cambridge University Press

引用・参考文献一覧　　261

Paynter, John　1992　*Sound and Structure*　Cambridge University Press

Reimer, Bennett　1970　*A Philosophy of Music Education*　Prentice-Hall

Tomas, Ronald B.　1971　*Manhattanville Music Curriculum Program. Final Report*
　　Manhattanville College

あ と が き

　本書は，我が国の音楽教育界に大きな足跡を残した教育内容論の成立と展開について，まとめたものである。関西学院大学大学院教育学研究科において，博士（教育学）の学位を授与された学位論文（「音楽科における教育内容論の成立と展開に関する研究 －授業構成の方法との関連を視野に入れて－」）を再検討し，加筆修正した。

　本文で述べてきたとおり，我が国の音楽教育界において，はじめて「教育内容」という用語が用いられたのは1980年であった。以降，教育内容と教材の規定，音楽科における教育内容や授業構成について論じられ，音楽科において教育内容論が確立していった。音楽教育界では，教育内容と教材の規定について，そして音楽科の教育内容について様々な論争が起こり，授業プランが作成され，教育内容そのものに関する研究も発展する中で，教育内容論は定着をみせた。音楽教育界で提起された教育内容論の意義は，何より，我が国の音楽教育界において，それまでなかった「教育内容」から教材をとらえ，授業構成をとらえるという考え方を定着させたことにある。

　しかし，1980年の千成提言から30年以上も経った現在，教育内容論における当初の趣旨は広く知られることはなく，教育に関する新しい言説が見られる中でずれが生じてきている。また，積み残された教育内容研究の課題も多い。本書はそのような観点から，この間の教育内容論の成立と展開を総合的にまとめ，次世代の音楽教育における教育内容研究につなぎたいと考え，出版という形をとった。

　本書の刊行においては，多くの方々からご指導・ご助言をいただいた。ふりかえれば，千成俊夫先生には，ゼミ生でもない，所属も異なる私を，温かく音楽教育方法研究会の合宿研修に迎えていただいた。合宿研修では，千成

先生をはじめ，本文に書かせていただいた諸先生が，教育内容や授業構成に関して鋭く議論されている様子を拝見してきた。修士論文をご指導いただいた八木正一先生には，論文だけでなく，さらりとお話しされる一言一言から深く生き方そのものに関するご指摘をいただいた。博士論文をご指導いただいた吉田孝先生には，対象とするものをどのようにとらえたらすっきりわかるのか，ということを教えていただいた。「今ね，こんなことを考えとるんよ」と言って話しはじめられるたびに，その見方の新しさ，わかりやすさに圧倒された。

　そのような諸先生のご研究の様子を目の当たりにしてきた者としては，音楽教育全体の中で，誰かがその成果を位置づけないわけにはいかない，と思わざるを得ない。恐れ多いと思いながら，そのような機会を与えてくださった吉田孝先生，八木正一先生には深甚の謝意を申し上げたい。

　この論文が音楽教育における教育内容研究および授業構成研究に少しでも寄与するものであることを願い，また今後，学力論にかかわって教育内容論がさらに発展してくことを祈る。

　論文作成にあたっては，主査の吉田孝先生には，遠方で勤務している私に，メールも含めて頻繁にやりとりをしていただき，並々ならぬご指導をいただいた。また，聖徳大学（元埼玉大学）の八木正一先生，茨城大学の田中健次先生もお忙しい中真摯に見てくださり，多岐にわたるご示唆を幾度もいただいた。そして，副査の関西学院大学の佐藤真先生，広島大学の三村真弓先生には，用語について，また論文構成についてご指摘いただき，自身の論理の脆弱さに気づき，再確認することができた。深く感謝申し上げる。

　また，お名前をすべて記すことはできないが，かかわっていただいた多くの方々のお力添えに厚く御礼申し上げたい。

　なお，本書の出版は，独立行政法人日本学術振興会平成28年度科学研究費助成事業（科学研究費補助金）（研究成果公開促進費　課題番号16HP5224）「学術図書」を受けている。関係諸機関や前勤務先の高知大学および現勤務先の椙山

女学園大学のみなさま，風間書房風間敬子氏にもお礼申し上げたい。

　最後に，この研究をしている姿をそっと応援してくれていた息子たちにも感謝したい。

2017年1月

山中　文

略歴

山中　文（やまなか　あや）

〔現職〕　椙山女学園大学教育学部教授

〔経歴〕　千葉大学卒。愛知教育大学大学院修了。関西学院大学大学院教育学研究科にて学位取得。博士（教育学）。新見公立短期大学幼児教育学科助教授，高知大学教育学部教授，高知大学人文社会科学系教育学部門教授・高知大学教育学部附属幼稚園長（兼任）を経て，現職。

〔著書〕　『視点を変えた音楽の授業づくり』（共著，音楽之友社，1988），『音楽指導クリニック5　小学校中学校鑑賞教材の指導・全事例』（共著，学事出版，1993），『新・音楽指導クリニック3　遊び・ゲームでつくる音楽授業』（共著，学事出版，1999），『青井みかんと一緒に考える幼児の音楽表現』（共著，大学図書出版，2008），『音楽がぐーんと盛り上がるお話のネタ80』（共著，学事出版，2010），『音楽の授業をつくる―音楽科教育法―』（共著，大学図書出版，2014）他

音楽科における教育内容論の成立と展開に関する研究
―授業構成の方法との関連を視野に入れて―

2017年2月20日　初版第1刷発行

著　者　山　中　　文

発行者　風　間　敬　子

発行所　株式会社　風　間　書　房

〒101-0051　東京都千代田区神田神保町1-34
電話 03（3291）5729　FAX 03（3291）5757
振替 00110-5-1853

印刷　藤原印刷　　製本　高地製本所

©2017　Aya Yamanaka　　　　　　　　　NDC分類：370
ISBN978-4-7599-2168-7　　Printed in Japan

JCOPY〈（社）出版者著作権管理機構　委託出版物〉

本書の無断複製は，著作権法上での例外を除き禁じられています。複製される場合はそのつど事前に（社）出版者著作権管理機構（電話 03-3513-6969，FAX 03-3513-6979，e-mail: info@jcopy.or.jp）の許諾を得て下さい。